François Gayot de Pitaval

Merkwürdige Rechtsfälle als ein Beitrag zur Geschichte der Menschheit

Erster Teil

François Gayot de Pitaval

Merkwürdige Rechtsfälle als ein Beitrag zur Geschichte der Menschheit
Erster Teil

ISBN/EAN: 9783743322684

Hergestellt in Europa, USA, Kanada, Australien, Japan

Cover: Foto ©ninafisch / pixelio.de

Manufactured and distributed by brebook publishing software (www.brebook.com)

François Gayot de Pitaval

Merkwürdige Rechtsfälle als ein Beitrag zur Geschichte der Menschheit

Merkwürdige Rechtsfälle

als ein Beitrag

zur

Geschichte der Menschheit.

Nach
dem Französischen Werk des Pitaval
durch mehrere Verfasser ausgearbeitet
und
mit einer Vorrede begleitet
herausgegeben
von
Schiller.

Erster Theil.

Jena,
bei Christ. Heinr. Cuno's Erben.
1792.

Vorrede.

Unter derjenigen Klasse von Schriften, welche eigentlich dazu bestimmt ist, durch die Lesegesellschaften ihren Zirkel zu machen, finden sich, wie man allgemein klagt, so gar wenige, bei denen sich entweder der Kopf oder das Herz der Leser gebessert fände. Das immer allgemeiner werdende Bedürfniß zu lesen, auch bei denjenigen Volksklassen, zu deren Geistesbildung von Seiten des Staats so wenig zu geschehen pflegt, anstatt von guten Schriftstellern zu edleren Zwecken benuzt zu werden, wird vielmehr noch immer von mittelmäßigen Scribenten und gewinnsüchtigen Verlegern dazu gemißbraucht, ihre schlechte Waare, wärs auch auf Unkosten aller Volkskultur und Sittlichkeit, in Umlauf zu bringen. Noch immer sind es geistlose, Geschmak- und Sittenverderbende Romane, dramatisierte

Vorrede.

Geschichten, sogenannte Schriften für Damen und dergleichen, welche den besten Schatz der Lesebibliotheken ausmachen und den kleinen Rest gesunder Grundsäze, den unsre Theaterdichter noch verschonten, vollends zu Grund richten. Wenn man den Ursachen nachgeht, welche den Geschmak an diesen Geburten der Mittelmäßigkeit unterhalten, so findet man ihn in dem allgemeinen Hang der Menschen zu leidenschaftlichen und verwickelten Situationen gegründet, Eigenschaften, woran es oft den schlechtesten Produkten am wenigsten fehlt. Aber derselbe Hang, der das Schädliche in Schuz nimmt, warum sollte man ihn nicht für einen rühmlichen Zweck nuzen können? Kein geringer Gewinn wäre es für die Wahrheit, wenn bessere Schriftsteller sich herablassen möchten, den Schlechten die Kunstgriffe abzusehen, wodurch sie sich Leser erwerben, und zum Vortheil der guten Sache davon Gebrauch zu machen.

Bis dieses allgemeiner in Ausübung gebracht oder bis unser Publikum kultiviert genug sein wird, um das Wahre, Schöne und Gute ohne fremden Zusatz für sich selbst lieb zu gewinnen, ist es an einem unterhaltenden Buch schon Verdienst genug, wenn es seinen Zweck ohne die schädliche Folgen erreicht, womit man

Vorrede.

man bei den mehresten Schriften dieser Gattung das geringe Maaß der Unterhaltung, die sie gewähren, erkaufen muß. Es verdrängt wenigstens, so lang es gelesen wird, ein schlimmeres, und, enthält es dann irgend noch einige Realität für den Verstand, streut es den Saamen nützlicher Kenntnisse aus, dient es dazu, das Nachdenken des Lesers auf würdige Zwecke zu richten, so kann ihm, unter der Gattung, wozu es gehört, der Werth nicht abgesprochen werden.

Von dieser Art ist das gegenwärtige Werk, für dessen Brauchbarkeit ich veranlaßt worden bin, ein öffentliches Zeugniß abzulegen, und ich glaube keine andre Gründe nöthig zu haben, um die Herausgabe desselben zu rechtfertigen. Man findet in demselben eine Auswahl **gerichtlicher Fälle**, welche sich an Interesse der Handlung, an künstlicher Verwicklung, und Mannigfaltigkeit der Gegenstände bis zum Roman erheben, und dabei noch den Vorzug der historischen Wahrheit voraus haben. Man erblickt hier den Menschen in den verwickeltesten Lagen, welche die ganze Erwartung spannen, und deren Auflösung der Divinationsgabe des Lesers eine angenehme Beschäftigung gibt. Das geheime Spiel der Leidenschaft entfaltet sich hier vor unsern Augen, und über die verborgenen Gänge der In-

Vorrede.

trigue, über die Machinationen des geistlichen sowohl als weltlichen Betruges wird mancher Strahl der Wahrheit verbreitet. Triebfedern, welche sich im gewöhnlichen Leben dem Auge des Beobachters verstecken, treten bei solchen Anlässen, wo Leben, Freiheit und Eigenthum auf dem Spiele steht, sichtbarer hervor, und so ist der Kriminalrichter im Stande, tiefere Blicke in das Menschen-Herz zu thun. Dazu kommt, daß der umständlichere Rechtsgang die geheimen Bewegursachen menschlicher Handlungen weit mehr ins Klare zu bringen fähig ist, als es sonst geschieht, und wenn die vollständigste Geschichtserzählung uns über die lezten Gründe einer Begebenheit, über die wahren Motive der handelnden Spieler oft genug unbefriedigt läßt, so enthüllt uns oft ein Kriminalprozeß das Innerste der Gedanken, und bringt das versteckteste Gewebe der Bosheit an den Tag. Dieser wichtige Gewinn für Menschenkenntniß und Menschenbehandlung, für sich selbst schon erheblich genug, um diesem Werk zu einer hinlänglichen Empfehlung zu dienen, wird um ein großes noch durch die vielen R e ch t s-
k e n n t n i ss e erhöht, die darinn ausgestreut werden, und die durch die Individualität des Falls, auf den man sie angewendet sieht, Klarheit und Interesse erhalten.

Die

Vorrede.

Die Unterhaltung, welche diese Rechtsfälle schon durch ihren Inhalt gewähren, wird bei vielen noch mehr durch die Behandlung erhöht. Ihre Verfasser haben, wo es angieng, dafür gesorgt, die Zweifelhaftigkeit der Entscheidung, welche oft den Richter in Verlegenheit sezte, auch dem Leser mitzutheilen, indem sie für beide entgegengesezte Partheien gleiche Sorgfalt und gleich große Kunst aufbieten, die lezte Entwickelung zu verstecken, und dadurch die Erwartung aufs höchste zu treiben.

Eine treue Uebersetzung der Pitavalischen Rechtsfälle ist bereits in derselben Verlagshandlung erschienen und bis zum vierten Bande fortgeführt worden. Aber der erweiterte Zweck dieses Werks macht eine veränderte Behandlung nothwendig. Da man bei dieser neuen Einkleidung auf das größere Publikum vorzüglich Rücksicht nahm; so würde es zweckwidrig gewesen sein, bei dem juristischen Theil dieselbe Ausführlichkeit beizubehalten, die das Original für Rechtsverständige vorzüglich brauchbar macht. Durch die Abkürzungen, die es unter den Händen des neuen Uebersetzers erlitten, gewann die Erzählung schon an Interesse ohne deßwegen an Vollständigkeit etwas einzubüßen.

Vorrede.

Eine Auswahl der **Pitavalischen** Rechtsfälle dürfte durch drei bis vier Bände fortlaufen, alsdann aber ist man gesonnen, auch von andern Schriftstellern und aus andern Nationen, (besonders wo es sein kann, aus unserm Vaterland) wichtige Rechtsfälle aufzunehmen, und dadurch allmählig diese Sammlung zu einem vollständigen Magazin für diese Gattung zu erheben. Der Grad der Vollkommenheit, den sie erreichen soll, beruht nunmehr auf der Unterstüzung des Publikums, und der Aufnahme, welche diesem ersten Versuch widerfahren wird. Jena in der Ostermesse 1792.

F. Schiller.

Die Besessenen zu Loudůn

oder

die Geschichte

des

Urban Grandier.

Der Orden der Ursulinerinnen hatte sich schon seit einigen Jahren unvermerkt in Frankreich ausgebreitet, als im Jahr 1626 auch zu Loudůn, einer kleinen und sehr alten Stadt in Oberpoitu, eine Gemeinschaft solcher Nonnen errichtet wurde.

Gemeiniglich ist es das Schicksal solcher geistlichen Anstalten, daß sie bei ihrer Entstehung nicht reich sind. Auch den Ursulinerinnen zu Loudůn gieng es damals nicht besser. Sie hatten

ten kaum so viel Einkünfte, daß sie im strengsten Verstande davon leben könnten, und sahen sich sogar genöthigt, in einem Privathause zu wohnen, worin nicht einmal hinreichender Platz für sie war. Ohne die Beihülfe einiger Pensionen von jungen Frauenzimmern, mit deren Unterrichte sie sich, ihrem Institut gemäß, abgaben, würde ihre ganze Einrichtung von selbst wieder zu Grunde gegangen sein, ehe sie, so zu sagen, recht entstanden war. Demungeachtet befanden sich mehrere Frauenzimmer aus den besten adelichen und bürgerlichen Familien unter ihnen. Ihre Oberin war Johanna von Belfiel, eine Tochter des Marquis von Cose und Verwandte des Herrn von Laubardemont, eines königlichen Staats-Raths, von dem wir in der Folge noch vieles werden zu sagen haben.

Das Haus, in welchem die Nonnen wohnten, gehörte einem gewissen Moussau du Fresne. Der erste geistliche Führer, den die Ursulinerinnen wählten, war sein Bruder, ein kluger und aufgeklärter Mann, unter dessen Leitung sie ein Gegenstand der Erbauung für alle Einwohner wurden. Sie hatten aber nicht das Glück, ihn lange zu behalten, und sein Tod eröffnete jene Auftritte, wodurch
diese

diese Nonnen in Frankreich, ja in ganz Europa, auf eine so ärgerliche Art berühmt wurden.

Es war eine Sage zu Loudun, in dem Hause, wo die Nonnen wohnten, gehen Geister um. Dieses Vorurtheil leitete einige junge Nonnen und Kostgängerinnen auf den Einfall, sich auf Kosten der Furchtsamkeit ihrer Mitschwestern eine Lust zu machen, und ihnen die Meinung beizubringen, der verstorbene Beichtvater erscheine wieder als Gespenst. In dieser Absicht stunden sie des Nachts auf, und erregten im Hause das Getöse eines Poltergeistes. Das Spiel glückte, die Spielerinnen wurden dadurch beherzt; sie wagten es aufs Dach zu klettern, — eine Sache, die nach der Bauart der Häuser zu Loudun nicht schwer war — stiegen vom Dache in die Oberböden und kamen endlich in die Schlafkammer der Kostgängerinnen, denen sie die Kleider von den Betten nahmen. Diese Posse jagte den Schwestern um so größeres Schrecken ein, je gewisser sie glaubten, der Geist gehe durch die verschlossenen Thüren, die sie selbst beim Schlafengehen sehr sorgfältig verrammelt hatten. Sie wußten nicht, daß sie den Gehülfen des Gespenstes in ihrer Mitte hatten. Maria Aubin, eine

Kostgängerin von siebenzehn bis achtzehn Jahren, stund des Nachts heimlich auf, öffnete leise den jungen Nonnen die Thüre, und vermehrte das Schrecken ihrer Mitschwestern dadurch, daß sie sich am jämmerlichsten geberdete, wenn das Gespenst in die Schlafkammer eintrat.

Nach Moussauts Tode wurde Johann Mignon, ein Kanonikus bey der Kollegialkirche zum heiligen Kreuze in Loudun, zum Gewissensrathe der Ursulinerinnen erwählt. Dieser Mann war rachsüchtig und hochmüthig; er bestrebte sich vorzüglich, den Geruch einer großen Frömmigkeit um sich zu verbreiten, und für einen Heiligen zu gelten. — Seine natürlichen Gaben und sein Hang zur Intrike erleichterten ihm die Befriedigung seiner Neigungen. Was für einen glücklichen Erfolg kann sich ein listiger Heuchler bei seinen Entwürfen versprechen, wenn er kaltes Blut und Standhaftigkeit genug besitzt, nie seine Maske abzulegen!

Kaum hatte dieser neue Gewissensrath sein Amt angetreten, als ihm die alten Nonnen mit vielen Zeichen des Entsetzens die schreckliche Geschichte des Poltergeistes erzählten, die jungen hingegen ihn zum Vertrauten ihrer nächtlichen

Abens

Abenteuer machten. Er billigte diesen muthwilligen Scherz, indem er ihn weder den einen untersagte, noch den andern entdeckte. Der strengen Frömmigkeit, womit Mignon so gern Parade machte, entsprach freilich diese Toleranz sehr schlecht. Der fromme Mignon konnte es von seinem Gewissen erhalten, einen Muthwillen zu begünstigen, der die schwachen Geschöpfe mit Schrecken peinigte und im Aberglauben bestärkte? — Doch das erklärt sich noch. Aber wie der schlaue Mignon es von seinem Verstande erhalten konnte, sich selbst in den Augen seiner jüngern Untergebenen so herab zu setzen, seinen ganzen Heiligkeitsschein der Verschwiegenheit leichtsinniger Mädchen Preis zu geben, und selbst die Gefahr noch größrer Nachtheile nicht zu achten — dies würde wirklich unerklärbar sein, wenn uns nicht in der Folge der Geschichte der Schlüssel dazu gegeben würde.

Urban Grandier, der Sohn eines königlichen Notars zu Roveres, einem Marktflecken in Niedermaine, studierte bei den Jesuiten zu Bordeaux. Sein guter Kopf erwarb ihm ihre Gunst. Sie versorgten ihn nach vollendeten Studien mit der Pfarre von Sankt Peter zu Loudún, die sie zu vergeben hatten, und verschafften ihm

ihm noch überdies eine Pfründe an der Kollegialkirche zum heiligen Kreutz. Die Vereinigung zwei so beträchtlicher Pfründen auf dem Haupte eines Mannes, der in der Provinz ein Fremdling war, erregte bei verschiednen geistlichen Herren Neid und Eifersucht, und er selbst äusserte in den nachherigen Zeiten der Verfolgung: seine Feinde haben dabei mehr seine Pfründen, als seine Person zum Zweck.

Er war vortheilhaft und schlank gewachsen, einnehmend durch seinen edeln Anstand. Seine Kleidung und sein ganzes Aeussere war niedlich und gewählt, ohne ins Gezwungene zu fallen. Im Umgange war er unterhaltend, mittheilend und fein; seine Unterredungen zeigten den denkenden und gebildeten Kopf. Auch verdiente er den allgemeinen Ruf eines vorzüglichen Kanzelredners. Man hat noch von ihm eine Leichenrede auf den Tod des Scevola von Saintes Marthe, die den Werken dieses berühmten Schriftstellers beigedruckt, und mit dem Stempel des Geschmacks, des Genies, und der gründlichsten Einsicht bezeichnet ist.

Nach Moussauts Tode kam auch Grandier bei der Wahl eines neuen Beichtvaters der Urselinerinnen in Vorschlag. Seine Feinde haben ihn

ihn zwar öffentlich beschuldigt, daß er — aus sehr unreinen Absichten auf eine so heilige Gesellschaft — sich eifrigst um diese Stelle beworben habe, wegen seinem unordentlichen Lebenswandel aber abgewiesen worden sei. Allein weit mehr Wahrscheinlichkeit hat die entgegengesezte Behauptung: daß die Stelle ihm zwar von den Nonnen angeboten, von ihm aber verbeten worden sei, weil seine vielen Geschäfte ihm nicht erlaubten, ein neues Amt zu übernehmen. — Es würde indeß für ihn sowohl, als für die Ehre der Kirche gleich vortheilhaft gewesen sein, wenn er die Stelle angenommen hätte.

Soviel Beifall, den sich Grandier in seinen Amtsverrichtungen erwarb, erweckte Neid der von anderer Art wider ihn, als die, von denen wir schon geredet haben. Die Bettelmönche hatten bis dahin zu Loudûn und in den umliegenden Gegenden für die besten Prediger gegolten, und den größesten Zulauf gehabt. Grandier entriß ihnen nun nicht nur diesen Ruhm, der so einträglich für sie gewesen war, sondern er unternahm sogar, sie von der Seelsorge auszuschliessen, predigte wider die Bruderschaften, verwies die Leute an ihre ordentliche Seelsorger, und ermahnte sie, sich in Lehre, Unter-

Unterricht, und allen geistlichen Bedürfnissen einzig und allein an ihre Pfarrer zu wenden. Er bemühte sich überdies, einen privilegirten Altar, den der Pabst den Karmelitern bewilligt hatte, um sein Ansehn zu bringen, und suchte überhaupt die Predigten der Mönche in allen Gesellschaften lächerlich zu machen. — Konnte es nun wohl anders kommen, als daß er so viel erklärte Feinde hatte, als sich Mönche in den Klöstern in und um Loudün befanden?

Unglücklicherweise reizte Grandier bei mehrern Gelegenheiten die Rachsucht seiner Feinde, und gab ihrer Verläumdungssucht, seiner allgemein anerkannten Verdienste unerachtet, durch seinen Charakter und durch sein Betragen verschiedene Blößen. Er war, bei aller Sanftmuth und Gefälligkeit im Umgang mit seinen Freunden, stolz und trotzig gegen seine Feinde; unbiegsam in seinen einmal gefaßten Entschlüssen; eifersüchtig auf seinen Rang; und hartnäckig, wenn es auf seinen Vortheil ankam.

Im Jahr 1620 gewann er vor dem Offizial zu Poitiers einen Prozeß wider einen Priester, Namens Mounier, und ließ das Urtheil mit einer Strenge vollstrecken, die Mounier mit unauslöschlichem Haß wider ihn erfüllte.

Eben

Eben so glückte es ihm mit einem andern Prozeße wider das Kapitel vom heiligen Kreuze, wegen eines Hauses, das ihm vom Kapitel streitig gemacht wurde. Die Führung des Prozeßes ward Mignon, als Mitglied des Kapitels, aufgetragen, weil er durch seine Familie und seine übrigen Verbindungen in gewissem Ansehen stund, und besonders in der Materie von Pfründen sehr erfahren war. Grandier siegte, und verfolgte seinen Sieg wider Mignon mit einem Stolze, der ihm diesen Andächtler zum unversöhnlichen Feinde machte.

Dieser Haß wurde durch einen andern Vorfall noch mehr befestigt. Ein Oheim des Mignon, Namens Barot, kam eines Tages mit Grandier in einen Wortstreit, wobei ihn dieser mit so viel Stolz und Verachtung behandelte, daß die Dummheit selbst nicht hätte unempfindlich bleiben können. Dieser Oheim war Präsident von der Steuereinnahme zu Loudun, hatte keine Kinder, und war sehr reich. Es konnte also nicht fehlen, daß nicht bloß Mignon sondern eine Menge andrer Vetter und Basen in der Stadt, die alle dem reichen Herrn Oheim ihre pflichtschuldige Ergebenheit bezeugen wollten, an seinem Zorne wider Grandier Antheil nahmen.

Bei diesem stolzen und unbiegsamen Charakter, hatte Grandier auch einen entschiedenen Geschmack an Liebeshändeln, und dieser Fehler wurde ebenfalls für ihn eine Quelle unversöhnlicher Feinde. Nicht genug, daß er sich dadurch eifersüchtige Nebenbuhler erweckte, auch Väter und Ehemänner wurden äusserst wider ihn erbittert, da seine öftern Besuche ihren Weibern und Töchtern schimpfliche Nachreden zuzogen. — So unbeständig man ihn indeß in seinen Liebeshändeln schilderte, so viel Ursache hat man doch zu vermuthen, daß er eine Geliebte hatte, der er, einige flüchtige Untreuen abgerechnet, unverbrüchlich ergeben blieb. Man hat sogar sagen wollen, er habe mit diesem Frauenzimmer eine Gewissensehe geschlossen, und zu Beruhigung ihrer Zweifel die Abhandlung wider das ehelose Leben der Priester geschrieben, die man unter seinen Papieren fand.

Einer seiner Hauptfeinde war Trinquant, der königliche Profurator zu Loudûn. Er hatte eine sehr schöne Tochter, welche in der Klätscher-Chronik mit unter diejenigen gezählt wurde, bei denen Grandier nichts mehr zu wünschen übrig haben sollte. Sie verfiel einst in eine Art von Entkräftung, und mußte lange

Zeit

Zeit sich in ihrem Zimmer halten. Marthe Pelletier, ein Mädchen von sehr mittelmäßigen Glücksumständen, war in dieser Einsamkeit ihre einzige Gesellschaft. Man wußte, daß diese Pelletier ein Kind einer Amme übergeben hatte, das sie hatte taufen lassen, und für dessen Mutter sie sich ausgab. Die Verläumdung schloß aus diesen Umständen, daß Trinquants schöne Tochter, die wahre Mutter dieses Kindes sei, und Urban Grandier hatte das Glück, als Vater dieser Liebesfrucht zu erscheinen. — Als Trinquant von diesem Gerücht hörte, ließ er als königlicher Prokurator die Pelletier arretiren, und wegen dieses Kindes verhören. Das Mädchen blieb dabei, sie sei die Mutter des Kindes, und versicherte, sie werde es so erziehen, daß die Obrigkeit nichts werde darein zu sagen haben. Durch diese gerichtliche Rechtfertigung änderte aber das Publikum seine Meinung so wenig, daß es darin nur noch mehr Stoff fand, über Trinquant und seine Tochter sich lustig zu machen. Trinquant sah sich also zum Gegenstande des allgemeinen Gelächters gemacht, und athmete nichts als Rache wider Grandier, den er als die einzige Ursache davon betrachtete.

Eine solche Menge von Feinden, die ein gemeinschaftlicher Zweck von selbst verband, bedurfte

durfte bloß einer — durch Zufall oder Absicht herbeigeführten — Gelegenheit, um sich zu einem gemeinschaftlichen Plane zu vereinigen.

Sie fanden sich eines Tages bei Barot zusammen, und der Bund zu Grandiers Untergang war geschlossen. — Menuau, ein königlicher Advokat, theils durch Freundschaft für Mignon theils durch eigenes Interesse geleitet, trat dem Komplot mit bei. Er haßte Grandier, weil er es ihm allein zuschrieb, daß eine Frau, die er liebte, ihn mit Verachtung abwies. — Es ward beschlossen, den gemeinschaftlichen Feind entweder ganz zu Grunde zu richten, oder wenigstens von Loudûn zu vertreiben.

Die Verbündeten schritten sogleich zur Ausführung ihres Plans. Zwei Menschen aus dem niedrigsten Pöbel wurden abgerichtet, vor dem geistlichen Fiskal zu Poitiers die Klage anzubringen: Grandier besitze keine Religion, bete niemals sein Brevier, habe Weiber und Mädchen verführt, und sogar in seiner Pfarrkirche eine Frau gemißbraucht. Der Fiskal brachte die Klage bei dem Offizial an, und dieser beorderte den Oberpfarrer von Sankt Marcel und den Civillieutenant

lieutenant Ludwig Chauvet, die Sache zu untersuchen.

Während dieser erste Angriff vorbereitet wurde, geschah eine andere Begebenheit, die ihn unterstützte. Duthibaut, einer von den Verbündeten, ein Mann von großem Vermögen, hatte bei einer zufälligen Zusammenkunft mit dem Marquis du Bellay, sehr nachtheilig von Grandier gesprochen. Eines Tages begegnete ihm Grandier im priesterlichen Ornat, da er eben zum Hochamt gehen wollte, auf dem Wege zur Kirche. Er hatte indeß von Duthibauts Lästerung wider ihn Nachricht erhalten, und stellte ihn nun mit der ihm eigenen beissenden und demüthigenden Art darüber zu Rede. Die kränkenden Verweise des Pfarrers brachten das eingebildete Männchen in so rasende Wuth, daß es ohne Achtung für die priesterliche Kleidung sein Rohr aufhob, und damit seinem Gegner einige Streiche über den Kopf versetzte. — Grandier kannte den mächtigen Einfluß seiner Feinde. Er begriff also leicht, daß er vor den dortigen Gerichten keine Gerechtigkeit finden würde, ungeachtet in seiner Person zugleich die dem Dienste der Religion gebührende Ehrerbietung verletzt war. Er faßte daher den Entschluß, sich

sich dem Könige selbst zu Füßen zu werfen. Er fand ein gnädiges Gehör. Der Monarch wollte die Beschimpfung, die einem Diener der Kirche in seinem geistlichen Ornat zugefügt worden war, nachdrücklich bestraft wissen, und befahl dem Parlement die Sache auszumachen.

Grandiers Feinde wußten seine Abwesenheit zu nutzen. Die Untersuchung wider ihn wurde mit der möglichsten Hitze betrieben. Die aufgestellten Zeugen waren größtentheils die verworfensten Menschen. An ihrer Spitze stand Trinquant, und ließ sich zuerst abhören, um den andern Muth zu machen.

Sobald das Zeugenverhör geendigt war, schickte man die Akten an den Bischoff von Poitiers Chateignier de la Roche. Man hatte die Vorsicht gebraucht, vorher schon diesen Prälaten wider Grandier einzunehmen. Man hatte sich vorzüglich bemüht, eine Dispensation von den gewöhnlichen Aufgeboten, die Grandier einem Paar Eheleuten in seinem Kirchspiel ertheilt haben sollte, ihm als einen sträflichen Eingriff in die bischöfflichen Rechte vorzustellen. Diese Beschuldigung eines so unerhörten Attentats stellte in den Augen des Bischoffs die übrigen Anklagen in das gehörige Licht. Er erließ am 22 Okto

Oktober 1629 den Befehl: „Man solle den An=
„geklagten in Verhaft nehmen und ihn in der
„Stille in das Gefängniß des bischöfflichen Pal=
„lastes führen. Im Fall man aber seiner nicht
„habhaft werden könnte; so solle er in seinem
„Hause durch den ersten Pedell des bischöfflichen
„Gerichts, und durch den ersten königlichen Ge=
„richtsdiener auf die nächsten drei Gerichtstage
„vorgeladen, und der weltliche Richter zugleich
„wider ihn aufgefordert werden."

Grandier war wegen seinem Prozeß gegen
Düthibaut, noch zu Paris, als diese Verordnung
wider ihn ergieng. Sein Gegner versäumte nicht,
davon Gebrauch zu machen. Er übergab dem
Parlement eine Schilderung von der anstößigen
Aufführung des Pfarrers, und legte zum Be=
weis davon den wider Grandier erschienenen Be=
fehl des Bischoffs bei. Auf diese Nachricht erließ
auch das Parlement den Befehl: Grandier müs=
se, ehe noch seine Klage wider Düthibaut entschieden
werden könne, sich vor dem geistlichen Richter stel=
len, und sich wegen der ihm aufgebürdeten Verbre=
chen reinigen.

Er gieng nach Loudun zurück, und von da
nach Poitiers, in der Absicht, sich freiwillig im
bischöfflichen Gefängniß zu stellen. Allein man kam
ihm noch zuvor, und ließ ihn den 15 November
durch

durch einen Gerichtsdiener in Verhaft nehmen. Man setzte ihn in ein dunkles, trauriges und feuchtes Gefängniß, in welchem er, ohne gegen die Strenge der rauhen Jahreszeit im geringsten geschützt zu werden, zwei Monate aushalten mußte.

Seine Feinde waren ihres Sieges schon so gewiß, daß der Steuerpräsident Barot, einen von seinen Vettern, Namens Ismael Boulieau, antrieb, beim Stule zu Rom um seine Pfründen anzuhalten. — Indeß stiegen die Kosten des Prozesses von Tag zu Tage. Die Verschwornen fiengen an, das bloße Vergnügen der Rache, das sie um einen so hohen Preis erkaufen sollten, zu kostbar zu finden, und wurden wankelmüthig. Trinquant aber ließ nichts unversucht, ihren erkalteten Eifer aufs neue in Feuer zu setzen; er bat und drohte, und durch seine Veranstaltung wurde endlich eine gemeinschaftliche Kasse errichtet, die zur Beendigung des Prozesses ausreichen sollte.

Der Hauptpunkt der Anklage, die galanten Ausschweifungen betreffend, war indeß nichts weniger als erwiesen. Keine Frau, kein Mädchen wußte man zu nennen, mit denen Grandier einen verdächtigen Umgang gehabt haben sollte. Kein Vater, kein Ehemann trat mit einer Anklage auf; kein einziger

ger Zeuge konnte eine bestimmte Thatsache angeben. Demungeachtet trug der Offizial kein Bedenken, den 3 Januar 1630 einen Bescheid publiziren zu lassen, worin Grandier verurtheilt war, drei Monate lang jeden Freitag bei Wasser und Brod zu fasten, und ihm zugleich das Meßlesen und jede andere kirchliche Verrichtung, in dem Sprengel von Poitiers auf fünf Jahre, und in der Stadt Loudûn auf immer, untersagt wurde.

Grandier appellirte von diesem Bescheid an den Erzbischoff zu Bourdeaux, als Metropolitan von Poitiers. Hier konnten seine Feinde nicht so vorarbeiten, wie zu Poitiers, sie hatten kein Mittel den Erzbischoff auch so wider Grandier im voraus einzunehmen, wie es ihnen beim Bischoff geglückt hatte. Da sie ihre Hoffnung von dieser Seite abgeschnitten sahen, nahmen sie ihre Zuflucht zur Schikane, und liessen den geistlichen Fiskal von dem nämlichen Bescheide an das Parlement appelliren, unter dem Vorwande, es sei nach den Gesetzen des Reichs und der Kirche zu gelinde gesprochen. Grandier ließ sich also auch vor diesem Gerichtshof vertheidigen.

Eine Unterſuchung dieſer Sache vor dem Parlemente würde bei der beträchtlichen Entfernung, wegen der großen Anzahl der dazu erforderlichen Zeugen, viel zu große Koſten verurſacht haben. Das Parlement übertrug alſo den Prozeß den Gerichten zu Poitiers. Er kam in die Hände des Kriminallieutenants dieſer Stadt, an welchen der Erzbiſchoff ſogleich ein Ermahnungsſchreiben erließ, welches man von allen Kanzeln zu Loudün herabdonnerte.

Nun gewann die Sache ein ganz anderes Anſehn. Die Zeugen, welche vorher das geiſtliche Gericht abgehört hatte, wurden jetzt vor dem königlichen Prokurator noch einmal vernommen. Verſchiedene geſtanden freiwillig, ſie ſeien verführt, oder beſtochen worden; in den Ausſagen der übrigen, die nicht widerrufen wollten fanden ſich die auffallendſten Widerſprüche. Selbſt einer der Ankläger trat zurück, und erklärte, mit einigen von jenen Zeugen, ſie hätten alle bisherigen Schritte blos auf Trinquants Antrieb gethan. Noch mehr, es fanden ſich unläugbare Beweiſe, daß man in die Protokolle über die Zeugenverhöre vor dem Offizialgerichte Umſtände eingemiſcht hatte, die den Zeugen nicht in die Gedanken gekommen waren. Mehrere Zeugen be-

beschwerten sich in schriftlichen Erklärungen gegen die Verfälschung ihrer Aussagen. Als Beispiel von dem merkwürdigen Verfahren jenes geistlichen Gerichts, theilen wir eine dieser Erklärungen mit.

„Ich Gervasius Mechin, Priester
„und Vikarius an der Kirche zum heil. Peter zu
„Loudûn, höre durch ein ausgesprengtes Gerücht,
„daß unter den Aussagen, die von mir in
„dem Zeugenverhör wider Urban Grandier ge-
„schehen sein sollen, auch folgende Beschuldigun-
„gen enthalten seien: Erstlich habe ich den
„Pfarrer Grandier bei verschlossenen Thüren in
„der Peterskirche mit Weibern und Mädchen in
„verdächtigen Stellungen angetroffen; Zwey-
„tens habe ich wahrgenommen, daß mehrmals
„zu ganz ungewöhnlichen Stunden Weiber und
„Mädchen in sein Schlafgemach gegangen, und
„einige sogar von ein Uhr Nachmittags bis
„nach Mitternacht bei ihm gewesen seien; Drit-
„tens habe ich gesehen, daß Grandier die Thü-
„ren der Kirche, sobald gewisse Frauenzimmer
„hinein gekommen seien, sogleich verschlossen ha-
„be. — Um die weitere Verbreitung dieser nach-
„theiligen Gerüchte zu verhindern und um mein
„Gewissen zu befreien, erkläre ich hiemit, daß dieses

„boshafte Erzählungen sind; daß ich zwar den
„Pfarrer Grandier mit Frauenzimmern in der Kir-
„che gefunden, aber niemals unter den vorgegebenen
„Umständen, sondern jedesmal in Gegenwart meh-
„rerer und bei offenen Thüren getroffen habe. Was
„die Stellung anbetrift, habe ich deutlich genug
„bei meiner Konfrontation erklärt, daß Gran-
„dier gesessen habe, die Frauenzimmer hingegen
„weit genug von ihm entfernt gewesen seien.
„Eben so wenig habe ich jemals, weder bei Ta-
„ge noch in der Nacht, gesehen, daß Weiber oder
„Mädchen in Grandiers Schlafgemach gegangen
„sind. Zwar habe ich bisweilen gehört, daß
„noch Abends spät Leute zu ihm oder von ihm
„giengen, aber ich habe mich niemals darum be-
„kümmert, wer sie waren; auch schlief sein Bru-
„der immer nahe an seiner Schlafkammer. Eben
„so wenig habe ich ausgesagt, daß Grandier nie-
„mals sein Brevier gebetet habe; ein Vorgeben,
„das um so gewissenloßer gewesen wäre, da ich
„selbst ihm oft mein Buch geben mußte, wenn
„er beten wollte. Eben so versichre ich, daß er
„niemals in meiner Gegenwart die Kirchthüren
„verschlossen, und bei allen Unterredungen mit
„Frauenzimmern sich in den genauesten Schran-
„cken des Wohlstandes gehalten, ja sie nichteinmal
dabei

„dabei mit der Hand angerührt habe. Wenn
„sich in dem über meine Aussagen ver-
„fertigten Protokolle etwas findet,
„das diesen Erklärungen wider-
„spricht, so ist es unwahr, von mir
„nicht ausgesagt, und mir nicht wie-
„der vorgelesen worden, denn sonst
„würde ich es nicht unterschrieben
„haben. Welches ich hiemit unter eigner
„Hand und Sigel bekenne. Den letzten Oktober
„1630. Mechin."

Am 25 Mai 1631 wurde Grandier durch einen Spruch der Gerichte zu Poitiers von der wider ihn erhobenen Anklage vor jetzo freigesprochen. — Dieses schlug auf einmal den Muth seiner Feinde nieder; sie wagten kaum noch einige schwache Versuche wider die geschehene Appellation an den Erzbischoff.

Um diese Zeit kam der Erzbischoff, Herr von Escoubleau von Sourdis selbst in die Nähe von Loudün, um seine drei Meilen davon gelegene Abtei zu besuchen. Er benuzte diese Nachbarschaft, um den Prozeß, in welchem an ihn appellirt worden war, selbst genauer zu untersuchen, und fand, daß Grandier unschuldig war. Er sprach ihn also am 22 November 1631 von allen ihm zur Last geleg-

gelegten Verbrechen **völlig** frei, setzte ihn wieder in alle Rechte des priesterlichen Standes und seiner Pfarrei ein, und stellte ihm frei, den Ersatz sowol der Unkosten als der während des Prozesses ihm entzogenen Einkünfte seiner Pfründen zu bestimmen. — Er gab ihm aber zugleich den freundschaftlichen Rath seine Pfründen zu vertauschen, und sich von einem Orte zu entfernen, wo er einem so mächtigen feindlichen Komplote doch noch über kurz oder lang zum Opfer werden würde. Allein Grandier war zu stolz und unbiegsam, um diesen weisen Rath zu befolgen; oder er war — wie andre ihn beschuldigen — durch Bande der Liebe an Loudún gefesselt.

Grandier kam nun im Triumph nach Loudún zurück, und um seine Feinde recht zu demüthigen, trug er bei seinem Einzuge einen Palmzweig in der Hand. Ein Betragen, das so offenbar alle Bescheidenheit verletzte, mußte anstößig werden; seine Freunde wurden dadurch zum Spott, und seine Feinde zur bittersten Rache gereizt.

Sobald er seine Pfründen wieder in Besitz genommen hatte, setzte er mit unglaublicher Hitze den Prozeß wider Dúthibaut fort, und bewirkte endlich bei dem Kriminalgericht des Parlements
einen

einen Ausspruch, nach welchem der Injuriant einen öffentlichen schimpflichen Verweis mit entblößtem Haupte anhören, verschiedene Geldbußen erlegen, und alle Prozeßkosten bezahlen mußte.

Nicht zufrieden mit diesem doppelten Siege, suchte er seine Feinde aufs äußerste zu treiben. Er machte sogleich Anstalt, seine Angeber und seine geheimen Widersacher namentlich beim Parlemente zu belangen, und den Ersatz alles seines Schadens von ihnen zu fordern. Er war entschlossen seine Rechte bis aufs Aeußerste zu verfolgen und nicht den geringsten seiner Ansprüche aufzugeben. Seine Freunde bestürmten ihn mit Vorstellungen und Bitten. Allein nichts war fähig, ihn von seinem Entschluß abzubringen. Er fürchtete weder die Macht, noch die Anzahl seiner Gegner, und verachtete die arglistigen Kunstgriffe, die ihm die Ränkesucht so erbitterter Feinde drohte. — So legte er selbst die Fackel an den Scheiterhaufen, auf dem wir ihn endlich sehen werden.

Doch es ist Zeit, daß wir wieder zu den Ursulinerinnen zurückkehren. — Man sprach bald in ganz Loudún von den Gespenstern, die das Ursulinerkloster beunruhigten. Auf einmal änderte sich die Sage. Man fieng an, einander ins Ohr zu flüstern, es seien keine Gespenster, sondern leibhafte Teufel, von welchen einige Nonnen besessen seien.

Wahrscheinlich hatte Mignon selbst dieses Gerücht ausgesprengt. Seine nächsten Schritte verrathen schon den ganzen Plan, den er von Anfang an mit den Gespenstererscheinungen gehabt zu haben scheint. Weibliche Zufälle, Folgen einer strengen Enthaltsamkeit, hatten einige Nonnen befallen. Der listige Gewissensrath nützte die Unerfahrenheit dieser Mädchen, und da ihre Einbildungskraft durch die nächtlichen Possenspiele jetzt ohnehin mit Geistergeschichten angefüllt war, so war es ihm leicht sie zu bereden, daß ihre Anfälle Wirkungen von bösen Geistern seien, welche ihre Körper in Besitz genommen haben. Um sie in dieser Meinung zu bestärcken, fieng er auch sogleich an, sie in Geheim zu beschwören. Sein Unterricht von den Wirkungen einer Beschwörung auf die bösen Geister trug auch das seinige bei, seine Absichten zu begünstigen. Da er die Mädchen einmal in die ängstigende Erwartung gesetzt hatte, daß der böse Geist die Qualen, welche die Anrufung Gottes und die Berührung mit geweihten Dingen ihm verursache, ihren Körpern mittheilen wer-

werde, so that ihre Einbildungskraft das übrige von selbst, und schon die bloße Ceremonie machte, daß sie in Verzuckungen fielen.

Es währte nicht lange, so wurde die Besessenheit ansteckend. Mignon wirckte in seinem Theil, so viel er konnte, die Anzahl der besessenen Schwestern zu vermehren. Die Oberin suchte er durch die Vortheile zu gewinnen, die er ihr von einem glücklichen Fortgang dieser Erscheinungen zu zeigen wußte. „Es würden gewiß, sagte er, fromme und mitleidige Herzen durch das Unglück dieser armen Mädchen gerührt werden, und sie überflüssig mit milden Gaben versorgen; ihr Kloster selbst würde durch diese Begebenheiten in einen Ruf kommen, der für den Wohlstand desselben entscheidend werden müßte." — Um seiner Ueberredung keinen Grund fehlen zu laßen, nahm er die Religion selbst zu Hülfe. „Solche Begebenheiten, versicherte er, müßten zur Ehre ihrer Kirche gereichen; die vielen Protestanten zu Loudûn, welche die physischen Einwirckungen böser Geister läugneten, würden von ihrem Unglauben geheilt und durch so einleuchtende Thatsachen zum Glauben der katholischen Kirche bekehrt werden." Die Oberin konnte so starcken Gründen nicht länger wi-
der-

verstehen, und ihrem Beispiel folgten bald noch zwei oder drei andere Nonnen.

So hatte Mignon jetzt die Haupthandlung vorbereitet; es kam nun nur darauf an, sich der Zuverläßigkeit seiner Gehülfinnen zu versichern, und der Handlung unvermerckt die Richtung auf seinen Hauptzweck zu geben. Mignons Schlauheit wußte leicht ein Mittel zu finden, wodurch er beides zugleich erreichte. Er belehrte die Nonnen, der Teufel könne niemals in den Leib eines Menschen kommen, wenn er nicht ausdrücklich von einem Zauberer hineingeschickt werde. „Alle unsere Anstalten, setzte er hinzu, werden also fruchtloß sein, man wird uns keinen Glauben beimessen, wenn wir nicht den Namen einer Person angeben können, die durch Zauberei den Teufel in die Leiber der Besessenen gebracht habe." Hierauf schien er einige Zeit in tiefes Nachdencken versenckt. Auf einmal, wie von einer Eingebung begeistert, fieng er wieder an: „Wir können unsre zur Ehre der allerheiligsten Religion unternommene Handlung nicht würdiger befördern, als wenn wir zu Erreichung dieser frommen Absicht auch selbst wohlthätige Mittel gebrauchen, und da wir einmal einen Menschen nöthig haben, dem wir diese Zaubereien zuzuschreiben müssen, so können wir nichts bessers thun, als dazu einen bekannten Sünder zu wählen, der durch ein solches Strafgericht noch in Zeiten vor dem Verlust seines ewigen Heils gewarnt und zum rechten Weg zurükgebracht werden kann. Ein solcher ist — Grandier, der als Mensch und als Priester gleich verabscheuungswürdige Bösewicht, der die vornehmsten Familien durch Verführungen entehrt, Uneinigkeit in alle Häuser bringt, und dem ganzen Lande zum Aergerniß wird. Ein Zauberer ist er ohnehin, denn nur durch Zauberei konnte er die Augen seiner Richter so verblenden, daß sie die klarsten Beweise seiner Verbrechen nicht einsahen, und ihn frei sprachen. Was kann es übels sein, wenn wir ihn einer Zauberthat mehr beschuldigen? Vielleicht daß diese Anklage sein Gewissen erweckt, und ihn zu Gott zurückbringt."

Der listige Priester hatte die Folgen dieses Antrags sehr gut berechnet. Hielten die Mädchen diese Probe nicht aus, so war es noch Zeit genug sich zurück zu ziehen; willigten sie aber auch in diesen Plan, so durfte er sich auf ihre Herzhaftigkeit sicher verlassen. Er hütete sich freilich sehr sorgfältig, sie schon im Anfang die Folgen ihres Unternehmens erblicken zu laßen.

Die

Die bloße Ahndung, daß ein Scheiterhaufen den Angeklagten erwarte, würde die mittleidigen Geschöpfe gewiß zurückgeschreckt haben. Sobald sie aber einige Schritte vorwärts gethan hatten, und nun ein eben so furchtbares Feuer hinter ihnen als vor ihnen brannte, zog Mignon den Vorhang weg, und entdeckte ihnen die Gefahr, die über Grandiers Haupte schwebte. Zugleich aber stellte er ihnen ihre eigene gefährliche Lage vor, und zeigte, daß sie nur durch standhafte Beharrlichkeit derselben entgehen könnten. So versicherte er sich ihrer Verschwiegenheit durch ihr eigenes Interesse. — Im Anfang schien es ihm genug, sie einen Eid über ihr Stillschweigen ablegen zu lassen, der ihnen um so wichtiger und heiliger sein mußte, je gewißer sie dadurch ihre zeitliche und geistliche Wohlfart zu befördern glaubten.

Da Mignon einmal seiner Sache von dieser Seite gewiß war, machte er sogleich zu den übrigen Vorbereitungen Anstalt. Die Nonnen, welche zu dem frommen Betrug eingewilligt hatten, wurden in ihren Rollen unterrichtet. Sie mußten ihren Körper in allerhand Verdrehungen üben und die Verzuckungen Besessener nachahmen lernen. Sobald man ihnen Fertigkeit genug

nug zu einer öffentlichen Probe zutraute, säumte man auch nicht länger, zu Ausführung des neuen Plans zu schreiten.

Das Gerede von besessenen Nonnen wurde nun immer lauter, und Grandiers Feinde wußten es bald so zu verbreiten, daß es öffentliches Aufsehen erregte.

Mignon fieng jetzt an, im Innern des Klosters regelmäßige Beschwörungen vorzunehmen, und rief den Kanonikus Barre, Pfarrer von Chinon, zu Hülfe. Dieser — ein eben so schlimmer Heuchler wie Mignon, zur Melancholie geneigt, und der ausschweifendsten Unternehmungen fähig, wenn er den Namen eines Heiligen sich dadurch erwerben konnte — kam mit seinen Kirchkindern in Prozession nach Loudün, und machte die Reise zu Fuß, obgleich beide Städte fünf starke Meilen von einander liegen. Er suchte durch einen so sehr in die Augen fallenden Aufzug dem Wercke, das er unternehmen wollte, desto mehr Ansehn zu verschaffen.

Noch zehn bis zwölf Tage wendeten diese beiden heuchlerischen Priester an, um ihre Schülerinnen so abzurichten, daß sie, ganz ohne Gefahr für sich und ihre Absicht, sie dem Publikum vorstellen konnten, und nun wagten sie es, dem
Ma-

Magistrat von dem bedaurungswürdigen Zustand der Nonnen Nachricht zu geben.

Eine Klostergeschichte, die bald so großes Aufsehn erregen mußte, konnte vor dem Bischoff des Sprengels nicht geheim gehalten werden, und man mußte wenigstens seine stillschweigende Einwilligung haben, um sich einen glücklichen Erfolg zu versprechen. Mignon hatte auch diesen Umstand nicht übersehen. Er wußte, daß der Bischoff noch wegen dem vorigen Prozeß auf Grandier erbittert war, weil er die bischöffliche Sentenz als ungerecht verworfen hatte. Er wollte sich aber doch seiner noch gewißer versichern, und wählte dazu einen von des Prälaten Günstlingen, der alles über ihn vermochte, Granger, den Pfarrer von Varier, einen Mann von hartem herrschsüchtigem Charakter, der sein ganzes Ansehen bloß dazu gebrauchte, um sich furchtbar zu machen, die ganze Geistlichkeit des Sprengels verfolgte, und dafür von ihnen allen gefürchtet und gehaßt wurde. Diesen wußte Mignon für seine Absichten zu gewinnen, und trug ihm sogleich, um ihm einen Beweis seines Zutrauens zu geben, die Gesandtschaft an den Magistrat auf.

Den

Den 11 Oktober 1632 machte also Granger dem Bailli der Landschaft, Wilhelm von Cerisai von Guerinier und dem Civillieutenant Ludwig Chauvet die Anzeige, daß zwei Nonnen in dem Ursulinerkloster vom Teufel besessen seien, und bat sie in das Kloster zu kommen, um sich selbst von den auffallenden Erscheinungen zu überzeugen. Eine von den Besessenen, setzte er hinzu, antworte lateinisch auf alle Fragen, die man ihr vorlege, ob sie gleich diese Sprache niemals gelernt habe.

Auf diese Nachricht begaben sich die beide Beamten ins Kloster, um den Beschwörungen beizuwohnen. Ihre Absicht war, durch die geschärfteste Aufmerksamkeit sich entweder von der Wahrheit des Vorgebens zu überzeugen, um ihre Maßregeln darnach zu nehmen; oder den Betrug zu entdecken, um diese ärgerlichen, die öffentliche Ruhe störenden Auftritte sogleich in der Geburt zu ersticken.

Mignon empfieng sie im priesterlichen Ornat an der Thüre des Klosters, und sagte ihnen: Die bösen Geister, welche vierzehn Tage lang das Kloster des Nachts beunruhigt hätten, seien nun in die Leiber der Oberin und zweier Nonnen gefahren. Er habe sie mit Beihülfe des Barre und einiger Karmeliter zwar auf acht oder zehn Tage

Tage vertrieben. Allein in der vorigen Nacht sei die Oberin und eine Laienschwester aufs neue angefallen worden, und beide seien jetzt wircklich besessen. Die armen Besessenen, setzte er aber hinzu, ruheten jetzt ein wenig, er müsse daher die Herren bitten, ihren Besuch auf einen andern Tag zu verschieben.

Sie waren eben im Begriff wieder wegzugehn, als eine Nonne die Nachricht brachte, die Besessenen hätten eben jetzt ihre Zufälle aufs neue bekommen. Die Beamten begaben sich also mit Mignon und Granger hinein. Man führte sie in eine Kammer, worin sieben Betten standen. In einem derselben lag die Oberin, in einem andern die Laienschwester. Um das Bette der Oberin hatten sich einige Nonnen des Klosters, einige Karmeliter, Mathurin Rousseau, Priester und Kanonikus zum heiligen Kreuze, und der Wundarzt Manouri versammelt.

Kaum hatte die Oberin die beiden Beamten erblickt, so fiel sie in heftige Zuckungen, warf sich mit entsetzlichen Verdrehungen im Bette hin und her, und quickte wie ein junges Schwein. Ihr Anblick war gräßlich und fürchterlich, ob sie gleich sonst für eins der schönsten Mädchen gelten konnte. Ein Karmeliter stand zu ihrer

Rechten

Rechten, Mignon zur Lincken. Dieser Held steckte zween Finger in ihren Mund, ohne Furcht vom Teufel gebissen zu werden, machte verschiedene Beschwörungen, und begann endlich mit dem bösen Geiste folgendes Gespräch:

„Propter quam causam ingressus es in corpus hujus virginis (Aus was für einer Ursache bist du in den Leib dieser Jungfrau gefahren)? Causa animositatis (Aus Haß). — Per quod pactum? (Durch was für ein Bundeszeichen)? Per flores (Durch Blumen). — Quales? (Durch was für Blumen)? Rosas (Rosen). Quis misit (Wer hat sie geschikt)? Urbanus (Urban)." — Sie sprach dieses Wort mit einigem Stocken aus, als ob sie durch die Kraft des Exorcismus dazu gezwungen würde. — „Dic cognomen (Sag seinen Zunamen)! Grandier." — Es schien abermals als ob sie sich viele Gewalt anthun müßte, dieses Wort herauszubringen. — „Dic qualitatem (Benenne seinen Stand)! Sacerdos (Priester). — Cujus ecclesiae (Bei welcher Kirche)? Sancti Petri (Zu Sankt Peter) — Dies sprach sie sehr unverständlich aus. —

„Quae

„Quae persona attulit flores (Was für eine Person hat die Blumen gebracht)? Diabolica (eine teuflische)." — Sobald sie dieses letzte Wort ausgesprochen hatte, bei dem sich vermuthlich ihre gelernte Lektion endigte, kam sie wieder zu sich, und aß ein wenig.

Da kein Zeichen der Besessenheit mehr an ihr zu sehen war, traten die beiden Beamten ans Fenster. Mignon gieng zu ihnen und sagte: „der Vorgang scheine eine wahre Wiederholung der Geschichte des Priesters Gaufridi, den das Parlement zu Aix zum Feuer verurtheilt habe." Sie würdigten die Anmerkung des schleichenden Priesters keiner Antwort, sondern der Civillieutenant sagte ihm, er hätte die Oberin wegen des Hasses befragen sollen, wovon sie in ihren Antworten geredet habe. Mignon suchte sich damit zu entschuldigen, daß ihm beim Beschwören jede vorwitzige Frage verboten sei.

Nun zeigten sich auch bei der Laienschwester einige Anfälle. Allein diese war noch nicht genug unterrichtet. Sie machte zwar einige Verzuckungen, und entstellte ihr Gesicht durch häßliche Verzerrungen, antwortete aber auf einige ihr vorgelegte Fragen nichts als zweimal; der an=

andern, der andern; womit sie vermuthlich die Oberin meinte.

Die Beamten begaben sich hierauf hinweg, und liessen sogleich von allem was sie gesehen hatten, ein umständliches Protokoll aufsetzen, das sie unterschrieben. — Die Priester wiederholten den nämlichen Auftritt Wort für Wort noch verschiedenemal an demselbigen Tage, besonders auch in Gegenwart des königlichen Prokurators Trinquant und Paul Grouards, Stadtvogts zu Loudún.

Schon dieser erste Aufzug veranlaßte mancherlei Anmerkungen. Der eine konnte sich nicht überzeugen, daß der Teufel so schülerhaft lateinisch spräche, als er sich aus der Oberin vernehmen lasse. Ein anderer fand es noch kläglicher, daß der Teufel der Laienschwester gar kein lateinisches Wort hatte herausbringen können. Ein dritter bemerkte, Mignon würde wohl die Oberin um die Ursache des Hasses gefragt haben, wenn er nicht befürchtet hätte, den Teufel zu einer lateinischen Antwort darauf unbereitet zu finden. Einige spotteten über die armselige Phantasie dieser Teufel, die ihren Vorstellungen gar keine Mannichfaltigkeit zu geben wüßten, und vor Grouard, Trinquant und andern Personen, die nämlichen Grimassen und eben dieselben Ausdrücke wieder benützt hätten, die sie bei den beiden Beamten vorgebracht hatten. Andre bemerkten in Mignons Anspielung auf Gaufridi einen giftigen Haß. Andre wunderten sich, daß gerade die Karmeliter und nicht lieber andere Ordensleute, über deren privilegirte Altäre sich Grandier nicht aufgehalten, und deren Predigten er nicht durchgehechelt hatte, zu Hülfe gerufen worden waren. Noch sonderbarer schien einigen das glückliche Ungefähr, das gerade wenige Tage vor dem Ausbruch dieser Geschichten, auf einem Landhause Trinquants zu Puidardane, Grandiers sämmtliche Hauptfeinde zusammen gebracht hatte.

Den Tag darauf begab sich der Bailli und der Civillieutenant, in Begleitung des Kanonikus Rousseau und ihrer Aktuarien abermals ins Kloster. Gleich bei ihrer Ankunft stellten sie dem Mignon vor, daß er sowohl als Beichtvater des Klosters, als auch wegen seiner Verwandtschaft mit einigen von Grandiers öffentlichen Gegnern, leicht in den Verdacht kommen könnte, die ganze Sache, bei der Grandier schon als Hauptverbrecher genannt worden sei, veranstaltet zu haben; er möchte sich also der Beschwöschwörungen lieber ganz enthalten, und die Exorcisten durch die Obrigkeit wählen lassen; und da die Sache sehr vieles Aufsehn errege, so sei es schlechterdings nöthig, daß die Beschwörungen nur in ihrer Gegenwart vorgenommen würden. — Mignon übergieng das erstere mit Stillschweigen, und antwortete bloß, daß weder er noch die Nonnen sich widersetzen würden, wenn sie bei allen Beschwörungen zugegen sein wollten.

Nun näherte sich Barre und berichtete: „Er habe heute schon die Beschwörungen verrichtet, und dabei von der Oberin ganz wunderbare Dinge erfahren. Es seien sechs Teufel in ihrem Leibe. Er habe ihre Namen aufgeschrieben; der vornehmste heiße Astarot. Das Bundeszeichen, wodurch die bösen Geister wieder Zugang zu den Nonnen gefunden haben, seien einige Rosen, die Grandier einem gewissen Johann Pivart übergeben habe, der sie durch ein Mädchen habe über die Gartenmauer ins Kloster werfen lassen. Dies sei in der Nacht vom Sonnabend auf den Sonntag geschehen, hora secunda nocturna (zwei Stunden nach Mitternacht) nach den eigenen Worten der Nonne. Das Mädchen habe sie nicht nennen wollen, von Pivart aber habe sie gesagt: est pauper magus. Er habe wegen des Worts magus in sie gedrungen, und von ihr die Antwort erhalten: magicianus et civis, (ein Schwarzkünstler und Bürger)."

Die Beamten giengen hierauf selbst in die Kammer der Besessenen; allein die Teufel unternahmen nichts, das würdig gewesen wäre, in dem Protokolle von diesem Vormittag bemerkt zu werden.

Nachmittags kamen sie wieder in Begleitung des Herrn von Sainte Marthe des Hûmeaux, Lieutenants bei dem Vogteigericht. Die Oberin hatte in ihrer Gegenwart heftige Verzuckungen, streckte die Zunge aus dem Halse, geiferte und schäumte. Barre fragte den Teufel, wenn er abziehen würde? Kaum hörbar antwortete sie: cras mane (morgen früh). Der Exorcist fuhr fort, warum er nicht sogleich weiche? Die Antwort war: pactum (ein Bündniß). Hierauf sprach sie das Wort Sacerdos (Priester) aus, und in einer Weile folgte ganz leise und undeutlich finis oder finit. Diese bloß einzelnen Worte, mit sichtbarem Vorsatz nur unter den Zähnen gemurmelt, mußten unbebefangene Zuhörer auf den Verdacht führen, die Besessene habe zwischen Morgen und Nachmittag nicht Zeit genug gehabt, ihrer Sache gewiß zu werden; besonders sprach sie das letzte Wort so unvernehmlich aus, daß man schliessen mußte, sie habe es eigentlich nur den Exorcisten, als das abgeredete Zeichen der höchsten Gefahr, verstehen lassen wollen. Er fuhr auch wircklich nicht weiter fort zu fragen, sondern fieng an zu beten, und den Satan zu beschwören. Die Nonne sprach kein Wort. Man stellte ihr unter Gebeten und Litaneien die Monstranz auf den Kopf. Allein auch dies that keine Wirckung. Doch wollten einige bemerken, sie scheine bei den Namen gewißer Heiligen, des heiligen Augustins, Hieronimus, Antonius und der Maria Magdalena, vorzüglich angegriffen zu werden. Sie betete selbst, und befahl Gott ihr Herz und ihre Seele. Da sie aber Barre aufforderte, auch ihren Körper in die Hand Gottes zu überlassen, so gab sie zur Antwort: der Teufel habe sich ihres Leibes bemächtigt, sie besitze keine Herrschaft mehr darüber.

Auf einmal kam sie wieder vollkommen zu sich, und ihr Gesicht wurde so heiter und ruhig, als ob nicht das geringste mit ihr vorgegangen wäre.

wäre. Sie sah den Barre lächelnd an, und sagte, der Satan sei nicht mehr in ihr. Man fragte sie, ob sie sich erinnere, was sie während des Anfalls gesprochen habe? Sie versicherte aber, von dem ganzen Zustand nichts mehr zu wissen. Nun nahm sie etwas Speise zu sich, und erzählte sodann: „Sie sei das erstemal Abends um zehn Uhr bezaubert worden. Sie habe schon im Bette gelegen, und verschiedene Nonnen seien bei ihr im Zimmer gewesen. Auf einmal sei ihre Hand ergriffen, etwas hineingelegt, und alsdann wieder verschlossen worden. Sie habe niemand gesehen, der es könnte gethan haben; sie sei also sehr erschrocken, und habe um Hülfe gerufen. Die Nonnen seien herbeigekommen, und haben drei schwarze Dornen in ihrer Hand gefunden."

Während die Oberin dieses erzählte, bekam die Laienschwester auch einige Konvulsionen, die Richter konnten sie aber nicht genau beobachten, weil sich die ganze Gesellschaft um die Oberin drängte, um ihre Geschichte zu hören. — Auf einmal hörte man ein großes Geräusch. Eine Katze kam durch den Kamin, und sprang auf einen Betthimmel. Sogleich hieß es, dies sei ein böser Geist, oder doch wenigstens ein ver-

stellter

stellter Zauberer. Indeß faßten doch einige Muth, und zogen die fürchterliche Katze herab. Sie wurde auf das Bette der Oberin gesetzt, und von Barre mit den kräftigsten Beschwörungen angegriffen. Der Exorcismus aber rührte die Katze nicht, sie blieb ruhig und vertraulich auf dem Bette liegen, als ob sie schon oft diesen Posten inne gehabt hätte. Nachdem sich endlich der erste Schrecken über diese Erscheinung gelegt hatte, erkannte man, daß dieses friedliche Thier nichts weniger als der Teufel, sondern bloß die Hauskatze war, und so endigte sich dieser Auftritt mit einem allgemeinen Gelächter.

Als die Versammlung schon im Begriff war auseinander zu gehen, machte der Exorcist noch den Vorschlag, die Rosen erst zu verbrennen, in welchen der böse Geist das zweitemal überschickt worden sei. Er brachte sodann einen Strauß von weissen verwelckten Rosen, und warf sie ins Feuer. Die Erscheinung war aber ganz alltäglich und deutete auch nicht den geringsten Umstand an, der den gespannten Erwartungen der Zuschauer entsprochen hätte.

Barre lud die Gesellschaft auf den folgenden Tag ein, und versprach, der Teufel würde da nicht nur verständlicher reden, sondern auch ausfahren,

fahren, und von seinem Abzug so unzweideutige Zeichen hinterlassen, daß auch der Unglaubigste dadurch überzeugt werden würde. Der Kriminallieutenant Herve sagte hierauf, man müsse den Satan besonders wegen Pivarts befragen. Barre antwortete: et hoc dicet, et puellam nominabit (er wird auch dieses sagen, und zugleich das Mädchen nennen); er meinte nämlich das Mädchen, das die Rosen ins Kloster geworfen haben sollte.

Man mußte in der That bei diesen Versicherungen zweifelhaft sein, ob man mehr Barres Vertrauen auf seine Macht über die Geisterwelt, oder seinen prophetischen Geist bewundern sollte, welcher Ereignisse, die bloß von der Laune des Teufels abhiengen, so gewiß ankündigen konnte, als der Künstler die Kunststücke seiner Maschine.

Am 13 Oktober begaben sich der Bailli, der Civillieutenant, der Kriminallieutenant, der königliche Prokurator, und der Lieutenant von dem Vogteigericht, nebst den zween Aktuarien der beiden Gerichte, mit einander ins Kloster. Mignon kam ihnen im Sprachzimmer entgegen und bat sie, etwa noch eine Stunde zu verziehen, weil die Nonnen eben in der Vorbereitung auf

auf die Kommunion begriffen wären; ja er wollte sie nicht einmal im Kloster warten lassen, sondern führte sie in ein Haus, das auf der andern Seite der Gasse lag.

Nach Verlauf einer Stunde erhielten sie Nachricht, daß sie nun ins Kloster kommen könnten. Sie giengen in die Kapelle. Mignon und Barre kamen ans Gitter, und sagten ihnen, sie hätten eben den Exorcismus bei den Besessenen verrichtet, und der Teufel sei ausgefahren; es wären ganz erstaunliche Dinge dabei vorgegangen, die sie förmlich niedergeschrieben hätten. Der Bailli erwiederte hierauf: „er sei ganz erstaunt, daß sie sich unterfangen hätten, die Obrigkeit in corpore eine Stunde warten zu lassen, um in dieser Zeit heimliche Beschwörungen vorzunehmen. Da Grandier öffentlich der Zauberei beschuldigt worden sei, so müsse nun alles vor den Augen der Obrigkeit und des Publikums ausgemacht werden, und sie hätten schon deswegen nichts in geheim unternehmen sollen, weil sie sich selbst des schändlichsten Betrugs dadurch verdächtig machten. Man werde übrigens von Obrigkeitlicher Seite diesen Vorfall auch eben so genau zu Protokoll bringen lassen, als bei allen den Begebenheiten geschehen sei,

sei, welche sie bisher mit angesehen haben." — Barre entschuldigte sich mit seinen guten Absichten, die lediglich auf Verherrlichung des Namens Gottes abzweckten: er habe aber, sezte er hinzu, den Teufel schon beschworen, in Zeit von acht Tagen durch eine ganz unzweideutige Begebenheit, sowohl wegen der Besessenen, als wegen des Werkzeugs, dessen er sich dazu bedient habe, einen entscheidenden Aufschluß zu geben.

Die Beamten begaben sich darauf hinweg, und liessen den ganzen Vorfall ebenfalls genau aufzeichnen.

Grandier hatte anfänglich diese Beschwörung blos als eine Komödie betrachtet, die sich mit Schimpf und Schande ihrer Urheber und aller, die eine Rolle dabei übernommen hatten, endigen werde. Da er aber sah, daß das Stück ernsthaft wurde, so übergab er am 12 Oktober dem Bailli ein Memorial, worin er sich wegen der ihm widerfahrnen Beschimpfungen beschwerte, die Auftritte im Ursulinerkloster für eine bloße Betrügerei von Mignon erklärte, und um genaue und unpartheiische Untersuchung der ganzen Geschichte bat. — Der Bailli nahm die Vorstellung an, und gab Grandier einen Schein über ihren Empfang. Allein er sagte ihm auch
zugleich:

zugleich: „Barre behaupte öffentlich, er habe die Beschwörungen auf Befehl des Bischoffs von Poitiers vorgenommen." Grandier verstand den Winck, der ihn an seinen geistlichen Obern verweisen sollte, und begab sich darauf selbst nach Dissai, um dort dem Bischoff aufzuwarten. Dieser lehnte aber seinen Besuch ab unter dem Vorwand einer Unpäßlichkeit, und ließ ihm nur durch den Almosenier sagen, er solle seine Sache bei dem königlichen Beamten anbringen, wo ihm volle Gerechtigkeit widerfahren würde.

Grandier konnte daraus deutlich sehen, daß ihn sein Bischoff nicht unterstützen wolle. Er warf sich also in die Arme der weltlichen Obrigkeit, und überreichte dem Bailli ein zweites Memorial, worin er erzählte, was ihm zu Dissai begegnet war, seine Klage wegen der ihm zugefügten Beschimpfungen wiederholte, und ihn bat, die Sache als königlicher Richter zu untersuchen, und ihn unter königlichen Schutz und obrigkeitliche Beschirmung zu nehmen. Der Richter ertheilte hierauf am 28 Oktober 1632 den Befehl, es solle jedem untersagt werden, ihn mit Worten oder That zu mißhandeln. —

Seit dem letzten Auftritt am 13 Oktober hatte man lange von den Besessenen nichts weiter ge-

gehört. Es ließ sich aber wohl voraus sehen, daß der Teufel nicht so in der Stille auf immer verschwunden sein werde. Vermuthlich hatte er sich nur Zeit genommen, sich gehörig vorzubereiten, um weniger lächerlich zu erscheinen. Nach einem Monat kam er auch wircklich zurück. Am 22 November wurden Aerzte und Wundärzte ins Kloster gerufen, um zwei Nonnen zu besichtigen, die aufs neue vom Teufel geplagt würden.

Grandier erhielt durch den Bailli Nachricht von den neuen Anstalten, und erneuerte auch sogleich seine Einwendungen. Er wiederholte in seinem Schreiben: „die ganze Sache sei ein „Werck, das Mignons Rachsucht zu seinem Un= „tergang angelegt habe; er bitte die Obrigkeit „die nöthigen Mittel anzuwenden, um zu erfah= „ren, ob die Nonnen wirklich besessen seien, „die Beschwörungen aber weder Mignon noch „Barre zu überlassen, welche beide schon die auf= „fallendsten Beweise des tödlichsten Hasses wider „ihn gegeben hätten, sondern andere ganz unpar= „theiische Geistliche dazu zu bestellen, und die „Besessenen sogleich zu sequestriren, um sie ganz „aus den verdächtigen Händen zu entfernen."

Darauf erschien am 23 November von dem Bailli und dem königlichen Prokurator ein Be=
fehl,

fehl, welcher den Exorcisten alle Fragen die für irgend eine Person beleidigend sein könnten, untersagte. Barre berief sich aber auf seinen Auftrag vom Bischoff, und behauptete, der Bailli habe gar nichts in der Sache zu sagen. Er erklärte zugleich, die Beschwörungen sollten künftig bloß in Gegenwart geistlicher Personen vorgenommen, und nur alsdann Laien dazu gelassen werden, wenn er es zu mehrerer Verherrlichung Gottes für nöthig erachten würde. Indeß wolle er Bericht an den Bischoff erstatten, und nichts weiter unternehmen, bis dieser entweder selbst käme, oder weitere Verhaltungsbefehle ertheile.

Man wartete einen Theil des Tages, was darauf von Seiten des Bischoffs erfolgen würde. Da aber gar keine Antwort erschien, so erneuerte Grandier sein Gesuch um Sequestration der Nonnen. Der Bailli versammlete also das ganze Gericht, um sich darüber zu berathschlagen. Zwei von den Beisitzern, der Hofadvokat Menuau und der Prokurator erklärten sich für unfähig, in der Sache zu sprechen: Menuau — weil er mit Mignon verwandt sei, und sich von Grandier durch verschiedene unglimpfliche Reden, die er in seiner Gegenwart wider Mignon ausgestoßen habe, sehr beleidigt glaube; der Prokurator,

rator, Trinquants Tochtermann und Amtsnachfolger, — weil er mit Mignon Geschwisterkind sei, und ausserdem mit Grandier schon so heftige Streitigkeiten gehabt habe, daß ihm von dem Bischoff zu Poitiers die Erlaubniß ertheilt worden sei, sich zu einer andern Pfarre zu halten. Beide bezeugten übrigens, daß sie auf die Versicherung der Exorcisten und verschiedner Aerzte die Nonnen für wircklich besessen hielten, ohne Grandier als Urheber davon zu beschuldigen. — Die Erklärung dieser beiden Herren, wurde zu Protokoll genommen und von ihnen unterschrieben. — Die Richter beschlossen hierauf: „die beiden Besessenen sollten „in ein Bürgerhaus unter genaue Aufsicht ge„bracht, und jeder noch eine Nonne zugegeben „werden. Ausser den Exorcisten, den Aerzten, „und einigen in Achtung stehenden Frauen, sollte „man aber niemand ohne ausdrückliche Erlaub„niß der Obrigkeit zu ihnen lassen."

Die Oberin verwarf den Befehl, und erklärte: „Sie erkenne keinen andern Richter als den Bischoff von Poitiers. Dieser habe schon durch ein Kommissionsdekret die Verordnung gemacht, wie der Exorcismus ausgeführt werden solle. Die Sequestration ihrer Person sei

sei ganz unausführbar, da sie in ihrem Gelübde ausdrücklich versprochen habe, sich niemals aus der Klause zu begeben." Die Verwandten einiger andern Nonnen vereinigten sich mit der Oberin und drohten, den Bailli selbst gerichtlich zu belangen, wenn er es versuchen würde, diesen Befehl durchzusetzen. — Der Bailli erhielt sogleich von allem Nachricht. Er konnte aber weiter nichts thun, als die Partheien auf ein rechtliches Verhör verweisen, und bis zur weiteren Entscheidung den Beschwörungen immer selbst beiwohnen.

Er begab sich auch wircklich am 24 November früh ins Kloster, und nahm vier Aerzte mit sich, denen er auftrug, alles, was vorgehen würde, genau zu untersuchen, und einen Bericht davon zu den Akten zu geben. Die Oberin lag im Chore auf einem kleinen Bette und Barre las Messe. Während derselben bekam sie heftige Verzuckungen. Ihre Arme und Hände wurden verdreht, sie hatte die Finger halb eingeschlagen, auf ihren Wangen glänzte ein feuriges Roth, und sie verkehrte die Augen so fürchterlich, daß man nichts als das Weisse sah. Nach geendigter Messe näherte sich Barre, ihr das Abendmahl zu reichen, und, mit der Hostie in der Hand, rief er ihr zu: Adora Deum tuum, Creatorem tuum

tuum (Bete deinen Gott, deinen Schöpfer an). Mit Widerwillen antwortete sie: Adoro te (ich bete dich an). Quem adoras (Wen betest du an)? Iesus Christus — rief sie mit Bewegungen, als ob ihr Gewalt angethan würde. „Das ist ein Teufel, der nicht viel Grammatik im Kopfe hat" sagte hier Daniel Drouin, ein Beisitzer des Vogteigerichts. Barre ließ sich aber durch diese Anmerckung nicht aus der Fassung bringen. Er wiederholte die Frage mit einer Wendung, welche die Antwort in grammatikalische Richtigkeit bringen sollte: Quis est iste, quem adoras (Wer ist der, den du anbetest)? — Iesu Christe, war ihre Antwort. Verschiedene unter den Zuschauern riefen: Ei, ei, das ist schlechtes Latein. Barre hingegen behauptete kühn, sie habe gesagt: adore te, Iesu Christe. Er machte hierauf einige Fragen den Heiland betreffend, worauf sie antwortete: Iesus Christus est substantia Patris (Jesus Christus ist gleiches Wesens mit dem Vater). „Sehen sie hier, meine Herren, rief der Exorcist, einen Teufel, der ein großer Theolog ist." Die Kritiker hingegen bemerkten: das Auskramen dieser Theologischen Weisheit könne eben keine sonderliche Anstrengung des Gedächtnisses gekostet haben,

die

die Nonne habe nur wiederholen dürfen, was sie täglich im Nicänischen Glauben zur Messe singe. Der Exorcist fragte weiter: wie der Teufel heisse, der durch ihren Mund rede? Er mußte diese Frage sehr oft wiederholen, und die Nonne machte viele gräßliche Verdrehungen, ehe sie den Namen Asmodi aussprach. Er erkundigte sich ferner nach der Anzahl der Teufel, die sie im Leibe habe. Die Antwort war sex (sechs). Auf Verlangen des Bailli mußte er auch fragen: wie viel Gesellschafter Asmodi habe? Sie antwortete: quinque (fünfe). Die Beamten forderten nunmehr den Exorcisten auf, er solle den Teufel zwingen, alles das Griechisch zu wiederholen, was er Lateinisch gesagt hatte. Allein der Pfarrer mochte beschwören wie er wollte, die Nonne blieb stumm, und kam endlich auf einmal in ihren natürlichen Zustand zurück.

Der Bailli ließ sie nun durch den Exorcisten fragen, ob sie sich etwas von dem erinnere, was während der Verzuckungen vorgefallen sey? Ich erinnere mich an gar nichts, antwortete sie. „Wenigstens, versetzte der Bailli, müssen Sie doch wissen, was im Anfange des Zufalls in ihnen vorgegangen ist." Ich hatte eine heftige Begierde Gott zu lästern, war ihre Antwort.

Nun brachte man noch eine andre Nonne auf den Schauplatz, die sich auch durch ihre Schönheit auszeichnete. — Es fiel den Spöttern auf, daß die Teufel nur die schönen Nonnen zu ihrem Aufenthalt gewählt hatten. „Die bösen Geister, sagten sie, wollen vermuthlich zu verstehen geben, daß Grandier nur da, wo seine bösen Begierden gereizt werden, seine Zauberkünste anwende, um dadurch einen neuen Verdacht wider ihn zu erregen." — Ein ununterbrochenes Gelächter war das einzige, was die schöne Nonne vorbrachte. Zweimal rief sie den Namen Grandier. Hierauf wendete sie sich gegen die Gesellschaft, und sagte: Ihr alle seid nicht im Stande etwas rechtes zu machen. Barre wollte ihr das Abendmahl reichen. Allein alle seine Versuche waren fruchtloß. Sie hörte nicht auf zu lachen. Man konnte also auch sonst nichts mit ihr vornehmen, und ließ sie endlich wieder wegbringen.

Nun erschien die Schwester Klare, die schon beim erstenmal unter den Besessenen eine Rolle gespielt hatte. Sie wurde auf ein kleines Bette gelegt, und fieng auch mit Lachen an. Grandier, Grandier, rief sie, man muß wohl gar einen auf dem Marckte kaufen. Bar-

Barre näherte sich ihr, um sie zu beschwören; allein sie machte Miene, ihm ins Gesicht zu speien, und rümpfte verächtlich die Nase gegen ihn. Die unzüchtigsten Bewegungen, die schändlichsten und unanständigsten Reden in Gegenwart aller Zuschauer folgten darauf. Barre fragte sie, wie sich der Teufel nenne, der in ihr sei? Sie sagte zuerst, Grandier, nachher aber, es sei der Teufel Elimi. Wie viel Teufel sie in sich habe, wollte sie nicht bekennen. Barre fuhr fort: quo pacto ingressus est daemon (durch was für einen Bund ist der Teufel eingefahren)? Sie antwortete: duplex (zweifach). Man sahe aus dieser ungereimten Antwort, daß ihr Teufel kein Lateiner war. Unempfindlich hatte er sie auch nicht gemacht, denn da eine Nadel in ihrem Aermel sie stach, schrie sie sogleich, man solle sie herausziehen. Als die Verzuckungen sich gelegt hatten, versicherte sie: es sei ihr noch alles wohl bewußt, der Exorcist habe sie sehr gemartert.

Nach Mittag wurden die Beschwörungen in der Zelle der Oberin fortgesetzt. Der Bailli erschien auch wieder dabei, in Begleitung verschiedener Beamten, und seines Aktuars. Er verlangte vor allen Dingen, man möchte die

Schwe-

Schwester Klare von der Oberin absondern, damit man nicht zwei verschiedene Gegenstände vor Augen hätte, und die Bewegungen einer jeden desto aufmerksamer betrachten könne. Man erfüllte sein Begehren, und ließ die Schwester Klare wegbringen.

Die Anfälle, welche die Oberin Vormittags gehabt hatte, stellten sich nun mit noch größerer Heftigkeit wieder ein; auch ihre Beine wurden jetzt krumm zusammen gezogen, welches vorher noch nicht geschehen war. Der Exorcist fragte sie französisch um die Namen ihrer Teufel. Sie antwortete in der nämlichen Sprache: sie habe einen Teufel, der sich Achaos nenne. Der Bailli wollte das Fragen dem Exorcisten nicht allein überlassen, um allen Betrug abzuschneiden. Er gab also die Frage auf: ob sie besessen sei ex pacto magi, aut ex pura voluntate Dei (**durch einen Zauberbund, oder blos nach dem Willen Gottes**)? Sie versetzte: non est voluntas Dei (**es ist Gottes Wille nicht**). Barre wollte die Besessene nicht gern lange der Gefahr eines solchen Versuchs aussezen. Er nahm also sogleich wieder selbst das Wort, und fragte: Wer der Zauberer sei? Urbanus (**Urban**). Estne Urbanus Papa

(Ist

(Ist es der Pabst Urban)? — Grandier. Der Bailli ließ sich aber nicht abtreiben, sondern unterbrach ihn gleich wieder. Cujas est ille magus (Woher ist dieser Zauberer gebürtig)? ließ er die Nonne fragen. Cenomanensis (von Mans). Cujus dioecesis (aus welchem Sprengel)? Pictaviensis (von Poitiers). Hierauf verlangte er, sie solle das, was sie vorher bei Benennung ihres Teufels französisch gesagt hatte, nun auch lateinisch ausdrücken. Sie machte einige Versuche zu reden, konnte aber nichts heraus bringen, als die Silben sisi oder titi, und die Verzuckungen erreichten plötzlich ihr Ende. Der Exorcist ergriff diese Gelegenheit seine Macht zu beweisen, und sagte: „Ich will, daß Sie zur Verherrlichung Gottes auf diese Art gequält werden, und Ihren Leib dem Teufel zur Qual und Marter so geduldig übergeben, wie Christus der Herr den seinigen den Juden übergab." Kaum hatte er diesen Spruch geendigt, als sich die Verzuckungen wieder einstellten. Der Bailli wollte einige neue Fragen vorbringen; allein der Exorcist, der ihn scharf im Auge hielt, kam ihm zuvor, und fragte den Teufel: quare ingressus es in corpus hujus puellae (warum bist du in den Leib dieser Jungfrau gefahren)? — propter praesensentiam tuam (wegen deiner Gegenwart). Hierauf erbot sich der Baillí, wenn die Besessene nur zwei oder drei Fragen beantworten würde, die er und die übrigen Beamten ihr vorlegen wollten, selbst ein schriftliches Zeugniß über die Glaubwürdigkeit ihrer Besitzung auszustellen. Barre nahm den Vorschlag an, allein der Teufel gab seine Einwilligung nicht dazu. Die Verzuckungen endigten sich plötzlich, und weil es schon sehr spät war, gieng die Versammlung auseinander.

Am folgenden Tage, den 25 November, versammelten sich die nämlichen obrigkeitlichen Personen wieder in der Kapelle des Klosters. Barre eröffnete die Szene mit einer Messe. Während des Hochamts wurde die Oberin von heftigen Zuckungen befallen, und schrie: Grandier, Grandier, du böser Pfaffe! —

Nach der Messe gieng der Exorcist in das Chor, setzte die Monstranz auf seinen Kopf, und sprach mit einem sehr ernsten Ton und mit großer Feierlichkeit: „Wenn ich bei dieser ganzen Sache mich irgend eines Betrugs zu beschuldigen habe, so bitte ich Gott, mich zu vernichten." Der Prior der Karmeliter, durch dieses fromme Beispiel ermuntert, reinigte sich ebenfalls durch

durch eine heilige Betheurung von allem Verdacht, und setzte noch für sich und sein Kloster hinzu; "er bitte, daß der Fluch der Rotte Korah, Datan und Abiram auf sie falle, wenn sie bei dieser Sache wider Gewissen gehandelt hätten." —

Barre näherte sich hierauf der Oberin, und wollte ihr die Hostie reichen, allein sie bekam so gräßliche Verzuckungen, als man an ihr noch nicht gesehen hatte, und wollte sogar dem Priester die Monstranz aus der Hand reissen. Doch gelang es ihm endlich, ihr die Hostie in den Mund zu bringen. Kaum war dies aber geschehen, so machte sie Bewegungen, sie wieder auszuspeien. Der Exorcist brachte ihr die Hostie mit dem Finger wieder in den Mund, verbot dem Teufel, sie zum Erbrechen zu reitzen, und ließ sie dreimal Wasser trincken. Hierauf fragte er: Per quod pactum ingressus es in corpus hujus puellae (Durch welchen Zauberbund bist du in den Leib dieses Mädchens gefahren)? aqua (durch Wasser). Einer von den Anwesenden, ein Schottländer, verlangte, der Teufel solle das Wort Wasser auf Schottisch sagen. Die Oberin antwortete: Nimia curiositas, (das ist eine zu vorwitzige Frage). Da man demungeachtet auf

des

des Schottländers Forderung bestand, versetzte sie: Deus non volo. Verschiedene von den Anwesenden hielten sich über die barbarische Sprache auf. Der Teufel wurde in Namen Gottes aufgefordert, besseres Latein zu reden, allein man hörte weiter nichts als abermals die Worte: Deus non volo. Vermuthlich wollte sie sagen: Deus non vult (Gott will nicht). Der Exorcist befand sich durch diesen Auftritt in Verwirrung und sagte endlich, es scheine ihm wirklich, daß die Frage zu vorwitzig sei. Der Civillieutenant erwiederte: er müsse doch wohl wissen, daß das Ritual das Vermögen, fremde Sprachen zu reden, und Begebenheiten aus den entferntesten Ländern, in dem Augenblicke da sie geschehen, anzuzeigen, als das eigentliche Merkmal eines Besessenen angebe. Der Exorcist versicherte, der Teufel verstehe die Schottische Sprache recht gut, allein er wolle jetzt einmal nicht sprechen. Zum Beweis aber, setzte er hinzu daß er wohl noch schwerere Dinge weißt, soll er Ihnen, wenn Sie wollen, daß ich es ihm befehle, alle ihre Sünden ins Gesicht sagen. „Dis kann er thun, erwiederte der Civillieutenant, ich fürchte mich nicht." Barre wendete sich hierauf gegen die Oberin, als ob er sie fragen wollte. — Allein der Bailli stellte ihm vor, daß

daß dies ganz unschicklich sein würde. Er trat also zurück und sagte, er hätte auch nicht den Vorsatz gehabt, so etwas zu fragen.

Indeß glaubten dennoch die Anwesenden, man müsse dem Ritual folgen, und die Probe mit den fremden Sprachen anstellen. Der Bailli brachte die hebräische Sprache in Vorschlag, als die älteste unter allen, die der Teufel also noch besser als eine andere verstehen müße. Die ganze Versammlung gab diesem Vorschlag lauten Beifall. Der Exorcist mußte also der Besessenen befehlen, zu sagen, was Wasser auf hebräisch heiße? Sie antwortete nichts hierauf, aber man hörte, daß sie mit leiser Stimme sprach: ah je renie (ach ich widerrufe)! Ein Karmeliter, der in einiger Entfernung von ihr seinen Platz hatte, versicherte: sie habe gesagt Zaquacq, dies sei ein hebräisches Wort, und bedeute so viel als effudi aquam (ich habe Wasser ausgegossen). Allein alle, die bei der Nonne stunden, behaupteten, sie habe gesagt: ah! je renie, und der Unterprior der Karmeliter war so billig, dem unwissenden Mönch einen öffentlichen Verweis zu geben.

Die Anfälle von Verzuckungen erneuerten sich noch einigemal, endlich aber ließen sie nach,
und

und die Besessene kam wieder zu sich. Ungeachtet der heftigen Erschütterungen, die sie ausgestanden hatte, schien sie doch so wenig abgemattet zu sein, als ob sie die ganze Zeit über in Ruhe gelegen hätte. Nicht einmal an ihrer Farbe merckte man einige Veränderung. Der ganze Auftritt endigte sich mit den Worten: Iudicia iniqua (ungerechte Urtheile), welche sie aus eigenem Antrieb vorbrachte.

Nachmittags giengen der Bailli und der Civillieutenant wieder ins Kloster und fanden eine zahlreiche Versammlung in der Zelle der Oberin. Als Barre mit der Monstranz herein trat, bekam die Oberin schreckliche Konvulsionen; der Anblik der Hostie schien den Teufel rasend zu machen. Der Exorcist fragte nun wieder: per quod pactum ingressus es in corpus hujus puellae (durch welches Zauberzeichen bist du in den Leib dieses Mädchens gefahren)? Die Nonne, die nun ihre Lektion besser inne haben mußte, antwortete: aqua (durch Wasser). Quis finis pacti (was ist der Endzweck dieses Bundes)? Impuritas (Unreinigkeit). Der Bailli verlangte, sie solle die Worte: finis pacti impuritas, auf griechisch sagen. Barre forderte sie auf; allein sie zog sich
wie

wie gewöhnlich aus der Sache, mit den Worten: nimia curiositas, (as zu vieler Vorwiß). Farre fuhr fort: quis attulit pactum (Wer hat das Bundszeichen überbracht)? Magus (Ein Zauberer). Quale nomen magi (Wie hieß der Zauberer)? Urbanus (Urban). Quis Urbanus? Estne Urbanus papa. (Wer ist dieser Urban? Ist es der Pabst Urban)? — Grandier. — Cujus qualitatis (von welchem Stande ist er)? Curatus — Sie wollte sagen Curè — (ein Pfarrer). Die Grammatiker machten hier die Anmerkung: „der Lehrmeister des Teufels hätte verhüten sollen, daß sein Schüler nicht Barbarismen vorbrächte." Der Bailli ließ sie hierauf fragen: sub quo episcopo ille Grandier tonsuram accepisset? (unter welchem Bischoff dieser Grandier die Tonsur erhalten hätte)? — Der Teufel antwortete ganz treuherzig: nescio (das weis ich nicht). Barre meinte, dies sei auch wircklich eine Sache, von welcher der Teufel ganz wohl nichts wissen könne. Der Bailli war aber damit noch nicht zufrieden; er ließ ihr durch den Exorcisten die Frage vorlegen: sub quo episcopo Cenomanensi natus est ille Grandier (unter welchem

chem Bischoff von Mans ist Grandier gebohren worden)? Sie wiederholte das Wort Cenomanensi (von Mans) und weiter war nichts herauszubringen, so sehr man auch in sie drang. Mit den Fragen, die der Exorcist selbst an sie machte, giengs aber rascher. Quis attulit, fuhr er fort, aquam pacti (wer hat das Wasser des Zauberbundes gebracht)? — Magus (ein Zauberer). Qua hora (um welche Stunde)? — Septima (um sieben). An matutina (Vormittags)? Sero (Abends). Quomodo intravit (wie ist er hereingekommen)? Ianua (durch die Thüren). Quis vidit (Wer hat ihn gesehen)? tres (drei).

Barre bestätigte das Zeugniß des Teufels durch folgende Erzählung. Am Sonntag nach der zweiten Austreibung des bösen Geistes habe er mit Mignon und einer kranken Nonne, in der Zelle der Oberin des Abends gespeiset. Plötzlich seien während dem Essen etliche Tropfen Waßer auf den Arm der Oberin gefallen, ohne daß man habe wahrnehmen können, wo sie hergekommen seien. Sie haben den Arm sogleich mit Weihwaßer gewaschen, und ihr einige Gebete vorgelesen. Unter dem Gebete sei der Oberin das Buch

Buch zweimal aus der Hand gerissen und vor die Füsse geworfen worden, und eine unsichtbare Hand habe ihr einige Maulschellen gegeben. Die Wahrheit dieser Geschichte wurde von Mignon mit schrecklichen Schwüren und Verwünschungen betheuert.

Am Ende fragte der Exorcist die Besessene noch: Ob sie die lateinischen Worte: sub quo episcopo natus esset, verstehe? Sie betheuerte aber, daß sie weder dies noch sonst einiges Latein verstehe. Barre entließ nun die Versammlung mit dem Versprechen, am folgenden Tage den Teufel auszutreiben, und ermahnte jedermann, zur Beichte und Kommunion, unwürdig zu sein, ein so großes Wunder mit anzusehen.

Um nichts zu versäumen, eilte der Bailli am folgenden Tage, so früh er konnte, wieder ins Kloster, wo er schon den Civillieutenant und einen Beisitzer die Räthe Cervet und Gautier, und den Lieutenant mit dem Beisitzer des Vogteigerichts antraf. Sobald sie in die Kapelle traten, gab der Teufel der Oberin seine Gegenwart durch Verzukungen zu erkennen. Barre zeigte ihr, wie gewöhnlich, nach vielerlei Grimassen die Hostie, und hielt alsdenn eine Messe. Während derselben bemerkte der Bailli einen jungen

gen Menschen, Namens Deſſentiers, der den Hut auf dem Kopfe hatte, und befahl, er ſolle ihn abnehmen. Dieſes unehrerbietige Betragen zeigte deutlich genug, daß der junge Menſch kein Katholik war. Der Teufel der Oberin hatte den Befehl des Bailli gehört, und verſäumte nicht, der Verſammlung bei dieſer Gelegenheit einen Beweis ſeiner Allwiſſenheit zu geben. Er zeigt an, es ſeien Hugenotten in der Kapelle. Der Exorciſt fragte ſogleich: wie viel? zwei, antwortete die Oberin. Es wurde aber auf der Stelle erwieſen, daß ihr Teufel entweder nicht alle Hugenotten kenne, oder das Zählen nicht verſtehe; denn auſſer dem Deſſentiers waren noch acht andre in der Verſammlung.

Nachdem die Verzuckungen aufs neue angefangen hatten, fragte der Exorciſt den Teufel franzöſiſch: wer ihn in den Leib dieſer Nonne gebracht habe? Urban Grandier, antwortete er, der Pfarrer von Sanct Peter. Der Bailli befahl, den Teufel zu fragen, wo dieſer vorgebliche Zauberer jetzt in dieſer Minute ſich befinde? Der Exorciſt konnte die Frage nicht ablehnen, welche das Ritual ſelbſt vorſchreibt. Der Teufel antwortete ohne ſich zu beſinnen: er ſei jetzt auf dem Saale im Schloſſe. Das

„Das wird sich falsch befinden, rief der Bailli mit lauter Stimme; ich habe ihm eben, ehe ich hieher gieng, den Rath gegeben, in ein gewißes Haus zu gehen; ganz zuverläßig wird er sich noch da befinden." Um die Sache sogleich zu entscheiden, ließ er Barre einen von den gegenwärtigen Mönchen wählen, und schickte diesen (die Wahl war auf den Superior der Karmeliter gefallen) mit dem Gerichtsbeisitzer Chauvet, dem Pfarrer Boulicau, und dem Sekretär Thibault ab, zu untersuchen, wo Grandier sei.

Dieser Vorfall war sowohl dem Exorcisten als der Besessenen ein Donnerschlag. Die letztere verfiel darüber in ein mürrisches Stillschweigen, das weder Beschwörungen noch Gebete brechen konnten. Nach Verlauf einer halben Stunde that Barre den Vorschlag, die Schwester Klare ins Chor bringen zu lassen, damit ein Teufel den andern aufmuntere. Der Bailli widersetzte sich aber, weil dies nur Unordnung verursachen, und ein Mittel abgeben würde, der Oberin von der Thatsache, die jetzt untersucht werde, geheime Nachricht beizubringen; man müße wenigstens die Rückkunft der Abgeordneten erwarten. Allein die Vorstellung wurde nicht geachtet, man brachte die Schwester Klare

Klare ins Chor. Den Beamten wurde der Anblick einer offenbar betrügerischen Gaukelei unausstehlich; sie begaben sich sogleich hinweg.

Die Abgeordneten kamen zurück, und erzählten: Grandier sei zwar wircklich heute, aber nur auf einen kurzen Besuch bei dem Gouverneur, auf dem Schlosse gewesen; den übrigen Theil des Tages habe er, auf Veranlassung des Bailli, bei Karl Maurot zubringen wollen; sie hätten ihn auch in dessen Hausse in Gesellschaft des Pater Veret, des Beichtvaters der Nonnen von Säine, des Kanonikus Rousseau und des Arzts Coutis gefunden, und diese Herren hätten alle bezeugt, daß sie länger als zwei Stunden beisammen seien.

Nach dieser Erzälung bekam die Oberin abermals Verzuckungen, unter welchen sich ein Karmeliter die Freiheit nahm sie zu fragen, wo sich der Bailli jetzt befinde? Sie antwortete, er spaziere mit dem Grandier in der Kirche zum heiligen Kreuze. Es wurde aber überzeugend dargethan, daß der Bailli in derselben Minute einige Partheien gehört, und nach seiner Zurückkunft vom Kloster den Grandier gar nicht gesehen hatte.

Die

Die Exorcisten hatten gestern, und heute in der sichtbarsten Gefahr geschwebt, ihr Spiel verrathen zu sehn. Die Beschimpfungen, die der Teufel durch seine schlechte Sprachkenntniß sich zugezogen hatte, drohten die ganze Sache lächerlich zu machen, und die auffallenden Blössen, die ihre Schülerinnen gegeben hatten, welche dem aufmercksamen Blick der Beamten gewiß nicht entgangen waren, liessen sie sogar fürchten, das Verderben, das sie einem andern bereiteten, könnte am Ende selbst auf ihren Kopf zurückfallen. Sie beschloßen also, ihr Geheimniß ungeweihten Augen, und ihren edlen Plan dem Ungefähr nicht mehr Preis zu geben, und lieber ihre Beschwörungen nur vor Geweihten zu verrichten. Man ließ also die Besessenen sagen: „sie wollten durchaus nicht weiter in Gegenwart des Bailli und seiner Begleiter exorcisirt sein."

Auf die Nachricht von dieser neuen Kabale erneuerte Grandier seine Vorstellungen gegen das ganze Verfahren mit den Besessenen in einem besondern Schreiben an den Bailli. „Schon „lange, sagt er darin, haben meine Feinde die „ganze Macht ihres Ansehens aufgeboten und „alle Künste ihrer Bosheit angewendet, mich um „meine

„meine Ehre zu bringen. Ihr erster Versuch ist
„mißlungen, die Schande, mit der sie mich be-
„decken wollten, ist auf ihren Kopf zurückgefal-
„len. Aber ihr Haß gegen mich ist dadurch ver-
„mehrt, sie haben meinen Untergang geschwo-
„ren. Ihr zweiter Versuch ist fein angelegt; sie
„haben die Religion zu Hülfe genommen, um
„unter der Maske des Eifers für die Ehre Got-
„tes und der Kirche ihren Blutdurst desto gewis-
„ser zu stillen. Der Weg, den sie zu ihrer An-
„klage gewählt haben, ist schlau erdacht; es ist
„schwer ihn zu untersuchen, und sie verstehen
„es auch, die Untersuchungen selbst unmöglich
„zu machen. Ihre bestellten Ankläger sind Be-
„sessene! So haben sie freie Hand, ihnen in den
„Mund zu legen, was sie wollen. Sie lassen
„nun den Teufel Beschuldigungen machen, die
„sie selbst vorzubringen sich nicht getrauten, und
„die Schwachen werden dem Teufel glauben,
„was sie meinen Gegnern nie würden geglaubt
„haben. Wer soll unterscheiden, was daran
„wahr oder falsch sei? Der Hauptpunkt, daß
„die Nonnen besessen seien, wird als ausgemacht
„angenommen. Wer die Thatsachen, welche sie
„in ihren Beschwörungen vorspiegeln, nicht als
„Beweise annimmt, der ist ein Ungläubiger, der
„nicht

„nicht würdig ist, ein Mitglied der geweihten
„Versammlungen zu sein, in welchen Gott seine
„Macht an den Teufeln zu verherrlichen beschlos-
„sen hat. So haben sie volle Freiheit, jeden
„vernünftigen Zweifler von der Untersuchung
„auszuschliessen, und den Glauben an die Be-
„hauptung zu befestigen, die sie zur Grundlage
„ihres ganzen Planes bestimmt haben. Man
„überläßt ihre Schülerinnen ihren Händen.
„Sie können sie also nach Gefallen zu ihren
„Zwecken abrichten, und haben den Vortheil,
„die Leute, die sie zu ihrer Besorgung brauchen,
„und die, welche die Untersuchungen zum Schein
„vornehmen müssen, selbst wieder ihrem Plan
„gemäß zu wählen. Warum erlaubt man ihnen
„heilige und ehrwürdige Gebräuche zu Werck-
„zeugen ihrer Rachsucht zu machen? Wa-
„rum dürfen sie so ungehindert Handlungen
„vornehmen, welche den Schwachen zur Thor-
„heit und den Vernünftigen zum Aergerniß
„werden? Handlungen, welche jene zum Aber-
„glauben verleiten, und diesen die Religion
„selbst lächerlich und verächtlich machen müssen?
„Warum läßt man ihnen freie Hände, im Na-
„men des Teufels den Namen unschuldiger Men-
„schen zu verleumden, einen untadelhaften

E 3 „Dies

„Diener der Kirche mit Schande zu überhäufen,
„und ihn seiner Gemeinde zum Gräuel zu ma-
„chen? Unmöglich kann die Obrigkeit länger ge-
„duldig dabei zusehen; Ihre eigene Ehre, die
„Ehre der Religion, das Wohl eines unschul-
„dig verfolgten Menschen, sind ihr zu heilig,
„um diese schändlichen Mißbräuche länger zu
„gestatten. Sie wird darauf dringen, die Wahr-
„heit der Thatsache zu erfahren, welche die
„Hauptbasis aller dieser ärgerlichen Auftritte ist.
„Sie wird die vorgeblich Besessenen nicht länger
„in den Händen der Mignon, Grangers Barré
„und anderer lassen, die ihre Absicht bei diesen
„erdichteten Erscheinungen deutlich genug
„verrathen haben. Sie wird die Untersuchung
„der Beschuldigung nicht in den Händen der
„öffentlich erklärten Todtfeinde des Beschuldig-
„ten lassen. Sie wird durch weise Veranstaltun-
„gen, durch Auswahl verständiger Aerzte und
„anderer rechtschaffener Männer, denen sie die
„Aufsicht und Besorgung der Nonnen überge-
„ben wird, durch Entfernung der Nonnen aus
„dem Kloster, durch Bestimmung eines ganz
„unverdächtigen Aufenthalts für sie, während
„der Untersuchung, kurz durch jede Vorsicht
„einer unpartheiischen Prüfung die Entde-
„ckung

„ʼung einer Wahrheit befördern, die ihr für
„die allgemeine Ruhe, für sich selbst, für die
„Religion, und für den Staat nicht gleichgül-
„tig sein kann, und die ihr auf beide Fälle wich-
„tig sein muß, es sei, um den Angeklagten we-
„gen des Verbrechens zu strafen, oder um die
„Ehre der Unschuld zu retten."

Nichts konnte gerechter, nichts billiger sein,
als Grandiers Gesuch. Es kam noch hinzu, daß
eben auch die Aerzte, die auf eigenen Befehl des
Bailli einer Beschwörung beigewohnt hatten, dieselben Maßregeln aus andern Gründen anriethen.
„Sie hätten zwar", sagten sie in ihrem Bericht,
„heftige konvulsivische Bewegungen an der Obe-
„rin gesehen, allein um zu entdecken, ob die Ur-
„sachen natürlich oder übernatürlich seien, wäre
„ein einziger Besuch nicht hinreichend. Man
„solle ihnen Gelegenheit verschaffen, den Zustand
„der Besessenen genau zu untersuchen; man solle
„ihnen erlauben, sie ganz allein, bloß in Bei-
„sein der Nonnen und einiger obrigkeitlichen
„Personen, zu warten; es solle niemand auſſer
„ihnen sie anrühren, niemand anders als laut
„mit ihnen sprechen dürfen. Nur bei einer stren-
„gen Beobachtung dieser Vorsichtsmittel könnten
„sie

„sie sich getrauen, ihren Beobachtungen Glaub„würdigkeit zuzuschreiben."

Man kann sich des Unwillens nicht enthalten, wenn man sieht, daß unerachtet so vieler Aufforderungen dennoch überall keine Anstalten getroffen wurden, die wahre Beschaffenheit einer so schändlichen Geschichte zu entdecken. Man mußte doch, auch wenn man die handgreiflichsten Anzeigen übersehen wollte, wenigstens als möglich annehmen, daß die ganze Begebenheit Betrug sei. Und was für ein Betrug? Giebt es einen andern, der für den gesunden Menschenverstand entehrender, für die gemeine Sicherheit gefährlicher und für wahre Gottesverehrung nachtheiliger wäre? Schon die Möglichkeit eines solchen Betrugs, bei dem die Ehre der ganzen Menschheit aufs Spiel gesezt war, hätte eine allgemeine Aufforderung sein sollen, für eine unzweideutige Aufklärung der Geschichte jedes mögliche Mittel aufzubieten. Die Exorcisten und die Besessenen hätten selbst aus eignem Interesse alles dazu beitragen sollen, wenn sie unschuldig waren. Ihre schauderhaftesten Eide konnten sie von dem Verdacht der abscheulichsten Betrügerei nicht so überzeugend reinigen, als eine unpartheiische Untersuchung.

Allein

Allein keine von den vorgeschlagenen Maß regeln wurde befolgt. Der Bailli getraute sich nicht wider die Nonnen etwas zu unternehmen. Er wußte, daß sie allein unter geistliche Gerichtsbarkeit gehörten; sie hatten sich selbst schon einmal aus demselben Grunde seinem Befehl widersetzt; er mußte also befürchten, wenn er weiter gehen wollte, man würde nicht bloß sein ganzes Verfahren für rechtswidrig erklären, sondern er würde sich auch die Feindschaft des Bischoffs und der ganzen Klerisei zuziehen.

In dieser Verlegenheit wußte er sich nicht besser zu helfen, als daß er die Einwohner der Stadt zusammenberief, um mit ihnen gemeinschaftlich zu berathschlagen, was bei dieser Sache für das allgemeine Beste zu thun sei. Der Schluß der allgemeinen Versammlung war: „man „wolle an den Bischoff von Poitiers und an den „Generalprokurator schreiben, die vorhandenen „Berichte über die bisherigen Begebenheiten ih„nen zuschicken, und sie bitten, einer so gefähr„lichen Kabale durch ihre Gewalt und Klugheit „Einhalt zu thun."

Die Vorstellung blieb aber ganz ohne Wirkung. Beide lehnten die Aufforderung ab; der Bischoff dadurch, daß er gar keine Antwort gab, der Generalprokurator durch den Vorwand, daß die Sache eine bloß geistliche sei, in welche sich das Parlement nicht mischen könne.

Einen desto glücklichen Fortgang hatten die Gegenanstalten, die Grandiers Feinde trafen. Aeusserst betreten über die unglückliche Wendung, welche ihre letzten Beschwörungen genommen hatten, suchten sie eiligst ihre Zuflucht bei dem Bischoff, und baten nun selbst, er möchte den künftigen Beschwörungen einige Geistliche in seinem Namen beiwohnen lassen. Sogleich ernannte der Bischoff, in einem Befehl vom 28 November, zwei Dechanten, Basile und Desmourans, welche die Verbündeten in Vorschlag zu bringen gewußt hatten, zu seinen Abgesandten, und bestätigte Barre aufs neue in seinem Amte als Exorcist.

Die bischöfflichen Kommissarien säumten nicht, sich in Loudün einzufinden. Die Beschwörungen, welche durch die bisher erzälten Vorfälle — die vermuthlich auch allein den Barre verhindert hatten, den Teufel auszutreiben, — unterbrochen gewesen waren, nahmen sogleich nach ihrer Ankunft am 1 December wieder ihren Anfang.

Jn

Indeß hatte sich diese Geschichte bis zur Königin selbst verbreitet. Sie wünschte die Geschichte bestimmter, als durch bloße Gerüchte möglich ist, zu kennen, und schickte ihren Almosenier Marescot selbst nach Loudün, um durch dessen eigene Untersuchung nähern Aufschluß darüber zu erhalten.

Marescot traf eben um diese Zeit in Loudün ein. Der Bailli und der Civillieutenant fürchteten, er möchte, entweder gewonnen oder hinters Licht geführt durch die Kabale, den Hof wider ihre bisherigen Berichte einnehmen, und ihnen Verantwortung zuziehen. Sie beschlossen also, unerachtet der wider sie gemachten Einwendungen, dennoch allen Beschwörungen beizuwohnen, und erschienen gleich am ersten Tage wieder im Kloster, begleitet von einem Beisitzer, von dem Lieutenant des Vogteigerichts, und dem Aktuar. Man ließ sie lange an der Pforte harren. Endlich kam eine Nonne, und sagte: „man werde sie nicht einlassen, weil sie verdächtig seyen und in der Stadt ausgesprengt haben, es sei mit den Besessenen nichts als Erdichtung und Betrügerei." Der Bailli hatte nicht Lust, sich mit diesem Mädchen in einen Wortwechsel einzulassen, und befahl ihr, den Barre zu rufen. Er

erschien

erschien kurz darauf in Marescots Begleitung mit seinem priesterlichen Ornat. Der Bailli beschwerte sich, daß man obrigkeitliche Personen nicht einlassen wolle, was doch selbst den Befehlen des Bischoffs von Poitiers zuwider sei. — Ich will Sie gar nicht hindern hereinzukommen, erwiederte Barre. — „Wir wollen Sie nur ersuchen, sagte der Bailli, dem vorgeblichen Teufel zwei oder drei Fragen vorzulegen, die wir angeben wollen, und die den Vorschriften des Rituals ganz gemäß sind. Sie werden sich um so weniger weigern, in Gegenwart des Almoseniers, den die Königin zur Untersuchung hieher geschickt hat, eine solche Probe zu machen, denn dies wird das wahre Mittel sein, allen Verdacht einer Betrügerei auf einmal zu zerstreuen." — Ich werde es thun, wenn mirs beliebt, antwortete Barre. — „Wenn Sie rechtschaffen handeln wollen, rief der Bailli, so müßen Sie es thun. Bedenken Sie, daß man durch erdichtete Wunder Gottes Namen entehrt, aber nicht seine Macht verherrlicht, und daß durch betrügerische Gaukeleien die Religion geschändet und nicht ihre Wahrheit bekräftiget wird." — Ich bin ein ehrlicher Mann, schrie Barre, ich kenne die Pflichten
eines

eines Exorcisten, und werde wissen, darnach zu thun; aber Sie, Sie dürfen sich nur erinnern, daß sie das letztemal, als sie bei den Beschwörungen gegenwärtig waren, davon liefen, und es sich deutlich merken ließen, daß sie wider uns aufgebracht sind. — Die Beamten mochten vorstellen, was sie wollten, sie konnten doch nichts über ihn erhalten. Sie ließen sich also nicht weiter ein, sondern erinnerten ihn bloß, bei seinen Beschwörungen sich in acht zu nehmen und an die Besessenen keine Frage zu machen, die irgend einen Menschen beschimpfen könnte, in welchem Fall man ihn als einen Aufrührer und Störer der öffentlichen Ruhe behandeln würde. — Barre erwiederte: er stehe weder unter ihren Gesetzen, noch unter ihren Strafen. — Man weiß nicht, was an diesem Tage im Kloster weiter vorgegangen ist, denn da niemand von Seiten der Obrigkeit zugegen war, so findet sich kein Bericht davon in den Akten.

Nun war auch der letzte Damm durchbrochen, der Grandiers Untergang noch aufhalten konnte. Seine Feinde hatten nun alles entfernt, was sie irgend hindern konnte, ihrem Ziele gerade entgegen zu gehen. Sie hatten die besten

besten Maaßregeln getroffen, die Beschwörungen im Stillen ganz ruhig fortzusetzen. Keine gefährlichen Fragen scharfsichtiger Beobachter setzten sie mehr in Furcht, kein Untersuchungseifer wahrheitliebender Menschen nöthigte sie mehr, ihren Zweck tief zu verhüllen, und ihre Mittel mit ängstlicher Vorsicht zu wählen; sie waren von allen Seiten sicher bei ihren angelegten Planen, und Grandier schien ohne Rettung verloren.

Auf einmal erschien sein Schutzengel, der ihn schon gegen den ersten Angriff gerettet hatte, zum zweitenmal. Der Erzbischoff von Vordeaux kam auf seiner Abtei bei Loudün an, und schickte seinen Arzt ab, die Besessenen zu besuchen. Dem Schrecken der Verbündeten kam nichts gleich, als ihr Mißmuth über dieses zweite Scheitern ihrer Plane im Angesicht des Hafens. Allein sie wußten sich wenigstens zu retten. Ein erfahrner Schiffer zieht beim Sturm die Seegel ein; die Priester schlossen ihr Schauspiel, die Kranken wurden gesund, die Teufel verschwanden, und die Besessenen waren alle zur Ehre Gottes von ihren Qualen befreit. Der Arzt des Erzbischoffs fand die Wohnungen der bösen Geister wie mit Besemen gekehrt. Die Mönche

che predigten Wunder, und lobten die Macht des Herrn, der die Leiber seiner Geweihten den Händen des Satans wieder entrissen habe.

Dieses schnelle Verschwinden der höllischen Geister, die bisher sich so hartnäckig bewiesen hatten, war freilich etwas verdächtig, und besonders Grandier befürchtete, der Satan sei nur ausgefahren, um nach der Abreise des Erzbischoffs mit neuer Verstärkung zurückzukehren. Um nun in seinem Theil nichts fehlen zu lassen, die Stätte so rein zu erhalten, so übergab er dem Erzbischoff ein Memorial, worinn er den ganzen geheimen Plan seiner Feinde enthüllte, seine Furcht wegen der Rückkehr der bösen Geister äusserte, und um Schutz gegen neue Anfälle bat. Er wiederholte auch hier wieder, was er in seinen vorhergehenden Klagschriften an den Bailli so dringend vorgestellt hatte, nämlich seine Bitten um Aufstellung andrer Exorcisten und um Entfernung der bisherigen, um die Sequestration der Nonnen und um die übrigen Vorsichtsmittel zu Entdeckung der Wahrheit.

Der Erzbischoff gewährte diese Bitten, deren Nothwendigkeit er erkannte, und befahl in einem Dekret vom 27 December 1633: „Wenn „noch künftig Beschwörungen nöthig seyn wür„den

„den, so solle Pater l'Escaye, ein Jesuit,
„und Pater Gau, aus dem Oratorium zu
„Tours, sie umwechselnd mit Barre, doch im-
„mer einer in Gegenwart des andern, verrich-
„ten. Die Besessenen sollen aus dem Kloster in
„ein besonderes Hauß gebracht, und ihnen kei-
„ne andere Gesellschaft gelassen werden, als ei-
„ne Nonne, die keine Anfechtungen vom Teu-
„fel gehabt habe. Ihre Besorgung soll man
„zwei oder drei geschickten katholischen Aerzten
„auftragen, welche die nöthigen Hülfsmittel
„verordnen, und die genaueste Untersuchung an-
„stellen werden, ob nicht Einbildung, oder ver-
„dorbene Säfte, oder Bosheit die Quelle der
„vorgegebenen Bezauberung seien. Im letzten Falle
„müßte man das Bekenntniß der Betrügerei
„durch Drohungen oder selbst durch nachdrückli-
„che Disciplin herauszubringen suchen. Wenn
„sich aber einige übernatürliche Merkmale ent-
„decken; wenn die Besessene z. B. weißt, was
„ein Exorcist dem andern in Geheim sagt; wenn
„sie Dinge anzeigen kann, die sich in der Mi-
„nute, da man mit ihr spricht, an verschiede-
„nen entfernten und unverdächtigen Orten zu
„gleicher Zeit zugetragen haben; wenn sie in
„verschiednen Sprachen, welche sie nie gelernt
„hat,

„hat, ein Gespräch von acht bis zehen Worten „richtig zusammensetzt; oder wenn sie, gebun„den an Händen und Füßen, und auf eine „Matratze an die Erde gelegt, im Stande wä„re, ohne daß sich ihr jemand näherte und „ohne sich irgendwo anzustemmen, sich eine ge„raume Zeit mit dem ganzen Körper frei in der „Luft schwebend zu erhalten: In allen diesen „Fällen solle man zum Exorcismus schreiten, „und alle mögliche Versuche anwenden, ein „sichtbares und unverdächtiges Zeichen von dem „Ausfahren des Teufels zu erlangen. Bei Stra„fe des Bannes soll kein einziger Priester, der „nicht von den drei Abgeordneten durch ein„müthige Wahl gefordert worden ist, sich un„terstehen, mit den Besessenen zu reden, oder „sie nur anzurühren. Und damit auch den „Ungläubigen und Freigeistern der Mund ge„stopft, und allen Einwendungen begegnet „werde, welche die Bosheit aushecken könn„te, so soll der Bailli und der Kriminal„lieutenant ersucht werden, den Beschwö„rungen beizuwohnen, und die Protokolle, wel„che die abgeordneten Exorcisten durch den Pri„or von der Abtei des Bischoffs dabei führen „lassen werden, zu unterschreiben. Die Kosten „für

„für die abgesonderte Wohnung, für die Bemü-
„hungen der Aerzte, für die Exorcisten und die
„Wärterinnen, welche die Ursulinerinnen nicht
„würden bestreiten können, will der Erzbischoff
„selbst übernehmen, und giebt hiermit zugleich
„dem Pfarrer Barre an den Pachter seiner
„Abteigüter eine Anweisung auf die erforderli-
„chen Summen. Im Fall die Paters l'Escape
„und Bau verhindert wären, diesen Auftrag
„zu vollstrecken, so sollen ihre Obern zwei an-
„dere von gleicher Rechtschaffenheit und ähnli-
„chen Verdiensten dazu ernennen."

Bisher hatten zwar einzelne vorurtheils-
freie helldenckende Köpfe die ganze Geschichte
als das angesehen, was sie war, als eine al-
berne boshafte Posse, die auf der einen Seite
eben so lächerlich, als auf der andern abscheulich war. Allein gegen die Stimme des Vor-
urtheils dringt selten die Stimme der Vernunft
durch, solange diese nicht durch irgend einen
äussern Machtspruch unterstützt wird. Dieses
Uebergewicht erhielt jetzt die gute Sache durch
die erzbischöffliche Erklärung, welche die Möglichkeit, die ganze Geschichte zu bezweifeln, erst
allgemein einleuchtend machte. Dadurch ward
Grandiers Sieg entschieden, und die letzte Hoffnung

nung seiner Feinde vernichtet. Die Beschwörungen hatten ein Ende, Barre schlich davon, die zween Dechanten giengen wieder an ihre Amtsverrichtungen, und die Nonnen blieben in ihrem Kloster in Ruhe.

Die unglücklichen Ursulinerinnen waren das Opfer. Das ganze Publikum verachtete sie wegen der Einfalt, oder Bosheit, mit der sie sich zu einem so schändlichen Betrug hatten mißbrauchen lassen. Ihre Verwandten schämten sich ihrer, und wollten gar nichts mehr von ihnen hören. Die Kostgängerinnen giengen aus dem Kloster und niemand wollte weiter ihrer Schule seine Töchter anvertrauen. Anstatt des Ueberflusses an geistlichen und zeitlichen Gütern, welche ihnen Mignon verheissen hatte, war Schande und Mangel ihr Lohn, und sie bereuten nun zu spät, daß sie dem listigen Versucher nicht auch geantwortet hatten: Du sollst anbeten Gott deinen Herrn, und ihm allein dienen.

Mignon brannte von Haß und Rache. Das schöne Gebäude, das er durch lange angestrengte Bemühung der Vollendung so nahe gebracht hatte, war zum zweitenmal von einem Sturm zertrümmert, und die Trophäen, die er auf Grandiers Grabe sich zu errichten gestrebt hatte, waren nun seine eigene Schandsäulen. Seine Plane waren zerstört, seine Hoffnungen vereitelt, seiner rachsüchtigen Grausamkeit die Larve der Scheinheiligkeit abgerissen, er selbst der verdienten Verachtung des ganzen Publikums Preis gegeben. Schaam, Mißmuth, Unwille erhöhten seine Erbitterung bis zur Wuth, und brachten seine Leidenschaft zu einer Art von Verzweiflung.

Ein Mignon verliert seinen Zweck so leicht nicht aus den Augen, und bedarf kaum so mächtiger Triebfedern, um ihn nach einem mißlungenen Versuch nur desto erbitterter zu verfolgen. Er lauerte nur auf eine Gelegenheit, um seinen Feind mit verdoppelter Wuth zu überfallen, und seinem durch brennende Rachsucht geschärften Blick konnte gewiß nicht der kleinste Umstand entgehen, der zu seinem Zweck führte.

Indeß war Grandier dem Sturm glücklich entgangen, das drohende Gewitter, das sich über seinem Haupte gesammelt hatte, war zertheilt, und die Gefahr schien verschwunden. — Allein ein Zufall hatte ihn gerettet, um ihn einem andern Zufall zum Verderben aufzuheben.

Um diese Zeit war im Conseil beschlossen worden, alle Vestungen im Innern des Königreichs,

reichs, die nur die innerlichen Unruhen beförderten, schleifen zu lassen. Die Citadelle zu Loudún war unter diesem Urtheil noch aus dem besondern Grunde mit begriffen, weil der **Kardinal von Richelieu** seine damals neuangelegte Stadt auf Unkosten von Loudún zu vergrößern und zu verschönern gedachte. Den Auftrag, diese Citadelle abtragen zu lassen, ertheilte er dem Staatsrath, **Herrn von Laubardemont**, demjenigen unter seinen Geschöpfen, der am meisten Diensteifer und Geschmeidigkeit zeigte, und sich sogleich allen seinen Absichten anzupassen verstand.

Da Laubardemont nach Loudún kam, sprach man in allen Gesellschaften von nichts als von den besessenen Nonnen. Zu seinem größten Verdruß mußte er am meisten von der Beschimpfung der Oberin hören, die seine Verwandte war. Kaum hatten Grandiers Feinde dies erfahren, so machten sie auch Anstalt, von dieser Stimmung Vortheil zu ziehen. Sie stellten dem Staatsrath vor, Grandier sei allein Ursache an alle dem Ungemach, das den Nonnen widerfahren war. Memin von Silly, wegen seiner engern Verbindung mit dem Kardinal, selbst auch mit Laubardemont näher vertraut, hatte sich von dem Exorcistenbund gewinnen lassen, und half nun selbst auch den Staatsrath auf ihre Seite zu bringen. Der ganze neue Bund hielt nun Rath über Grandier und beschloß den Kardinal selbst in die Sache zu ziehen.

Das sicherste Mittel zu diesem Zweck drang sich beinahe von selbst auf. Dieser große Mann, von dem Czaar Peter der Große sagte, er möchte ihm die eine Hälfte seiner Staaten geben, um von ihm die andere Hälfte regieren zu lernen, konnte durch nichts mehr aus seinem Gleichgewicht geworfen werden, als durch Satyren und Schmähschriften. Es war hinreichend, den Kardinal zu Grandiers unversöhnlichstem Feinde zu machen, sobald man einen solchen Verdacht gegen ihn erregen konnte. Laubardemont kannte die schwache Seite seines Gönners vollkommen, und rieth also, mit einer solchen Beschuldigung den Anfang zu machen. Der erfinderischen Arglist seiner Gehülfen wurde es gar nicht schwer, sehr scheinbare Verdachtsgründe dazu aufzufinden, und man muß gestehen, daß sie recht zweckmäßig zu wählen verstanden.

Es war einst eine beissende Satyre wider Richelieu erschienen, unter der Aufschrift: die
schö-

schöne Schusterin, oder die Schusterin von Loudûn. Man hatte darin dem Minister, unter der Rolle eines Verliebten, der einer schönen Schusterin seine geheime Geschichte vertraut, die anzüglichsten und schimpflichsten Anekdoten aus seinem eigenen häußlichen und öffentlichen Leben in den Mund gelegt. — Diese empfindliche Schmähschrift wurde nun dreist auf Grandiers Rechnung geschrieben, und die Behauptung durch solche Gründe unterstützt, welche nicht nur die Beschuldigung höchst wahrscheinlich machten, sondern zugleich auch noch Nebengründe wurden, den Kardinal noch mehr gegen Grandier aufzubringen.

Die Königin Mutter hatte einst eine Frau von niedriger Herkunft aus Loudûn, Namens Hamon, kennen gelernt, und an ihr soviel Wohlgefallen gefunden, daß sie sie an ihren Hof nahm. So lange diese Frau in Loudûn gelebt hatte, war Grandier ihr Beichtvater gewesen; er hatte sie wegen ihrem Geist und wegen ihren ausserordentlichen Talenten sehr verehrt, und war viel mit ihr umgegangen. Diesen Umstand benutzten die Verbündeten, dem Kardinal zu sagen, Grandier stehe mit einer von den Kreaturen der Königin in ununterbrochener Verbindung, bung, und von dieser habe er auch die besondern Geschichten erfahren, die in seiner Schmähschrift vorkommen. Dies bestätigte auf der einen Seite ihre Beschuldigung, und machte auf der andern Grandier noch verhaßter bei dem Kardinal, der eben damals mit der Königin Mutter in der größsten Uneinigkeit lebte, und jede Anhänglichkeit an sie oder an jemand von ihrem Hof für unverzeihlich hielt.

Um aber kein Mittel unversucht zu lassen, wodurch Richelieu noch mehr erbittert werden konnte, so brachte man auch gelegentlich, als Beweis von Grandiers unbegränztem Ehrgeiz, in Erinnerung, daß er einst, da der Kardinal noch Prior von Coussai gewesen sei, ihm selbst den Vortritt abgestritten, und den Rang als vornehmster Geistlicher in der Stadt verlangt habe.

Mignon hatte einmal seinen Todfeind für den Scheiterhaufen bestimmt, und selbst nach den weisen Gegenanstalten des Erzbischoffs die Hoffnung keineswegs aufgegeben, durch die bösen Geister der Ursulinerinnen diesen Zweck doch noch zu erreichen. In dieser Absicht hatte er auch ingeheim seine Uebungen mit ihnen fortgesezt. Da ihm der Zufall nun eine so schöne neue Laufbahn zu seinen Unternehmungen eröffnet

net hatte, so verdoppelte er seinen Eifer und brachte seine Schülerinnen, in der Kunst besessen zu scheinen, bald so weit, daß er in Gegenwart Laubardemonts einige sehr befriedigende Proben machen konnte. Sogleich war auch der Plan zu Grandiers Untergang ganz im reinen. Laubarbemont selbst entwarf und übernahm die ganze Ausführung. Die bösen Geister mußten wieder erscheinen, die alte Beschuldigung wider Grandier erneuert, durch neue Anklagen verstärkt, und die ganze Sache an den Kardinal gebracht werden, nachdem man diesen durch persönliches Interesse wider Grandier eingenommen hatte.

Mit dem letztern wurde der Anfang gemacht; die Maßregeln dazu waren getroffen, die Ausführung wurde den Kapuzinern übertragen. Sie übernahmen den Auftrag mit Freuden, weil sie, wie alle Bettelmönche der dortigen Gegend, den Grandier haßten, und vollzogen ihn mit dem glücklichsten Erfolg, weil einer ihrer Mitbrüder, Pater Joseph, alles über Richelieu vermochte. — Auf diesem fein ausgedachten Wege ließ man die Nachricht, daß Grandier der Verfasser jenes giftigen Pasquills sei, mit allen oben angeführten Umständen dem Kardinal mittheilen. Mehr war nicht nöthig, um ihn zu den folgenden Auftritten vorzubereiten, und ihm jedes Mittel zu Befriedigung seiner Rachsucht gegen den Pasquillanten willkommen zu machen.

Während dieser Vorkehrungen war die Citadelle zu Loudûn abgetragen und Herr von Laubardemont gieng nach Paris zurück. Da er zu dem Kardinal kam, erzälte er diesem auch von den Auftritten bei den Ursulinerinnen in Loudûn, und versicherte den Minister, er selbst habe mit eigenen Augen die entsetzlichen Wirkungen der bösen Geister gesehen, von welchen die armen Nonnen gequält würden, und es sei wahrscheinlich niemand als Grandier an der Bezauberung schuld. Richelieu freute sich, eine so erwünschte Gelegenheit so bald zu bekommen. Unter der Bestrafung dieses schweren Verbrechens konnte er die Befriedigung seiner persönlichen Rache leicht verbergen. Er ließ sie auch nicht aus der Hand.

Zu Loudûn waren indeß nach Laubardemonts Abreise die Teufel mit großem Geräusch zurückgekehrt, und hatten eine starke Gesellschaft mitgebracht. Auſſer der Oberin und der Schwester Klare, hatten die bösen Geister noch vierzehn andere Nonnen in Besitz genommen, und selbst auſſer dem Kloster

Klöster sechs Mädchen angegriffen. Sie schienen ihre Verfolgungen besonders auf Mignon zu richten, denn die Besessenen waren alle seine Beichtkinder. Auch Barre verfolgten sie in seinen geistlichen Töchtern sogar bis Chinon; zwei seiner andächtigen Betschwestern bekamen auch satanische Anfälle.

Die Gefahr einer größern Verbreitung dieses Unheils wuchs so schnell, daß die eiligsten Maßregeln wider den Urheber desselben kaum schnell genug ausgeführt werden konnten. Das Conseil sah sich also genöthiget, dem Herrn von Laubardemont in aller Eile den Auftrag zu ertheilen: „dem Kanonikus Grandier, welcher der „Zauberei und eines mit dem Teufel gemachten „Bundes verdächtig sei, den Proceß zu machen, „und sich dabei weder durch Protestiren noch Appelliren, es sei von wem, oder wohin es wolle, „aufhalten zu lassen, sondern ihn und seine Mitschuldigen sogleich gefangen zu nehmen, und „nöthigenfalls selbst Gewalt zu gebrauchen."

Bewaffnet mit so ungewöhnlicher und fürchterlicher Gewalt, erschien Herr von Laubardemont am 6 December 1633 Abends um 8 Uhr wieder zu Loudün und stieg in dem Hause eines königlichen Gerichtsbedienten in einer Vorstadt ab. Die späte te Abendzeit, und die Lage des Hauses begünstigten die Geheimhaltung seiner Ankunft. Die Verbündeten aber erhielten davon Nachricht, und versammelten sich sogleich beim Kommissär, um die erforderlichen Maßregeln zu verabreden.

Am folgenden Tage erhielt Herr de la Grange Befehl, den Pfarrer Grandier den folgenden Morgen in aller Frühe in Verhaft zu nehmen. Dieser Beamte gehörte nicht mit zum Komplot, und ließ daher ingeheim eine Nachricht von seinem Auftrage an Grandier ergehen. Dieser ließ ihm zwar für seine Großmuth herzlich danken, allein auch dabei versichern, er vertraue auf seine Unschuld und auf Gottes Barmherzigkeit, und werde keinen Schritt aus der Stadt thun. Er wurde also früh vor Tage, da er eben in die Metten gehen wollte, in Arrest genommen. Alle seine Feinde befanden sich bei dieser Verhaftnehmung gegenwärtig oder in der Nähe. Ausserdem, daß sie sich an dem Vergnügen, die Demüthigung ihres Feindes mit anzusehen, zu weiden suchten, wollten sie zugleich auf das Betragen des Herrn de la Grange ein wachsames Auge haben, weil ihnen seine Anstalten verdächtig vorgekommen waren.

Hier-

Hierauf ließ die Kommission sogleich alle Zimmer und Schränke in Grandiers Hause versiegeln. Er selbst wurde auf das Schloß zu Angers gebracht, und daselbst eingesperrt.

Dieses ungewöhnlich strenge Verfahren war nicht ohne Absicht; man wollte dadurch zu verstehen geben, daß der König selbst, oder doch wenigstens der Minister, unmittelbar die Hand mit im Spiel habe, um dadurch die Freunde des Pfarrers furchtsam, seine Feinde hingegen und alle die, die sich noch in der Folge an sie anschließen würden, beherzt zu machen, und den Nonnen mehr Sicherheit bei ihren Rollen zu verschaffen.

Man schritt nun zur Untersuchung der Bücher und Papiere des Gefangenen. Man wollte darunter zwei Blätter geschriebener französischer Verse, von sehr freiem Inhalt gefunden haben; sie sind nie vorgezeigt worden, und man hat nicht einmal erfahren können, ob sie von seiner Hand geschrieben, vielweniger ob sie von ihm selbst gemacht waren. Auch fand sich eine Abhandlung wider den ehelosen Stand der Priester, die er eigenhändig geschrieben hatte, und für deren Verfasser er sich selbst bekannte.

Von

Von dieser Schrift, sagt der Arzt Seguin, den wir eben nicht als Freund von Grandier werden kennen lernen, in einem Briefe, den er in den 20 Band des franzöſiſchen Merkurs einrücken ließ: „ſie erregt den Verdacht, daß Gran„dier verheirathet war. Er hat ſie an ſeine ge„liebteſte Konkubine überſchrieben; ihr „Name wird aber weder auf dem Titel, noch irgend „in der ganzen Schrift genannt. — — Ich kann „gleichwol nicht läugnen, daß mir dieſe Abhand„lung ſehr gut ausgearbeitet und bündig ſcheint, „bis auf den Schluß, wo ſie wirklich hinkt, und „ſich das Gift entdeckt. Von Zauberei findet ſich „nicht das geringſte darin: es ſcheint vielmehr, „daß man das Gegentheil daraus würde bewei„ſen können.‟ Dieſer Schluß, den Seguin ſo verdächtig findet, beſteht in folgenden zwei Verſen, am Ende der Abhandlung:

Dein feiner Kopf wird leicht in dieſen Gründen,
Beruhigung für dein Gewiſſen finden.

Man nahm aber nicht bloß dieſe beiden Schriften weg, ſondern auch alle die Papiere und Dokumente, welche Grandier zu ſeiner Vertheidigung aufbewahrt hatte. Vergebens widerſezte ſich ſeine Mutter dieſem ungerechten Verfahren; ſie wurde nicht gehört.

Die

Die Zeugenverhöre wurden nun mit einer solchen Hastigkeit betrieben, die gewiß ohne Beispiel war. Die Zeugen wurden so offenbar, so grob und ohne alle Scheu abgerichtet und bestochen, daß selbst der eigene Schwiegervater des Advokat Fournier, der bei der Kommission die Stelle eines königlichen Prokurators vertreten mußte, sich um Mitternacht in ein Haus begab, um zwei Frauenspersonen zu einem falschen Zeugniß wider Grandier u verleiten. Fournier legte seine Stelle nieder, sobald er es erfuhr.

Wir sind hier nicht im Stande, alles zu erzählen, was Grandiers Bruder, ein Gerichtsrath zu Loudun, und seine Mutter unternahmen und vorstellten, um den Herrn von Laubardemont zu überzeugen, daß er ein ganz verwerflicher Richter bei dieser Sache sei, sowol weil er mit der Oberin verwandt war, als auch mit Grandiers Hauptfeinden ohne Unterlaß umgieng, und bei jedem Schritte, den er in der Sache that, eine ganz unzweideutige Partheilichkeit zeigte. Alle diese Vorstellungen halfen nichts, der Kommissär suchte gar nicht einmal mehr seinen ungerechten Verhandlungen einen Schein des Rechtes zu geben. Er bediente sich der durch die Kom-

Kommission erhaltenen Gewalt in ihrem weitesten Umfange, und glaubte das Recht zu haben, sein Ohr vor allen Widersprüchen und Vorstellungen zu verschliessen.

Er zerriß die eingereichten Appellationen mit eigenen Händen, und verbot den Gerichtsdienern bei schwerer Strafe, dergleichen Schriften anzunehmen. Er verhörte die Zeugen in Gegenwart der Feinde des Angeklagten, und da verschiedene von diesen Zeugen Umstände aussagten, die den Angeklagten rechtfertigen mußten, so ließ er nicht nur diese Umstände nicht protokolliren, sondern entließ auch die Zeugen mit Verweisen und Drohungen, so daß die folgenden dadurch erschreckt wurden, und zugleich eine Lektion bekamen, was für eine Wendung sie ihrer Aussage geben müßten, wenn sie den Kommissär zum Freunde haben wollten.

Auch bei den geistlichen Gerichten fand der Angeklagte so wenig Gerechtigkeit, als bei der Kommission. Der Bischoff von Poitiers bezeigte nicht die geringste Achtung für die Ordonnanz seines Obern, sondern erließ vielmehr einen ganz entgegengesetzten Befehl, worinnen er alle jene weisen Veranstaltungen aufhob, die der Erzbischoff zu Entdeckung der Wahrheit getroffen hatte. Vergeblich versuchte man, wider diesen Befehl, worin ein Unterrichter die dem Oberrichter schuldige Achtung so widerrechtlich und ungebührlich' aus den Augen setzte, eine Appellation einzulegen; alle Wege waren verſperrt, und die Stimme der verfolgten Unſchuld konnte nirgends durchdringen. Der Biſchoff ernannte hierauf zu ſeinem Stellvertreter bei dem Proceß den Demonrant, dem er vorher das Amt eines Exorciſten übergeben hatte.

Am 2 Februar 1634 begab ſich der Kommiſſär mit Demourant nach Angers, den unglücklichen Grandier zu verhören. Dieſes Verhör dauerte ſieben Tage, und in dieſer ganzen Zeit widerſprach ſich Grandier nicht ein einziges mal, und räumte keinen Umſtand ein, der ihn hätte ſachfällig machen können. Bloß das geſtand er mit aller Freimüthigkeit, daß er der Verfaſſer von der Abhandlung wider den eheloſen Stand der Prieſter ſei, die man in ſeinem Kabinet gefunden hatte.

Nach dieſem Verhör gieng Herr von Laubardemont wieder nach Paris, und blieb beinahe zwei Monate aus. Dieſe lange Abweſenheit ſetzte die Verbündeten in Unruhe, ſie fürchteten

das

das Parlement möchte von der Sache Nachricht erhalten, und auf einmal alle ihre Entwürfe vernichten. Sie schickten endlich Granger an ihn ab, und ließen ihn bitten, seine Rückkehr zu beschleunigen. Er kam nun auch bald mit neuen Waffen ausgerüstet, und brachte ein Schreiben des Conseils mit, welches alle Appellationen an das Parlement für ungültig erklärte, und sowol dem Parlament als jedem andern Gericht verbot, sich auf irgend eine Art in diese Sache zu mischen.

Laubardemont war durch dieses Schreiben unumschränkter Herr über Grandiers Schicksal, und machte nun auch sogleich Gebrauch von seiner neuen Gewalt.

Er ließ den Gefangenen nach Loudun bringen, und wählte zu seinem Gefängniß ein Haus, das den Absichten der Verbündeten vollkommen entsprach. Es wohnte darin ein Gerichtsbedienter, Namens Bontems, der ehedem bei Trinquant als Schreiber gedient, und bei der ersten Anklage wider Grandier mit gezeugt hatte. Der Eigenthümer des Hauses war Mignon, und durch die listige Frau des Gerichtsbedienten konnte man alles erfahren, was der Gefangene redte

redte und that. Dieser Umstand war in der Folge für die Allwissenheit der bösen Geister von großer Wichtigkeit.

Alles kam nun darauf an, den vorgegebenen Bezauberungen mehr Schein der Wahrheit zu geben, und dazu mußte allerdings den Untersuchungen selbst mehr Schein der Unpartheilichkeit gegeben werden. Man fieng also damit an, daß man die Besessenen sequestrirte. Die Verbündeten konnten dies ganz ohne Gefahr thun; es war ihnen gar nicht schwer, sie in solche Häuser zu bringen, wo ihr unmittelbarer Einfluß nicht abgeschnitten werden konnte. Sie theilten die Besessenen, deren neune waren, in drei Häuser. Die Oberin wurde mit zwei Nonnen bei dem Advokat de la Ville einquartirt, ihre beständige Wärterin war Memins Schwester, die mit der Frau des Gerichtsdieners unter einer Decke spielte, und dadurch die Eingebungen von Grandier den Besessenen sehr leicht machte.

Durch diese Sequestration war schon eine der dringendsten Forderungen Grandiers erfüllt. Man that aber noch mehr. Man berief jetzt auch Aerzte, denen man die Besorgung der Besessenen anvertraute. Freilich fehlte es den Berufenen ziemlich an Einsicht in ihrer Kunst;

der eine davon lebte hier in einem Dorfe, der andere dort in einem andern in Mangel und Dürftigkeit, weil niemand es wagen wollte, sich ihrer Kunst zu vertrauen. Allein dafür hatten die meisten das große Verdienst, Verwandte der Verbündeten zu sein. Der Mangel an innerm Werth der heilkundigen Gesellschaft ließ sich ebenfalls durch Vergrößerung ihrer Anzahl ersetzen, und unter den sechsen, die gewählt wurden, war wenigstens einer, der einiges Ansehn hatte, Daniel Roger, ein Arzt aus Loudun selbst, dessen Stimme freilich unter fünf andern mächtigen Söhnen Aesculaps sich wieder verlor.

1. Um die Vorsicht noch weiter zu treiben, wählte man selbst auch noch einen eigenen Apotheker, der die Arzneien zubereiten sollte. Man wunderte sich freilich, daß die Wahl gerade auf Meister Adam, einen nahen Vetter des Pigaron gefallen war, der wahrscheinlich kein sehr großer Freund von Grandier sein konnte. Er hatte Grandier bei der ersten Untersuchung eines verdächtigen Umgangs mit einem vornehmen Frauenzimmer zu Loudun beschuldigt, und war dafür, weil er seiner Verleumdung überführt worden war, vom Kirchenbuße verurtheilt worden. Man glaubte, daß eine solche Beschimpfung, die noch in fri-

schem Angedenken war, zur Rache reitzen müße, und daß der Beleidigte eine Gelegenheit, sie zu befriedigen, schwerlich ungenutzt laßen werde, und daß also der Apotheker kein Zutrauen verdiene. Allein es ist ungerecht, daraus, daß jemand zur Rache gereizt ist, sogleich zu schließen, daß er rachsüchtig sei, und der Apotheker konnte eben jetzt durch sein Beispiel erweisen, daß ein Christ zum wenigsten seinen Feind nicht verfolge. Man wollte zwar den Apotheker nachher beschuldigen, daß er die Arzneien mehr darauf eingerichtet habe, Verzuckungen zu erregen, als sie zu stillen. Allein es fehlte doch an gerichtlichen Beweisen; und andere Gründe erlauben es der Nächstenliebe nicht, ein so liebloses Urtheil zu fällen.

Endlich wählte man zum Wundarzte einen gewissen Manouri der Mignons Neffe, und Schwager einer Nonne war. In der Folge werden wir sehen, daß auch diese Wahl nicht von ungefähr geschah.

So hatte man nun alles gethan, was der Untersuchung das Ansehen der Rechtmäßigkeit geben konnte; Grandiers Forderungen waren alle aufs pünktlichste erfüllt, es war sogar noch mehr geschehen. Demunerachtet konnte er mit

diesen

diesen neuen Anstalten zur Untersuchung so wenig als mit den vorhergehenden zufrieden sein. Durch den Schein der strengern und unpartheiischern Prüfung war er offenbar in noch größerer Gefahr, der Bosheit seiner Gegner zum Opfer zu werden. Er that alles, was er konnte; er übergab eine Protestation nach der andern, er verwarf die vorgenommene Sequestration, samt allen zur Untersuchung gewählten Personen, und verlangte: man solle die Nonnen ganz aus den Händen seiner Feinde nehmen, sie einige Monate lang der Leitung ganz unverdächtiger Personen übergeben, und sie alle von einander absondern, damit sie nichts unter einander verabreden, und sich nicht wechselseitig aufmuntern könnten; besonders solle man ihre Besorgung Aerzten von bekannten Einsichten und erprobter Rechtschaffenheit übertragen. — Allein alle seine Vorstellungen waren vergeblich, sie wurden nicht gehört, und nicht einmal zu den Akten genommen.

Laubardemont ließ nun die Beschwörungen wieder ihren Anfang nehmen. Allein man nahm nicht die vom Erzbischoff verordneten Exorcisten, sondern der Bischoff von Poitiers ernannte dazu zwei andere, seinen Official und den Pater Laktantius einen Franziskaner. Den leztern wer-

werden wir bald kennen lernen. Der erstere war eben der, der in der ersten Anklage wider Grandier das ungerechte Urtheil gefällt hatte, das nachher durch den Erzbischoff vernichtet worden war. Jedermann mißbilligte diese Wahl. Um aber das Maß aller Widerrechtlichkeit voll zu machen, mußten diese beiden Exorcisten in Einem Hause mit einigen von den sequestrirten Nonnen zusammen wohnen, wo sie Tag vor Tag mit Memin und Menüau geheime Zusammenkünfte hielten.

Am 15 April wurde wieder die erste Beschwörung vorgenommen. Der Pater Laktantius hatte in Erfahrung gebracht, daß der Teufel der Oberin sehr unwissend in der Lateinischen Sprache sei, er suchte daher den Unannehmlichkeiten auszuweichen, die Barre schon erfahren hatte, und befahl dem Teufel, nur französisch zu antworten, ob er ihm gleich dann und wann lateinische Fragen vorlegen würde. Machte man ihm den Einwurf: der Teufel müsse alle Sprachen reden, so antwortete er, entweder: der Bund sei einmal auf die Art gemacht, der Teufel dürfe nicht lateinisch reden, oder: es gäbe Teufel, die unwissender seien, als der dümmste Bauer. — Vernünftige Leute sahen wohl, daß dies nichts weiter als kahle Ausflüchte seien, und zwar Ausflüchte eines Menschen, der sich wenig darum bekümmere, was der kluge Theil des Publikums von seinem Betragen denke, und der der Erreichung seines Plans schon so gewiß sei, daß er weiter keiner Zurückhaltung nöthig zu haben glaube.

Wenige Tage darauf langte eine neue Verstärkung von Exorcisten an, die aus vier Kapuzinern, den Vätern Lukas, Tranquillus, Protasius und Elias bestund. Im Nachtrab befanden sich noch zwei Karmeliter, Sankt Thomas und Sankt Mathurin.

Auch der berühmte Pater Joseph begab sich incognito nach Loudun. Er hatte zuerst den Einfall, sich an die Spitze der Exorcisten zu stellen, und auch in diesem Gebiete der nützlichen Künste, wie in der Staatskunst, seinen Namen zu verherrlichen. Allein, da er die Sache reiflich überlegt hatte, so sah er wohl ein, es würde nicht möglich sein, helle Köpfe und unpartheiische Richter von der Wahrheit dieser Erscheinungen zu überzeugen, und er möchte sich daher durch die Beschwörungen eher lächerlich als berühmt machen.

Die Exorcisten hatten die Zahl der Besessenen unter sich getheilt, und verrichteten die Beschwörungen in vier verschiedenen Kirchen. Die Aerzte, der Wundarzt und der Apothecker verfertigfertigten jedesmal Berichte von allem, was sie gehört und gesehen hatten. Es kamen während der Kommission sechs und zwanzig solche Berichte zu den Akten, die im wesentlichen alle darin übereinstimmten: „Die Dinge, die sie gesehen „hätten, wären übernatürlich, und überstiegen „ihre Kenntnisse, und alle Grundsätze der Heil„kunde."

Es würde ärgerlich und langweilig zugleich sein, alle die Albernheiten und Abscheulichkeiten der Reihe nach aufzuzählen, welche während der Untersuchung dieser Bezauberungen begangen wurden. Einige Auftritte aus dem Tagebuche der Beschwörungen, welche bis in den August fortdauerten, werden hinreichend sein, unsere Leser mit dem Geist der ganzen Kabale bekannt zu machen, und sie zu überzeugen, daß nie eine Intricke verstandloßer angelegt, und platter ausgeführt, nie ein schändlicherer Plan entworfen, und schamloßer durchgesetzt worden sei, als eben dieser, von dem Grandier das Opfer wurde.

Ein Hauptumstand, der bei dem Proceß sehr herausgehoben wurde, ereignete sich am 25 April. Grandier lieh von einem seiner Wächter ein Messer, um Brod zu schneiden, und machte sich

dabei

dabei eine leichte Verletzung am rechten Daumen. Die Bontems eilte mit dieser wichtigen Nachricht noch am nämlichen Morgen zu der Oberin. Nachmittags brachte Asmodi ein Stückchen Papier mit einigen Tropfen Blut bestrichen, als ein neues Bundeszeichen in Vorschein, und erklärte nach vielem Sträuben: es sei Blut aus der rechten Hand seines Meisters. Herr von Laubardemont begab sich sogleich mit den Aerzten ins Gefängniß. Sie fanden die Verletzung an dem angezeigten Ort, und befragten Grandier darüber. Er antwortete: „er habe den Ritz nicht bemerckt, er habe gar nicht geblutet, und könne vielleicht durch eine Stecknadel geschehen sein." Die Aerzte sagten aber in ihrem Bericht: „Die Verwundung an Grandiers Dau„men müße durch ein schneidendes Instrument „geschehen sein, und Blut gegeben haben." Grandier wurde darüber vernommen, und sagte nunmehr: „er erinnere sich, daß er sich mit einem Messer, das er von einem seiner Wächter gelehnt hätte, die Haut aufgeritzt habe." — Man fragte ihn nachher noch verschiedene male über diesen Umstand, und er widersprach sich dabei in Ansehung des Tages, an welchem es ihm begegnet war. Aus diesem Widerspruch machte man

man ihm ein großes Verbrechen. Er wendete aber mit Recht dagegen ein, es sei gar nicht zu verwundern, wenn der eigentliche Zeitpunkt eines kleinen unbedeutenden Schnitts dem Gedächtniß eines Menschen entwische, dessen Kopf von den ernsthaftesten und wichtigsten Dingen eingenommen sei.

Bei Gelegenheit der Verwundung machte der Teufel noch eine andere Entdeckung. Am folgenden Tage zeigte er an: „Grandier sei von ihm an fünf Orten seines Körpers, an welchen er auch nun unempfindlich sei, mit Merkmalen gezeichnet worden." Sogleich wurde befohlen, noch an demselben Tage die Besichtigung bei ihm vorzunehmen.

Man zog ihn ganz aus, verband ihm die Augen, und schor ihm alle Haare ab. Der Wundarzt Manouri, dem die Besichtigung aufgetragen war, hatte ein Sucheisen, das an dem einen Ende rund, an dem andern spitzig war. Wo er nun zeigen wollte, daß Grandier unempfindlich und undurchdringlich sei, da brauchte er das runde Theil seines Sucheisens; jemehr er damit drückte, desto weniger drang das Eisen ein. Sollte hingegen ein Ort empfindlich sein, so drehte er das Sucheisen um,

und

und stach mit dem spitzigen Theil durch das Fleisch bis auf den Knochen. Das unglückliche Opfer dieser unmenschlichen Behandlung brach alsdenn in ein lautes Geschrei aus, und der Wundarzt machte hieraus den weisen Schluß: er sei an diesem Orte empfindlich. Das Jammergeschrei des mißhandelten Gefangenen zog eine Menge Menschen von der Straße herbei, und erregte allgemeines Mitleiden. Herr von Laubardemont hingegen sah die Operation selbst mit der kältesten Gleichgültigkeit an.

Diese ganze Untersuchung ist überhaupt schon dadurch merkwürdig, daß man suchte, ohne eigentlich zu wissen, was gesucht werden sollte. Anstatt den Teufel, der es doch am besten wissen mußte, angeben zu lassen, an welchen Stellen er Grandiers Körper mit Unempfindlichkeit gezeichnet habe, und nachher zu untersuchen, ob diese Stellen unempfindlich seien, anstatt dieser ganz einfachen Methode, schlug man diesen grausamen Umweg ein, der doch zu keinem rechten Ziel führte. Oder wollte man vielleicht den Teufel selbst erst unterrichten, welche Stellen er angeben sollte? Es scheint beinahe. Denn am Tage nach der Untersuchung wußte die Oberin wenigstens

zwei

zwei von den angegebenen Merkmalen zu beschreiben. Der übrigen drei gedachte sie nicht weiter, und — sonderbar genug! — eben diese drei hatten auch die Aerzte, wie sie selbst in ihrem Bericht bezeugen, nicht gefunden, aus dem Grunde, sagen sie, weil dergleichen Zeichen überhaupt sehr schwer zu erkennen wären.

Der berühmte Arzt zu Saumür, Markus Dunkan, ein schottischer Edelmann, kam auch zu den Beschwörungen nach Loudun, und machte selbst einige Versuche mit den Besessenen. Er schrieb nachher ein eigenes Buch *wider die Bezauberung der Ursulinerinnen zu Loudun,* welches damals viel Aufsehen erregte, aus welchem wir auch unsern Lesern einiges mittheilen werden.

Man hatte unter andern öffentlich bekannt gemacht, sechs der stärksten Männer seien nicht im Stande, eine Besessene so fest zu halten, daß sie ihre Verdrehungen nicht machen könne. Dunkan unternahm es, die Probe ganz allein zu machen. Er hielt mit einer von seinen Händen die rechte Hand der Oberin. Der Exorcist befahl dem Teufel, Verzuckungen zu machen. Die Nonne strengte alle ihre

Kräfte

Kräfte an, die Hand frei zu bekommen; allein umsonst, sie konnte bloß mit dem linken Arm und mit dem linken Beine einige Verdrehungen machen. Ich kann nicht, erwiederte sie endlich unwillig, er hält mir ja den Arm. — "Laßen sie ihr den Arm frei, rief der Exorcist, wie sollen denn die Verdrehungen zum Vorschein kommen, wenn sie ihr die Glieder fest halten?" Wenn es der Teufel ist, versetzte Dunkan mit lauter Stimme, so muß der stärcker sein, als ich. — "So ein guter Philosoph Sie auch sein mögen, erwiederte der Pater Laktantius, mit sichtbarem Verdruß, so ist das doch ein falscher Schluß. Ein Teufel ausser einem menschlichen Leibe ist viel stärcker als Sie, allein, wenn er sich in einem so schwächlichen Leibe befindet, so ist es nicht nothwendig, daß er Sie an Stärcke übertreffe, denn seine Wirkungen sind der Stärcke des Körpers angemessen, den er besitzt." —

"Dieser gute Pater, sagt Dunkan in seinen
"Anmerkungen über diese Geschichte, erinnerte
"sich wohl nicht, bei den Evangelisten gelesen zu
"haben, daß die Besessenen Stricke und Ketten
"zerrißen, womit man sie gefesselt hatte. Er
"dachte auch nicht daran, daß das Ritual: Vires
"supra aetatis et conditionis naturam ostende-
"re

„re (eine das Alter und die Beschaffenheit des „Besessenen weit übersteigende Stärcke zu bewei„sen) unter die vorzüglichsten Merckmale der Be„sessenheit zählt."

Dunkan wollte am folgenden Tage den nämlichen Versuch bei der Schwester Agnes machen. Man bat ihn aber sie nicht so fest zu halten, denn die Oberin habe sich beklagt, daß er durch sein Anhalten ihr die Hand wund gerieben habe. — Alles dieses geschah in Gegenwart des Ritters de la Porte, des Herrn von Laubardemont, und vieler Personen von Stande.

Eben dieser berühmte Arzt erzählt auch: Er habe gleich beim erstenmal, da er die Oberin gesehen habe, dem Teufel Gresil eine kleine Verwirrung verursacht. Der Exorcist fragte nämlich den Teufel: wie der gegenwärtige Arzt aus Saumûr heisse? Er antwortete zuerst Benoit und in einer halben Stunde darauf Texier. Beides waren Namen zweier anderer Aerzte zu Saumûr, welche die Mutter der Oberin in ihrer letzten Krankheit gewartet hatten, die sie aber nur dem Namen nach kannte. Da Gresil seinen zweifachen Mißgriff merkte, war alles weitere Fragen umsonst; er wollte
die

die Ehre seiner Allwissenheit nicht wieder in Gefahr setzen.

Ein andermal wurde der Teufel gefragt: warum er an einem gewißen Tage nicht geredet hätte? Darum, antwortete er, weil ich an selbigem Tage in voller Arbeit war, die Seele des Parlementsprokurators Proust zu Paris, in die Hölle zu bringen. Diese Antwort war der Wahrheit eben so sehr als dem gesunden Menschenverstande entgegen. Man erfuhr durch genaue Erkundigung, daß niemals ein Prokurator dieses Namens in Paris gewesen, und auch nicht einmal ein anderer Proust an diesem Tage zu Paris gestorben war.

Ein anderer Exorcist fragte eines Tages eine von seinen Besessenen, wo sich Grandiers Zauberbücher befänden? Sie nannte den Namen des Frauenzimmers, die bei der ersten Untersuchung gegen Grandier von dem Apothecker eines unerlaubten Umgangs mit ihm war beschuldigt worden, und behauptete, man werde die Bücher in ihrer Wohnung finden. Herr von Laubardemont begab sich sogleich mit einem Gefolge dahin, durchsuchte alle Winkel aufs genaueste, und fand nichts. Man machte dem Teufel heftige Vorwürfe, daß er
selbst

selbst die Kommission zu hintergehen wage. Der Vater der Lügen half sich auf seine Art, und gab vor: eine Nichte der Dame habe die Bücher in demselben Augenblicke bei Seite geschafft. Allein er wurde noch einmal ertappt, denn es wurde bewiesen, daß die Nichte in dem nämlichen Augenblicke ihre Andacht in der Kirche verrichtet hatte.

Eben dieser Teufel beschuldigte auch Grandiers Bruder der Zauberei. Auf diese Beschuldigung wurde er in ein Gefängniß gebracht, woraus er, aller Mühe ungeachtet, doch nicht früher als nach seines Bruders Tode wieder entlassen wurde. — Vermuthlich wollten die Verbündeten durch diese Kabale einen gefährlichen Gegner los werden, der ihren Entwürfen durch sein Ansehen und durch seine Schriften große Hindernisse hätte in den Weg legen können.

Zu Anfang des Mai versprach einer von den sieben Teufeln der Oberin, er wolle sie zween Fuß hoch in die Luft heben. — Allein die Aufforderungen des Pater Laktantius blieben ohne Erfolg, er hielt nicht Wort. Eines Tages versuchte zwar nachher die Oberin etwas ähnliches zu unternehmen. Allein, da einer von den Zuschauern das Ende ihres Kleides ein wenig in die Höhe hob, sah man, daß sie sich mit der einen Fußspitze an den Boden stemmte.

Eben so mißlang die Kunst der Teufel Eazas und Cerberus, welche das nämliche Wunder an den zwei Schwestern Nogaret zu zeigen versprochen hatten. Nur Behemot, einer von den Teufeln der Oberin, wagte noch einen Versuch, die Ehre seiner Brüder herzustellen, und sich selbst in Ansehn zu setzen. Er versprach, dem Herrn von Laubardemont das kleine Käppchen vom Kopfe zu nehmen, und es so lange frei in der Luft schwebend zu erhalten, als man Zeit brauche, den Psalmen miserere zu beten.

Der Tag erschien, wo das Wunder vor sich gehen sollte. Allein der Vater Laktantius mochte gute oder schlimme Worte, Verwünschungen oder Drohungen anwenden, alles half nichts, der Teufel wollte das angekündigte Wunder nicht erfüllen. Laktantius fand die Erscheinung sehr erklärbar: „der Teufel, sagte er, hatte entweder sein Versprechen bereut, weil er einsehen lernte, daß seine Wunderthat am Ende mehr zur Verherrlichung Gottes, als zu Bewunderung seiner eignen Macht gereichen würde; oder es hatte ihn eine fremde Gewalt an der Ausführung gehindert.

hindert. Der letzte Grund traf wörtlich zu, nur in einem andern Sinn als der fromme Pater anzudeuten Willens war. Es war einigen aufgefallen, daß man mit der wundervollen Erscheinung den Abend abwartete, und Lichter anzündete, — ein Umstand, der betrügerischen Gaukeleien so günstig ist! — Sie hatten überdies bemerkt, daß der Stuhl des Herrn von Laubardemont unter einem von den Löchern stand, die sich oben in den Gewölbern der Kirche befinden, wodurch man die Kronleuchter und andere Zierrathen herabzulassen pflegt. Sie giengen also heimlich auf den obern Theil der Kirche, und stellten sich nahe an den Ort, wo ihrer Vermuthung nach, die Maschine angelegt werden würde. Es kam auch wircklich bald nach ihnen jemand angestiegen, der vermuthlich zum Handlanger des bösen Geistes bestellt war. Nun war es auch nicht schwer, das Mittel zu errathen, wodurch er das Wunder bewerckstelligen wollte. Es war nichts weiter nöthig, als eine Angel an einem Pferdehaar auf den Kopf des Herrn von Laubardemont hinab zu lassen, der alsdenn mit einer leichten Bewegung, unter dem Vorwand, sein Käppchen zu recht zu setzen, die Angel befestigt, und dadurch dem Teufel es sehr leicht gemacht haben würde, das Käppchen in die Höhe zu halten. Allein die Gegenwart der ungebetenen Zuschauer vereitelte die Ausführung.

So viele verunglückte Wunder machten selbst diejenigen mißtrauisch, die bisher mit einfältigem gutem Herzen geglaubt hatten. Um die wanckende Ehre der Besessenen wieder herzustellen, und den kaum noch glimmenden Glauben aufs neue anzufachen, mußte eine auffallende Wunderthat geschehen. Der Pater Laktantius kündigte also öffentlich an, daß drei von den sieben Teufeln der Oberin, die er sogar mit Namen zu nennen wußte — nämlich: Asmodi, Gresil der Thronen, und Aman der Herrschaften — am 20 Mai ausfahren werden. Er versicherte zugleich, ein jeder werde bei seinem Abzuge eine Wunde in der lincken Seite der Besessenen, und ein Loch in ihrem Hembde, Unterleibchen und Oberkleide zurück lassen. Die größte dieser Wunden sollte die Länge einer Stecknadel haben, die man allen Anwesenden vorzeigte. Die Stellen, wo die Wunden gemacht werden sollten, wurden genau angegeben. Man versicherte sogar den Ritter de la Porte, den die Neugierde auch nach Loudün getrieben hatte, es würden der Besessenen in dem Augenblick, da sie die Wunden

den erhalten sollte, die Hände auf den Rücken gebunden sein.

Der merkwürdige Tag erschien, und die Kirche zum heiligen Kreuze war mit einer ungeheuren Menge Zuschauer angefüllt. Den ersten Auftritt machten die Aerzte. Sie untersuchten die Seiten, das Hemde, das Leibchen und das Gewand der Nonne. Das Resultat dieser unehrbaren Besichtigung war der Bericht: „daß „sie keine Wunde in ihrer Seite, keine Oefnung „in ihren Kleidern, und in den Falten ihres An- „zugs kein schneidendes Instrument wahrgenom- „men haben."

Nach dieser Besichtigung wurde der Teufel länger als zwei Stunden, doch beinahe immer in französischer Sprache von Laktantius ausgefragt. Als nun endlich die Beschwörung selbst begann, so erinnerte der Arzt Dunkan ganz laut, man habe versprochen, der Nonne die Hände zu binden. Der Exorcist konnte nicht leugnen, daß diese Vorsicht ein sehr kräftiges Mittel wider die Zweifelsucht der Ungläubigen sein würde; „Allein, setzte er hinzu, die Verzuckungen werden nicht minder zur Ueberzeugung und Erbauung eines großen Theils der Zuschauer wircken, die die Besessenen noch nicht in diesem Zustanbe gesehen haben;" — und sogleich fieng er nun die Beschwörungen wieder an.

Die Oberin machte eine Verdrehung mit ihrem ganzen Körper, die abscheulich anzusehen war. Ihre Hände und Füße drehten sich auswärts, sie krümmte sich so zusammen, daß sie mit den flachen Händen ihre Fußsohlen berührte. Auf einmal kamen alle ihre Glieder wieder in ihre natürliche Lage, und sie erhob sich ganz gerade. Der Exorcist ließ sie aber nicht ausruhen, sondern fuhr fort mit seinem Beschwören. Nun drehte sie sich mit dem Gesicht gegen die Erde, wendete die rechte Seite in die Höhe, und lag auf den linken Arm gestützt. In dieser Lage blieb sie einige Zeit. Auf einmal hörte man sie ächzen, sie brachte die rechte Hand aus dem Busen, und man bemerkte sogleich, daß die Fingerspitzen blutig waren. Die Aerzte eilten herbei, die Ursache ihres Aechzens zu suchen. Sie fanden ihr Gewand an zwei, ihr Leibchen und Hemde an drei Orten durchschnitten, und die Löcher von der Länge eines queren Fingers. Auch fanden sie die Haut an drei Orten unter der linken Brust verletzt, allein die Wunden waren so leicht, daß sie kaum durch die Haut giengen. Die mittelste hatte die Länge eines Ger-
sten-

stenkorns, die beiden andern hingegen waren nicht einmal so groß; alle drei hatten aber Blut gegeben.

Ein Theil der Zuschauer gab nicht undeutlich zu erkennen, daß sie den Teufel nicht für den Urheber dieser Wunden hielten, und selbst dem Herrn von Laubardemont entfuhren in der Verwirrung die Worte: Das hinckt! — Den Bericht der Aerzte über diesen Vorfall ließ er nicht zu den Akten legen.

Dunkan macht über dieses Wunder folgende Betrachtungen in seinem Buche: „Die „Exorcisten hatten versprochen, der Oberin bei „der Beschwörung die Hände zu binden, man „konnte es also nicht für nöthig halten, ihre „Kleider vorher sehr genau zu durchsuchen, ob „sie etwa ein spitziges oder schneidendes Instru„ment bei sich habe. Allein die Hände wurden „freigelassen, und waren sogar in demselben Au„genblick, da die Verwundung geschah, in ih„rem Busen versteckt. — Und wie waren nun die „Wunden? Leichte Hautritze, die mit einem „kleinen Messer leicht zu machen waren, und „weder die versprochene Größe hatten, noch an „den angezeigten Stellen sich befanden. Die „Einschnitte selbst waren größer in den Kleidern

„als

„als in der Haut, zum deutlichen Beweis, daß
„sie nicht von innen heraus, sondern von aus-
„sen hinein gemacht worden waren. Ueberdies
„sollten die Teufel nicht bloß im Leibchen und
„im Hemde, sondern auch im Oberkleide Löcher
„zurücklassen; das Oberkleid war aber ganz un-
„versehrt, vermuthlich weil es offen war, und
„den Stichen also ausweichen konnte. — Durch
„welche Macht endlich wären denn die Teufel
„ausgetrieben worden? Der Exorcist hatte
„ihnen noch mit keinem Wort befohlen auszu-
„fahren, da man schon die schrecklichen Zeichen
„ihres Abzugs wahrnahm."

Grandier übergab eine eigne Schrift über
diesen Vorfall, in welcher er auch ungefähr die
nämlichen Einwendungen machte, und unter
anderm sagte: „Hätte die Oberin nicht geächzt,
„so wären die Aerzte nicht auf den Einfall ge-
„kommen, sie zu durchsuchen; sie würden nur
„verlangt haben, daß sie gebunden werden sol-
„le. Der Exorcist würde hierauf den drei Teu-
„feln befohlen haben, auszufahren, und die
„versprochenen Zeichen zu hinterlassen. Die
„Nonne selbst würde in die schrecklichsten Ver-
„zuckungen ausgebrochen sein; nach langem hin
„und herwerfen würden die Teufel ihren Abzug
genom-

„genommen, und die drei Wunden an dem Kör-
„per der Nonne zurück gelassen haben. Allein
„das unglückliche Aechzen, das ihr wider Wil-
„len entfuhr, brachte den ganzen Plan in Un-
„ordnung. Die Aerzte waren genöthigt, die
„Ursache davon zu suchen, und nun war keine
„Zeit, den Auftritt der Verabredung gemäß zu
„endigen. — Da aber die Teufel diese entdeck-
„ten Wunden gemacht haben sollen, wie kam
„es denn, daß sie ausfuhren, ehe noch der Theil
„des Exorcismus, der sie austreiben sollte, an-
„gefangen war? Und wie kam es, daß sie Wun-
„den gewählt haben, die mit einem schneiden-
„den Instrument gemacht zu sein scheinen, da
„doch der Teufel, nach dem allgemeinen Glau-
„ben, Brandwunden hinterlassen soll? Dies
„kam daher, weil es der Oberin leichter war,
„ein kleines Messer als etwas brennendes zu
„verbergen. Warum wählten die Teufel die
„Seite lieber, als die Stirne oder die Nase?
„Darum, weil sie sich nicht an der Stirne oder
„Nase verwunden konnte, ohne ihre Handgrif-
„fe den Augen aller Zuschauer auszusetzen. Wa-
„rum zogen sie aber die lincke Seite der rechten
„vor? Weil es der Oberin leichter war, mit der
„rechten Hand, die sie zu der Operation brauch-

„te, nach der lincken Seite zu greifen, als sie
„nach der rechten Seite herauf zu bewegen.
„Warum lag die Oberin auf der lincken Seite,
„und auf dem lincken Arm? Weil es ihr in die-
„ser Lage, in der sie eine geraume Zeit blieb,
„leichter war, das Messer vor den Augen der
„Umstehenden verborgen zu halten. Wie kam
„es endlich, daß diese Wunden so leicht waren,
„daß sie kaum die äussere Haut durchdrungen
„hatten, da doch die Teufel gewohnt sein sollen,
„bei ihrem Abzuge die Besessenen grausam zu
„zerreissen, und zu verstümmeln? Die Oberin
„war sich selbst nicht gram genug, sich tief und
„gefährlich zu verwunden."

Diese Bemerkungen, welche den öffentlichen Betrug ganz klar vor Augen legten, hatten die beinah allgemeine Stimme des Publikums für sich. Allein Herr von Laubardemont
ließ sich dadurch nicht abhalten, ein Protokoll
verfertigen zu lassen, in dem es mit deutlichen
Worten hieß: „es seien drei Teufel, Asmodi,
„Gresil und Aman, durch drei in der Ge-
„gend des Herzens zurückgelassene Wunden,
„aus der Oberin ausgetrieben worden." Man
scheute sich sogar nicht einmal, bei Grandiers
Verurtheilung dieses Protokoll als einen der
Hauptbeweise anzuführen.

Laktan-

Laktantius versuchte am folgenden Tag einen Haupteinwurf gegen die gestrige Beschwörung durch eine listige Wendung zu heben. Er fragte einen von den zurückgebliebenen Teufeln der Oberin: „warum Asmodi mit seinen zwei Brüdern, noch ehe sie beschworen wurden, ausgefahren seien?" **Darum**, antwortete der Teufel, **um mehrere in ihrem Unglauben zu bestärcken**. Der Pater gab allen Anwesenden in einer feierlichen Rede diese Warnung zu bedenken. „Alle, sagte er, die aus unlautern Absichten und mit unreinem Herzen hieher kommen, diese merkwürdige Begebenheiten anzusehen, mögen sich also vorsehen, daß ihr Unglaube nicht überhand nehme und sie in die Gefahr der Verstockung und Verdammniß führe." — Eine sehr feine Erfindung, sich auf alle Fälle sicher zu stellen, die angelegten Versuche mochten gelingen, oder nicht! Gelangen sie, so waren es Wunder, in denen sich die Macht Gottes offenbarte. Gelangen sie nicht, so war der Unglaube und die Sündhaftigkeit der Zuschauer schuld, die den Teufel veranlaßte, sie darin zu bestärken.

Bis zum 13 Junius gieng nun weiter nichts merkwürdiges vor. Dieser Tag aber wurde durch

durch ein mächtiges Wunder verherrlichet, das einer von den Teufeln der Oberin hervorbrachte. Sie spie einen Federkiel von Fingerslänge aus. — Am 18 Junius folgte noch ein zweites von dieser Art. Sie gab einen seidenen Knopf durch den Mund von sich. — Der Kommissär sammelte diese kostbaren Wunderzeichen aufs sorgfältigste in sein Protokoll.

Am 16 Junius kam der Bischoff von Poitiers nach Loudún, und erklärte gleich bei seiner Ankunft: „Er sei nicht gekommen, um erst zu untersuchen, ob die Nonnen besessen seien, sondern diejenigen, die noch an der Wahrheit zweifelten, davon zu überführen, und die ganze geheime Zaubergesellschaft männlichen und weiblichen Geschlechts an das Licht zu ziehen." — Er verrichtete keine Beschwörung selbst, sondern ließ sie durch den Pater Laktantius in seiner Gegenwart vornehmen. Er gab aber zu, daß dieser dabei dem Teufel sagte: Infringo omne pactum, sive a domino tuo Lucifero, sive a Magistro tuo Granderio (ich vernichte jeden Bund, er sei durch deinen Herrn, Luzifer, oder durch deinen Meister, Grandier, gemacht), und also geradezu Grandier der Zauberei beschuldigte,

was

was doch eigentlich hier erst untersucht werden sollte.

Von der Zeit an durfte niemand mehr sich mercken lassen, daß er an der Wahrheit aller dieser Geschichten, die mit den Besessenen vorgefallen waren, zweifle, wenn er nicht gleich Gefahr laufen wollte, für Grandiers Mitschuldigen gehalten zu werden. Man fürchtete sich jetzt sogar vor denen, die es noch wagten frei darüber zu sprechen, wie vor dem Umgang eines mit dem Bann Belegten.

Am 23 Junius gab man dem Publikum ein Schauspiel, das unter allen bisherigen das sonderbarste und ärgerlichste war. Grandier selbst wurde mit den Nonnen, die er dem Teufel zugeführt haben sollte, auf den Schauplatz gestellt. Man brachte ihn aus seinem Gefängnisse in die Kirche zum heiligen Kreuz, und der Kommissär legte ihm, in Gegenwart des Bischoffs und des ganzen versammelten Volks, vier Zauberbundes-Zeichen vor, welche die Besessenen zu verschiedenen Zeiten bei den vorhergegangenen Beschwörungen in Vorschein gebracht, und von welchen sie Grandier als den Urheber angegeben hatten.

Grandier war hierbei weder betroffen noch erschrocken, und antwortete ganz gelassen: "es
wisse

wisse nicht, was man ihm von Zeichen eines teuflischen Bundes vorsage; wenn es wirklich in der Welt ein Ding gäbe, das man einen Teufelsbund nenne, so verstehe er die Kunst nicht, es zu machen." Diese Antwort wurde in das Protokoll eingetragen und er unterzeichnete es.

Hierauf kamen eilf oder zwölf von den Besessenen ins Chor der Kirche, und mit ihnen ein Schwarm von Mönchen, Kapuzinern, Karmelitern, und Franziskanern, drei Aerzte und ein Wundarzt. Sobald die Nonnen den Pfarrer Grandier erblickten, liefen sie auf ihn zu, bezeugten eine große Freude ihn zu sehen, nannten ihn ihren Meister, und machten allerhand Sprünge um ihn her. Der Pater Laktantius hielt eine feierliche Ermahnung an alle Umstehende, durch eine aufrichtige Reue über ihre Sünden sich würdig zu machen, die Wunder anzusehen, die Gott zum herrlichen Siege seiner Kirche durch die Teufel selbst bewirken würde, und für die Erlösung dieser armen Nonnen, die nun schon so lange die fürchterlichsten Qualen erdulden müßten, inbrünstig zu beten. Sodann wendete er sich an Grandier, und sagte: „er sei Priester und Pfarrer, es sei also seine Pflicht, zur Beförderung der Ehre Gottes die Besessenen
zu

zu beschwören, wenn ihm der hier gegenwärtige Bischoff die Erlaubniß geben, und den Bann, worunter er läge, so lange aufheben wolle. Der Bischoff gab die Erlaubniß, und Grandier empfieng aus den Händen des Mönchs die Stole und das Ritual, warf sich vor dem Bischoff auf die Knie, um seine Füße zu küssen, und erhielt von ihm den Seegen.

Nachdem dieses geschehen war, fieng Grandier an, die Schwester Katharine zu beschwören, die andern Besessenen erhoben aber ein solches Geplärr, daß er nicht fortfahren konnte. Nachdem er noch einige fruchtloße Versuche bei den andern Schwestern gemacht hatte, wendete er sich an die Oberin, und redete sie in griechischer Sprache an. Ei, wie Du fein bist, antwortete diese, du weißt wohl, daß es eine von den ersten Bedingungen des zwischen dir und uns eingegangnen Bundes ist, daß wir niemals griechisch antworten sollen. — O! pulchra illusio, egregia evasio (Eine feine Ausflucht)! erwiederte Grandier. — Indeß erlaubte man ihm doch, in griechischer Sprache zu exorcisiren, wenn er nur seine Fragen vorher aufschreiben würde. Die Oberin erbot sich nun sogar, ihm, in welcher Sprache er verlange, zu antworten. Allein man wußte schon ein Mittel, eine solche Probe unmöglich zu machen, die Besessenen fielen in schreckliche Zuckungen, und fiengen alle auf einmal an, aus vollem Halse zu schreien und zu heulen, überhäuften Grandier, als den Urheber ihrer Leiden, mit den heftigsten Vorwürfen und drohten ihm den Hals zu brechen, wenn man es ihnen verstatte. Man verbot ihnen alle Gewaltthätigkeit und suchte die Ausbrüche ihrer scheinbaren Wuth, mit Gewalt zurück zu halten.

Grandier verrieth bei allen diesen Auftritten weder Unruhe noch Furcht. Mit einem festen Blick auf die Besessenen legte er eine feierliche Versicherung seiner Unschuld ab, und bat Gott, sie ans Licht zu bringen. Darauf wendete er sich zu dem Bischoff und zu dem Kommissär und sagte: „Ich bitte Sie, meine Herren, befehlen Sie den Teufeln, zu Verherrlichung der Ehre Gottes und des Ansehens der Kirche, wenn ich schuldig bin, mir den Hals umzudrehen, oder wenigstens ein sichtbares Zeichen im Gesicht zu machen; doch mit der Bedingung, sezte er hinzu, daß die Teufel dies thun, ohne daß mich die Nonnen mit ihren Händen berühren.„ Sie antworteten telen aber: sie wollten eben so wenig Ursache an dem Unglück sein, das daraus entstehen könne, als es rathsam sei, das Ansehen der Kirche gegen die List des bösen Geistes in Gefahr zu setzen, der vielleicht schon einen Bund mit ihm darüber gemacht haben könne. „Vernichten Sie diesen Bund, rief Grandier, Sie rühmen sich ja andere Bündnisse der Art getrennt zu haben, trennen Sie dieses auch; Sie müßen es können durch die Gewalt, die Gott seiner Kirche gegeben hat." Allein der Bischoff und der Kommissär stellten sich, als ob sie es nicht höreten.

Nun wurde Feuer in einer Kohlpfanne gebracht. Die Exorcisten legten den Teufeln Stillschweigen auf, und fiengen an, die vorgeblichen Bundeszeichen eins nach dem andern zu verbrennen. Während dieser Ceremonie erneuerten die Besessenen ihr gräßliches Geheul, und wenn sie es einige Minuten unterbrachen, so geschahe es nur um den Pfarrer mit den abscheulichsten Schimpfreden zu überhäufen. Sie beschuldigten ihn, er habe ein verhärtetes Herz, gebe ein allgemeines Aergerniß, und habe Gott und allem Glauben entsagt. Sie wußten Tage, Stunden

und Minuten anzugeben, wo er Umgang mit
den bösen Geistern gehabt, und mit dem Teufel
Bündnisse errichtet habe. Alles dieses begleiteten sie mit so schrecklichen Verzerrungen und
Verdrehungen, daß man kaum den Anblick aushalten konnte. Ein Augenzeuge sagt von diesem Auftritt: „Worte vermögen das nicht aus-
„zudrücken, was damals in die Sinnen fiel.
„So viele Furien machten auf Augen und Oh-
„ren einen Eindruck, der nicht seines gleichen
„hat, und es war wohl keiner von den An-
„wesenden, den nicht Schauer und Entsetzen
„bei diesem Anblick ergriffen hätte."

Grandier allein verlor dabei die Fassung nicht.
Mit ausserordentlicher Gleichmüthigkeit erwiederte er auf das Geschrei der Besessenen: „Ich
entsage dem Satan, und allen bösen
Geistern, ich kenne sie nicht, und
fürchte sie noch weniger. Ich bin, der
ganzen Hölle zum Trotz, ein Christ,
und setze mein Vertrauen auf Gott
und Jesum Christum. Meine Feinde
werden zu Schanden werden mit ihrer ungegründeten Beschuldigung."
Er sang die Kirchengesänge mit der Gemeinde,
mit so viel Andacht und Geistesruhe, daß man

hätte sagen können, er werde von einer Legion Engel beschirmt.

Ich sehe den Beelzebub, rief plötzlich eine von den Besessenen, mißvergnügt über sein ruhiges Betragen, zwischen Grandier und dem Pater Tranquillus. — Obmutescas (Schweig!) sagte Grandier zu ihr. — „Eben dies, rief der Teufel, ist das Losungswort; allein wir sind jetzt gezwungen alles zu sagen, weil Gott über alle Vergleichung stärker ist, als die ganze Hölle."

Kaum hatte der Teufel diese Erklärung gethan, als die Besessenen alle über Grandier herfallen wollten. Sie drohten, ihn zu zerreissen, seine Zaubermale aufzudecken, und ihn zu erwürgen, ob er gleich ihr Meister sei! „Ich bin weder euer Meister, noch euer Knecht, erwiederte Grandier, aber es ist doch sonderbar, daß ihr in dem Augenblick, da ihr mich für euren Meister erkläret, mich zu erwürgen droht." Diese Antwort reizte die Wuth der Nonnen, sie fiengen an, ihm ihre Pantoffeln an den Kopf zu werfen. „Ei sehet doch, rief Grandier, das sind ja Teufel, die sich selbst die Hufeisen abreissen." — Dieser bittre Scherz brachte die Nonnen

nen zur Raserei. Unfehlbar würde Grandier durch ihre Hände umgekommen sein, wenn die Zuschauer nicht stärker als die Teufel gewesen wären. Man hatte Mühe, ihn wieder sicher in sein Gefängniß zu bringen. —

So viel Abscheulichkeiten, so gehäufte Aergernisse mußten endlich das Publikum aufbringen. Die Aeusserungen des allgemeinen Unwillens fiengen schon an laut zu werden. Man ließ sie aber nicht zum Ausbruch kommen. Laubardemont setzte ihnen einen öffentlichen Anschlag entgegen, in welchem er „alles Reden über die „Besessenen und über die Exorcisten, es geschehe wo oder von wem es wolle, bei zehntau„send Livres und selbst bei nachdrücklicher Lei„besstrafe untersagte.

Durch diesen Machtspruch ließ sich wircklich alles zum Schweigen bringen. Niemand wagte es mehr, etwas zu Grandiers Rechtfertigung zu sagen, oder auch nur seine Meinung zu äussern.— Die Exorcisten waren von der Wirkung dieses Verbots so gewiß, daß sie ungescheut ihrem Betragen ganz freien Lauf liessen. Man sah sie jetzt sogar auf Lustpartieen, in einzelnen Paaren, mit den schönen Besessenen, die auf ihr Loos gefallen waren. Die Furcht vor Laubardemonts Drohungen gieng aber
so

so weit, daß man sich selbst darüber keinen öffentlichen Tadel erlaubte.

Indeß geschah doch schon am Tage nach Bekanntmachung des Befehls, den 31. Julius, eine Begebenheit, die für die Verbündeten sehr gefährlich hätte werden können. Die Schwester Klare fieng während der Beschwörung an zu weinen, und erklärte öffentlich: „alles, was sie seit vierzehn Tagen gesagt habe, sei Lästerung und Betrug, sie sei von Pater Laktantius, Mignon, und einigen Karmelitern dazu abgerichtet worden; man sollte sie nur in Sicherheit bringen, dann wolle sie alles entdecken."

Die starke Schutzmauer, durch welche die Exorcisten gedeckt waren, schien doch kaum stark genug, um die schlimmen Folgen aufzuhalten, die eine solche Erklärung drohte. Man gab sich also alle Mühe, die Schwester zu einem öffentlichen Widerruf zu bereden, und ihr Geständniß für eine List des Teufels zu erklären. Nachdem man sie ganz umgestimmt zu haben glaubte, wurde sie am 7 Julius wieder öffentlich vorgestellt. Allein sie wiederholte ihre erste Erklärung, und würde davon gelaufen sein, wenn der Exorcist sie nicht aufgehalten hätte. —

Durch dies Beispiel aufgemuntert, wagte es auch die Schwester Agnes, öffentlich zu widerrufen. Sie bat zugleich die Umstehenden, sie aus ihrer langen schrecklichen Gefangenschaft zu befreien. Der Exorcist zwang sie das Abendmahl zu nehmen, ungeachtet sie feierlich versicherte, daß sie jetzt zu einer so heiligen Handlung gar nicht gefaßt sei. Das ist eben Ihr Teufel, antwortete ihr der Exorcist, der diesen Widerstand in Ihnen erregt. — Niemand wagte es, der unglücklichen Mädchen sich anzunehmen. Beide erklärten noch zuletzt: „ihr Gewissen habe sie durch die peinigendsten Vorwürfe gezwungen, Gott und der Wahrheit die Ehre zu geben, und das boshafte Geheimniß zu entdecken, ungeachtet sie wohl voraus sehen könnten, daß nichts als die grausamste Mißhandlung sie dafür in ihrem Kloster erwarte."

Auch Nogaret, eine von den weltlichen Besessenen, folgte dem Beispiel dieser Schwestern und bekannte öffentlich den schändlichen Betrug, zu dem sie, sich hatte mißbrauchen lassen. „Sie bereue es aufrichtig, erklärte sie, daß sie habe ein Verbrechen auf einen Unschuldigen bringen wollen, und bitte Gott um die Vergebung ihrer Schuld. Ich muß dies Bekenntniß ablegen, sagte sie, bald zu dem Bischoff bald zu dem Kommissär sich wendend, um mein Gewissen zu erleichtern." — Der Kommissär lachte bloß während des ganzen Auftritts. Der Bischoff hingegen, unterstützt von den übrigen Exorcisten, versicherte: „der böse Geist rede aus ihr, und es sei bloß eine List des Teufels, die Ungläubigen in ihrer Verstockung zu verhärten."

Anstatt den unschuldigen Grandier zu retten, beschleunigten diese Vorfälle nur seinen Untergang. So fein die Wendungen auch waren, durch welche seine Feinde diesen bedencklichen Erschütterungen ihres Plans auszuweichen suchten; so befriedigend auch ihre Ausflüchte wenigstens für den glaubigen Theil ihrer Zuschauer zu sein schienen: so mochten sie doch wohl selbst fühlen, daß es nicht rathsam sei, mehrere solche Angriffe abzuwarten, und das Gelingen ihrer Absichten länger aufs Spiel zu setzen. Um also alle Gefahr auf einmal abzuschneiden, beschlossen sie, das Schauspiel zu endigen. Die Auflösung war ohnehin schon so weit vorbereitet, als sie es für ihren Zweck nöthig glaubten. Die Beweise, welche sie bereits wider Grandier gesammelt hatten, waren in ihren Händen hinreichend, der blutigen Katastrophe des Stücks, die sie beschlossen hatten, den Schein des Rechts zu geben.

Sie eilten also den letzten Akt zu eröffnen, und beriefen ein vollständiges Kommissions-Gericht von zwölf Beisitzern, unter dem Vorsitz des Herrn von Laubardemont, zusammen, das über Grandier ein Urtheil sprechen sollte. Am 27 Julius versammelten sich die Kommissarien, und bestimmten das Karmeliter Kloster zu ihren Sitzungen.

Gleich der Anfang ihrer Untersuchungen erregte großes Aufsehen. Sie legten es darauf an, den Grundsatz fest zu setzen: **ein Teufel sei gezwungen die Wahrheit zu sagen, sobald er gehörig beschworen worden sei.** Jeder Bürger sah in einer solchen Behauptung seine eigene Gefahr, die ganze Einwohnerschaft zu Loudun gerieth in Schrecken. Es wurde deshalb den 8 August eine allgemeine Versammlung auf dem Rathhause gehalten, in welcher beschlossen wurde, sich an den König selbst zu wenden.

„Die Exorcisten" sagen sie in ihrem Schreiben an den König, „haben den Mißbrauch ih„res Amts bei den Beschwörungen so weit ge
trie

„trieben, daß sie durch allerhand Fragen an die
„Besessenen die besten Familien in der Stadt be-
„schimpfen. Man begnügt sich aber nicht ein-
„mal damit. Man hat jetzt eine Schrift ge-
„druckt, und in der Stadt verbreitet, in wel-
„cher behauptet wird: Was ein gehörig
„beschworner Teufel sage, sei wahr,
„man könne also auf ihre Aussagen
„ein richtiges Urtheil gründen; und,
„ausgenommen die Wahrheiten der
„Religion und die wissenschaftli-
„chen Beweise, gebe es keine größere
„Gewißheit, als die aus den Aussa-
„gen der bösen Geister, die man, nach
„einer gehörigen Beschwörung, nicht
„mehr als Worte des Vaters der Lü-
„gen, sondern als Worte der Kirche
„betrachten müße, welche die Gewalt
„habe, die Teufel zum Bekenntniß
„der Wahrheit zu zwingen." Zweimal
„hat man diese gefährlichen Grundsätze in
„Gegenwart des Herrn von Laubardemont von
„der Kanzel gepredigt. Man hat sie selbst schon
„auf Befehl der Obrigkeit an einigen Einwoh-
„nern unsrer Stadt in Ausübung gebracht.
„Wir flehen, Sire, um Ihren Schutz, wider

„die Verbreitung einer Lehre, welche von Jesu
„Christo selbst, von seinen Aposteln, von den
„Kirchenvätern und von der Sorbonne verdammt
„ist, und welche, wenn sie angenommen und
„bestätigt würde, jeden rechtschaffnen Mann in
„Gefahr setzte, der Bosheit des Teufels, oder
„vielmehr der Besessenen, zum Opfer zu werden."

Laubardemont und das ganze Kommissions-
Gericht waren äusserst aufgebracht über diese Versammlung, und den darin gefaßten Schluß. Indeß durften sie es doch nicht wagen, gegen die Urheber dieser ihnen entgegenarbeitenden Maßregeln etwas zu unternehmen, weil diese durch ihre
Aprellation an den König unter dessen unmittelbarem Schutz standen. Um aber doch etwas
diesem Schritt entgegenzusetzen, ergriffen sie das
einige, was ihnen übrig war. Sie erklärten
in einem besondern Befehl: „den Schluß der
„Versammlung für ungültig, gegen das Anse-
„hen der Kommission errichtet, auf bloße Ver-
„leumdung gegründet, zu einem Volksaufruhr
„abzielend, durch listige Ränke einer geheimen
„Zusammenrottirung wider alle gehörige Form
„abgefaßt; und verboten dem Bailli und allen
„andern Beamten, bei 20000 Livres, oder auch
„nach Befinden noch höherer Strafe, weder ir-
„gend

„gend eine Versammlung zusammenzurufen, um
„über Dinge zu berathschlagen, welche die Voll-
„macht der Kommission betreffen, noch sonst et-
„was wider das Ansehen derselben zu unterneh-
„men. Jedem, sezten sie hinzu, der über die
„Exorcisten oder irgend einen andern Umstand
„bei den Beschwörungen etwas zu klagen habe,
„stehe es frei, sich an die Kommission zu wen-
„den. Uebrigens solle wegen dem ganzen gesetz-
„widrigen Verfahren der Versammlung noch
„weitere Untersuchung geschehen, um sie dafür
„zur Rechenschaft zu ziehen." Diesen Befehl
liessen sie unter Trompetenschall in der Stadt
bekannt machen, und öffentlich anschlagen.

Zwei Tage nach Bekanntmachung desselben
übergab Grandier seinen Richtern eine neue Bitt-
schrift, worin er ihnen den ganzen Gang der
bisherigen Untersuchungen schilderte, und sie
aufs dringendste bat, andere Anstalten zur Entdeckung der Wahrheit zu treffen, und eine neue
Untersuchung zu verordnen. — Seine Vorstellung blieb aber unbeantwortet.

Das ganze Betragen seiner Feinde, die Macht
ihrer Anführer, das rechtswidrige Verfahren
seiner Richter, die wiederholte hartnäckige Ver-
weigerung der Gerechtigkeit, mußten Grandier
endlich

endlich überzeugen, daß sein Untergang entschieden, er mußte einsehen, daß er durch die Umstände selbst nothwendig gemacht sei. Es kam jetzt darauf an, ein Kloster voll Nonnen, einen Haufen von Mönchen und Priestern, und eine Menge Leute von Stande der verdienten Strafe ihrer abscheulichen Kabale zu überliefern, oder ihn als einen Zauberer zu verurtheilen. Auf welche Wagschale das Uebergewicht fallen müsse, sah Grandier ganz deutlich. — Er hielt es aber doch für Pflicht, noch einmal zu versuchen, ob er nicht Gesinnungen der Billigkeit in seinen Richtern erwecken könne, und übergab ihnen eine Abhandlung unter dem Titel: seiner letzten Vertheidigung und Schlußschrift, mit einer vorangeschickten Paraphrase des zwei und achtzigsten Psalmen, worin er die Pflichten eines Richters mit großem Nachdruck darstellte.

Allein seine Beredtsamkeit war umsonst verschwendet. Man schickte ihm statt aller Antwort ein Dekret vom Bischoff, in seinem Landhause zu Dissai om 10 August geschrieben, worin schlechthin gesagt war: "Die Nonnen sowol „als die weltlichen Mädchen zu Loudun seien „wirk-

„wirklich vom Teufel geplagt, und von bösen „Geistern besessen."

Mit diesem Dekret zugleich wurde dem Angeklagten ein Gutachten von vier Doktoren der Sorbonne bekannt gemacht, welche eben dies auch entschieden hatten. Ihre Entscheidung bezog sich auf eine Geschichtserzählung, worin unter andern auch gesagt sein mußte: „Die Nonnen „seien von den bösen Geistern zwei Fuß hoch „in die Luft erhoben worden, und haben sich, „der Länge nach auf die Erde gelegt, ohne Bei„hülfe ihrer Füße oder ihrer Hände, selbst ohne „auch nur ihren Leib zu beugen, aufgerichtet." Wahrscheinlich waren diese Wunder in geheim geschehen; wenigstens hatte niemand öffentlich etwas dergleichen gesehen, man müßte denn die verunglückten Versuche der Oberin, von welchen wir oben gesprochen haben, dafür gelten lassen wollen.

Die Richter beschleunigten nun die Untersuchung und setzten sich in Bereitschaft, am 18 August die letzte feierliche Sitzung zu halten. Man sah sie einige Tage vorher durch allerhand Religionsübungen sich vorbereiten; man hielt öffentliche Umgänge und feierliche Messen, mit Aussetzung des Sakraments: mit einem Wort, man

man vergaß nichts, was dem Gerichte in den Augen des Pöbels den Schein der Heiligkeit und des reinsten Eifers für Religion und Gerechtigkeit geben konnte. — Nach einer so würdigen und zweckmäßigen Vorbereitung hielt die Versammlung endlich die letzte Sitzung, und sprach ihr Endurtheil.

Wir dürfen die Gründe eines so merkwürdigen Ausspruches unsern Lesern nicht vorenthalten. Sie verdienen ihre Aufmerksamkeit, auch wenn sie ihnen keine Unterhaltung gewähren; sie werden ihnen wenigstens Gelegenheit geben, den Scharfsinn der Richter zu bewundern, welche durch eine ganz originelle Ansicht der Thatsachen ein solches Urtheil aus solchen Gründen ziehen konnten. Wir nehmen diese Gründe aus dem Auszug der bei Grandiers Prozesse vorgekommenen Beweise, einem Buche, das die Referenten selbst zu Verfassern hat. Sie enthalten auch noch einige neue Thatsachen, die wir, um nichts zu wiederholen, in unsrer Erzählung nicht berührt haben.

„1) Die ganze Untersuchung wider den Pfar-
„rer Grandier, welche das Conseil dem Herrn
„von Laubardemont aufgetragen hat, ist
„veran-

„veranlaßt durch die Beschuldigungen der
„Ursulinerinnen zu Loudûn, welche durch
„Grandiers Zauberei von bösen Geistern
„besessen sein sollen. Es muß also vor al-
„len Dingen durch unverwerfliche Zeug-
„nisse erwiesen werden, daß diese Nonnen
„wirklich besessen sind.

„2) Solcher Zeugnisse sind mehrere vorhanden.
„Erstlich hat der Bischoff von Poitiers,
„der bei den meisten Beschwörungen selbst
„gegenwärtig war, und die darüber geführ-
„ten Protokolle unterschrieb, durch ein De-
„kret im August erklärt: er halte die be-
„sagten Nonnen wirklich für besessen, und
„habe sie, in dieser Rücksicht sowohl, als
„auch weil sie unter seiner Gerichtsbarkeit
„stehen, der Fürsorge einiger geschickter
„Exorcisten übergeben. Zweitens ha-
„ben vier Doktoren der Sorbonne, zwar
„nicht als Augenzeugen, wie der Bischoff
„von Poitiers, aber doch auf eine getreue
„Erzählung wirklicher Augenzeugen, in
„einem eigenen Gutachten die Nonnen für
„wirklich besessen erklärt. Drittens be-
„stätigen es die Zeugnisse der vier Exorci-
„sten, nämlich des Franziskaners Laktantius

„tius, der zwei Kapuziner, Elisa und
„Tranquillus und eines Karmeliters. Vier-
„tens ist diese Wahrheit von Pater Ron-
„ceau, dem Rektor der Jesuiten, von dem
„Prior der Jakobiner zu Tours, und von
„Revol, einem Doktor der Sorbonne, dem
„Volcke von der Kanzel gepredigt worden.
„Fünftens haben die Aerzte von Poi-
„tiers, Niort, Fontenai, Loudûn, Thou-
„ars, Chinon, Mirebeau und Fontevrault
„die Bewegungen und Zuckungen dieser
„Nonnen nach einer genauen Beobachtung
„für übernatürlich erklärt, und für Erschei-
„nungen aus einer Ursache, von der ihre
„feinste Kunst doch nichts als die Wirkun-
„gen begreifen könne."

Wir müßen hier unsern Lesern einen neuen
Kunstgriff der Verbündeten entdeken. Die Aerzte von Poitiers Niort und Fontenai, welche
hier auch unter den Zeugen aufgeführt werden,
hatten niemals von der Kommission den Auftrag
erhalten, die Besessenen zu untersuchen. Sondern unter der zahllosen Menge neugieriger Zuschauer, welche sich von allen Seiten herbei
drängten, waren viele mit den Exorcisten per-
sönlich bekannt, oder von Mönchen, anderer

Klö-

Kloster an sie empfohlen. Fanden sie nun unter diesen Fremden einen Arzt, so forschten sie ihn aus, und wenn er aus Mangel an Einsicht, oder aus Höflichkeit sich bereitwillig bezeugte, so liessen sie sich von ihm ein Zeugniß ausstellen, daß er die Nonnen für besessen halte. Indeß wiesen doch mehr als hundert Aerzte aus den benachbarten Städten diesen entehrenden Antrag ab, und einige erklärten sogar in öffentlichen Schriften, daß die vorgegebne Bezauberung der Ursulinerinnen eine bloße Erdichtung sei.

„3.) Nach so gültigen Zeugnissen braucht „man nicht erst im allgemeinen zu untersu„chen, ob böse Geister durch Wirkungen „der Allmacht Gottes unmittelbar in den „Körper eines Menschen Eingang finden „können, oder ob sie unter göttlicher Zu„lassung dazu eines Zauberers als Werk„zeug bedürfen. Die Möglichkeit des er„stern wird ohnehin kein verständiger „Mensch bezweifeln, und das letztere ist „wenigstens nicht ohne Beispiel. Es kommt „also hier alles nur darauf an, ob die in „den Akten enthaltenen Beweise hinreichend „sind, den Angeklagten der beschuldigten „Verbrechen zu überführen. Dazu sind

„Be

„Beweise von zweierlei Art vorhanden.
„Die einen bestehen in Zeugenaussagen,
„und gehören zu den ordentlichen
„Beweisen. Gegen diese gelten folglich
„auch alle Einwendungen, welche aus der
„Sache selbst und nach den Grundsätzen der
„Rechte dawider vorgebracht werden kön-
„nen. Die andern, welche aus den Pro-
„tokollen der Exorcisten und der an dem
„Leibe des Angeklagten vorgenommenen
„Untersuchungen gezogen sind, sind ausser-
„ordentlich, wie der Gegenstand selbst,
„den sie beweisen sollen, und für welchen
„sie auch allein gehören. Diese sind
„viel sicherer als die erstern, weil
„es Thatsachen selbst sind, die durch ihr
„öffentliches Bekanntsein alle Zuverläßig-
„keit erlangt haben, die man bei Gegen-
„ständen der Sinne fordern kann.

„4.) Die ordentlichen Beweise sind aus
„zwei verschiedenen Zeugenverhören genom-
„men. In dem ersten ist der Beklagte von
„sechszig Zeugen, gegen welche keine rechts-
„gültige Einwendung statt fand, des Ehe-
„bruchs, der Blutschande, und der Ent-
„weihung des Tempels beschuldigt worden.

„Es

„Es wurde von ihnen ausgesagt: er habe
„die Kirche, worin er ein Beispiel der
„Frömmigkeit zu geben und Liebe zur Tu-
„gend in den Herzen seiner Zuhörer zu er-
„wecken berufen war, zum Sammelplatz
„für die Befriedigung seiner unreinen Be-
„gierden gemacht, und die allerschändlich-
„sten Ausschweifungen zu allen Stunden
„des Tages, selbst in der Sakristei und in
„der Nähe des heiligen Sakraments, be-
„gangen. Zwar haben ihn die Gerichte zu
„Poitiers von der Anklage wegen dieser
„Verbrechen bis auf weitere Verordnung
„freigesprochen. Allein auch abgesehen da-
„von, daß dieses kein Endurtheil war, so
„begieng er nachher wieder eine Menge neuer
„Verbrechen, die ihn nur um so strafbarer
„machen. — Unter den über diese Anklage
„abgehörten Zeugen befinden sich besonders
„fünf von großem Gewicht, nämlich drei
„Frauen, ein Advokat, und ein Maurer. —
„Die erste von den Frauen giebt an: der
„Angeklagte habe ihr einst das Abendmahl
„gereicht und sie während der Handlung
„starr angesehen; plötzlich sei sie mit einer
„heftigen Liebe gegen ihn entzündet wor-

„den, die mit einem kleinen Schauer durch
„alle Glieder angehoben habe. Die Zweite:
„als er sie einst auf der Straße angeredet,
„und ihr die Hand gedrückt habe, sei ihr
„Herz sogleich mit einer heftigen Leiden-
„schaft für ihn eingenommen worden. Die
„Dritte: Eines Tages habe sie ihn bei einer
„Prozession vor der Karmeliterkirche gese-
„hen, und ein einziger Blick habe ausseror-
„dentliche Wallungen und Reize zu uner-
„laubten Begierden in ihr erregt. Die-
„se Frauen versichern aber, daß sie noch im
„Augenblick zuvor, ehe diese unordentliche
„Leidenschaft sie ergriffen habe, keine be-
„sondre Neigung für ihn gehabt haben. Sie
„sind überdies sehr tugendhaft, und stehen
„im Ruf der strengsten Sittsamkeit. —
„Der Advokat sagte aus: er habe den An-
„geklagten in den Büchern des Agrippa le-
„sen sehen. — Der Maurer endlich: er habe
„einst, da er etwas in Grandiers Stu-
„dierzimmer ausgebessert habe, ein offenes
„Buch auf seinem Tische liegen sehen, in
„welchem das aufgeschlagene Kapitel von
„den Mittel, sich beim Frauenzimmer beliebt
„zu machen, gehandelt habe. Zwar hat der
„Ad-

„Advokat bei der Konfrontation einiger-
„maßen widerrufen und gesagt: die Bü-
„cher des Agrippa, von welchen er habe
„reden hören, handeln de vanitate sci-
„entiarum. Allein diese Erklärung ist sehr
„verdächtig, weil der Zeuge sich von Lou-
„dün wegbegeben hatte, und zur Konfron-
„tation gezwungen werden mußte."

Es sei uns erlaubt, nur einige von den Betrachtungen einzustreuen, die sich hier dem unpartheiischen Leser von selbst aufdringen. —
Was berechtigte die Richter, die alte Anklage
wider Grandier aufs neue in Bewegung zu
bringen? Die Gerichte zu Poitiers hatten ihn
freilich nur mit der Einschränkung vor jetzo
freigesprochen. Allein abgesehen davon, daß
diese Art zu sprechen ganz ungewöhnlich ist, und
also durch sich selbst schon den Verdacht einer
geheimen Absicht erregt, so gehörte doch jener
Prozeß, wenn er auch noch statt finden könnte,
vor den Gerichtshof, wo er zuerst anhängig gewesen war, und konnte nicht vor ein anderes
Gericht gezogen werden, um so weniger vor diese Kommission, deren Vollmacht in ihrem Be-
glaubigungsschreiben ausdrücklich auf die dem
Pfarrer Grandier neuerlich zur Last gelegten

Ver-

Verbrechen eingeschränkt war. Ueberdieß war Grandier durch die Sentenz des Erzbischoffs von Bordeaux unbedingt freigesprochen worden, und man mußte sich allerdings wundern, daß die Kommissarien davon gar nichts erwähnten. — Was für Glauben konnten aber die drei Weiber verdienen? Ihr Zeugniß war schon nach dem Rechtsatz: non auditur propriam allegans turpitudinem, durch sich selbst ungültig. Und was wäre es für ein Unglück, sagten die Spötter, ein schöner Mann zu sein, wenn er jedesmal, so oft ein zärtliches Herz sich in seinem Blicke fängt, in Gefahr wäre, als ein Zauberer lebendig verbrannt zu werden! Wie viele Frauenzimmer vom besten Rufe würden gestehen müssen, wenn sie aufrichtig sein wollten, daß sie auch schon von solchen plözlichen Eindrücken beim Anblick eines schönen Mannes überrascht worden seien, den sie vorher oft gleichgültig gesehen hatten. Wie viele, sezten sie hinzu, würde man anführen können, die sonst Muster der Tugend und ehelichen Treue waren, und durch einen einzigen Blick in die Schlingen einer ausschweifenden Lebensart gezogen wurden! Welchem Richter ist es aber je eingefallen, solche Wirkungen der Zauberei zuzuschreiben, und

mit

mit dem Scheiterhaufen zu bestrafen? — Die letztere Aussage des Advokaten wurde wol nur deswegen für verdächtig erklärt, weil nur seine erstere dem Zweck der Richter entsprach. Agrippa's Buch de vanitate scientiarum konnte freilich der Zauberei nicht so gerade zu verdächtig machen. Aber Agrippa hatte auch eine Abhandlung von der geheimen Philosophie geschrieben. Wenn also Agrippas Bücher überhaupt genannt waren, was hinderte es, die Aussage bei Grandier auf die letztere besonders zu beziehen? —

„5) Das zweite Zeugenverhör begreift die „Aussagen von vierzehn Nonnen, worun„ter acht besessen sind, und von sechs welt„lichen Frauenzimmern, die auch besessen „sein sollen. Es ist unmöglich diese Aus„sagen in einem Auszuge darzustellen, weil „jedes Wort in denselben erwogen zu „werden verdient; wir wollen also blos „einiges im allgemeinen anführen. Alle „diese Besessenen haben, ihrer Aussage „nach, sowohl in ihrem natürlichen Zu„stand, als auch während den Anfällen ih„rer Besessenheit eine sehr heftige Leiden„schaft für Grandier empfunden. Vier „Mo-

„Monate lang erschien er ihnen Tag und
„Nacht und reizte sie zu unordentlichen Be-
„gierden. Oft wurden sie von allerhand
„Visionen gequält, deren sie sich noch ganz
„deutlich erinnern können, indem sie bei
„den meisten dieser Zufälle wachend und
„im Gebet begriffen waren. Oft fühlten
„sie auf einmal sich von etwas berührt;
„sie konnten nicht sehen, woher es kam,
„aber es ließ an ihren Körpern so sichtba-
„re Zeichen zurück, daß die Aerzte sie leicht
„erkennen, und ihren Bericht darüber ma-
„chen konnten. Alle diese Anfälle nahmen
„ihren Anfang zuerst mit den Erscheinun-
„gen ihres ehemaligen Beichtvaters des
„Prior Moussaut, nachher durch einen Ro-
„senstrauß, den die Mutter Oberin mitten
„auf ihrer Treppe fand, und das drittemal
„durch drei schwarze Dornen, welche ihr
„eines Abends nach dem Gebet in die Hand
„gelegt wurden. Eines Tages glaubte die
„Mutter Oberin Aepfel in ihrer Zelle zu
„sehen, und bekam Lust die Kerne davon
„zu essen. Gleich darauf wurde sie, wie
„es auch beim Geruch der Rosen und
„beim Empfang der schwarzen Dornen ge-
„schehen

„schehen war, so verrückt, daß sie von
„nichts als von Grandier sprach, und im-
„mer behauptete der Gegenstand seiner Be-
„gierden zu sein. Sie sah ihn auch, wie
„die andern Nonnen, öfters ihrem Bette
„sich nähern, und hielt es ihm, mit sieben
„oder acht von ihren Schwestern, bei der
„Konfrontation vor, indem sie erklärte:
„er sei eben derjenige, der ihnen so oft im
„Kloster erschienen sei. Dabei ist nicht zu
„vergessen, daß diese Nonnen, bei allen Ver-
„hören, wenn sie den Namen Grandier
„aussprechen mußten, von Beängstigungen
„und Verzuckungen befallen wurden. Auch
„bei der Konfrontation, bei welcher immer
„Aerzte zugegen waren, um zu beobachten
„was bemerkenswerthes dabei vorfallen
„könnte, bekamen sie solche Anfälle. Eben
„dies geschah auch bei den weltlichen Be-
„sessenen, die alle eine leidenschaftliche
„Neigung für den Angeklagten zu haben be-
„kannten."

Die Kritiker verwunderten sich sehr, daß
man diesen Aussagen der Nonnen einiges Gewicht beilegen konnte, und daß das Gericht
selbst sich den Fehlschluß der Nonnen auch zu

Schulden kommen ließ, als Beweis anzunehmen, was erst zu untersuchen war, nämlich die Natur und Aechtheit ihrer Verzuckungen. Fürs zweite, setzten sie hinzu, gehörten die Nonnen nach diesem Gang des Prozesses zur Parthei, und konnten also nicht in ihrer eignen Sache zeugen. Ueberdies war ausser der Albernheit ihrer Aussagen auch die Unwahrheit derselben erwiesen. Daß die Nonnen vor dem Auftritt am 25 Junius den Grandier nie gesehen hatten, war so gewiß, daß er selbst in einer seiner Vertheidigungsschriften ausdrücklich vorschlug: man sollte ihn, mit einigen andern ihnen auch unbekannten Priestern, den Nonnen vorstellen; wann man nur einige Vorsicht anwenden wolle, um den Betrug zu verhüten, werde man sich leicht überzeugen, daß sie ihn gar nicht kennen.

„6.) Ganz besonders merkwürdig ist ein An„fall, den die Mutter Oberin gehabt hat. „Am Tage nach ihrer Zeugenaussage wider „Grandier begab sie sich, während Laubar„demont eine andere Nonne verhörte, im „Hemde, mit bloßem Kopfe, einem Strick „um den Hals, und einer Kerze in der Hand, „in den Hof des Klosters, und blieb in die„sem Aufzuge bei dem heftigsten Regen zwei „Stun

„Stunden stehen. Als nachher die Thüre
„des Sprachzimmers aufgemacht wurde,
„stürzte sie hinein, warf sich dem Herrn von
„Laubardemont zu Füßen und erklärte: sie
„komme nun, das Unrecht abzubüßen, das sie
„an dem unschuldigen Grandier durch ihre
„Anklage begangen habe. Sie lief darauf
„in den Garten, und knüpfte den Strick an
„einen Baum, um sich zu erdrosseln. Sie
„wurde aber noch von den andern Schwe-
„stern, die ihr nachgegangen waren, ge-
„rettet.

„7.) Eben so merkwürdig ist ein anderer Aus-
„fall, den die Schwester Klare von Sazil-
„li gehabt hat. Sie fühlte einen so unwi-
„derstehlichen Reiz, bei ihrem großen Freund,
„— so nannte sie den Grandier — zu schla-
„fen, daß sie eines Tages, indem sie eben
„das Abendmahl empfangen sollte, plötzlich
„aufsprang, und in ihre Zelle lief. Eini-
„ge Nonnen, welche ihr nachfolgten, fan-
„den sie . . . . Wir ziehen den Vorhang
„über ein Gemählde, dem auch der feinste
„Pinsel das anstößige nicht benehmen
„könnte.“

Man erinnere sich nur, was wir oben S.

von den Begebenheiten erzählt haben, auf welche sich diese Anklage bezieht, und man wird erstaunen, sie hier so entstellt und so boshaft angewendet zu finden. Es ist in der That empörend, mit welcher Gewissenlosigkeit die Richter es sich erlaubten, Thatsachen, welche das gerade Gegentheil augenscheinlich erweisen, so zu entstellen, und mit welcher Schamlosigkeit sie es wagten, einem Publikum, das selbst Augenzeuge bei jenen Auftritten gewesen war, diese boshaften Verdrehungen als Beweise der Bezauberung und als Gründe ihres grausamen Todesurtheils vorzulegen.

„8.) In dieser Rücksicht verdient auch das „bemerkt zu werden, daß Grandier nach „des Priors Moussaut Tode sich so sehr „bemühte, Beichtvater der Nonnen zu wer„den, und daß eine seiner vertrautesten „Freundinnen mit der Oberin in einen „heftigen Wortwechsel darüber gerieth."

Abermals ein ganz unerwiesener Umstand, wie wir schon oben gezeigt haben, der auch selbst dem einigen Zweck, den er haben konnte, nämlich Grandiers unreine Leidenschaft für die Nonnen zu bekräftigen, um so weniger erfüllte, je gewißer es war, daß Grandier die Nonnen vor

seit

seiner Konfrontation mit ihnen nie gesehen hatten.

„9.) Aus den Zeugnissen der weltlichen Be„sessenen verdient die Aussage der Elisa„beth Blanchard, welche durch das Zeug„niß der Susanna Hammon bestätigt wird,
„noch besonders angeführt zu werden: daß
„der Angeklagte, mit dem sie lange in un„erlaubten Verbindungen gelebt habe ihr
„einst nach einer durchschwelgten Nacht
„den Antrag gethan habe, sie zur Fürstin
„unter den Zauberern zu machen, wenn sie
„mit ihm zum Hexensabath gehen wolle.

„10.) Diesen Zeugenaussagen aus den Pro„tokollen der Verhöre wird in einem beson„dern Stück der Akten die Aussage des
„Pfarrers Barre zu Chinon beigefügt, wel„cher unter andern angiebt: Er habe ei„nes Tages bei einer Beschwörung der
„Oberin dem Teufel Astaroth befohlen
„auszufahren, und zum Zeichen seines Ab„zugs auf denjenigen, den er selbst für
„den Urheber der Bezauberung ausgegeben
„habe, — welches eben Grandier gewesen
„sei — einen Anfall zu machen. Astaroth
„habe es versprochen, und wirklich habe
„Grandier um die Zeit, da er den Teufel

„zur Erfüllung seines Versprechens ge„zwungen habe, sich aller Gesellschaft ent„zogen, und sich bei dem Stift zum heil.
„Kreuz in einem Billet wegen einer Mala-
„die entschuldigen lassen; das Wort Ma-
„ladie sei aber ganz verwischt gewesen,
„wie man es noch jetzt in besagtem Billet
„sehen könne. Da der Beklagte nachher
„vor der Untersuchungs-Kommission wegen
„diesem Umstand befragt wurde, war er
„sehr verlegen, wußte keine Antwort zu
„finden, und veränderte einigemal die Far-
„be, da er doch bei den andern Verhören
„sehr gefaßt blieb."

Nichts konnte widerrechtlicher sein, als den Pfarrer Barre als Zeugen in dieser Sache aufzustellen. Hatte er nicht als Exorcist die unzweideutigsten Beweise einer wüthenden Partheilichkeit gegeben? Und warum fand sich denn nichts von dieser Geschichte in dem Protokolle, da sie doch schon in der Zeit, als der Heuchler noch zu Loudun exorcisirte, vorgefallen war, und also alt genug sein müßte? — Wie armseelig war die Geschichte mit dem Billet erfunden? Was konnte Grandier für Ursachen haben, das unschuldige Wort auszulöschen? — und warum mußte

mußte es nun gerade Grandier ausgelöscht haben? konnte es nicht eben so gut von einem seiner Feinde, von Mignon vielleicht selbst, geschehen sein? Grandiers Verlegenheit bei dem Verhör hatte wohl keinen andern Grund, als daß es ihm schwer werden mußte, in seiner Lage sich auf eine längst vergessene Kleinigkeit wieder zu besinnen.

„11.) Zu den a u s s e r o r d e n t l i c h e n Be„weisen gehören erstlich, die Merkmale an
„Grandiers Leibe, deren Ursprung und
„Beschaffenheit, samt den Stellen, wo
„sie befindlich waren, von Asmodi ange„zeigt, und welche von acht Aerzten, de„nen man die Besichtigung auftrug, gefun„den wurden. Die Aerzte sagten in ihrem
„Bericht: Unter allen an seinem Körper
„gefundenen Maalzeichen sei ihnen beson„ders eins auf der Schulter, und eins
„an den geheimen Theilen verdächtig vor„gekommen, indem an beiden Stellen kein
„Blut auf den Stich erfolgte. An der er„sten Stelle hätten sie eines queeren Dau„mens tief mit einer Nadel hineingestochen,
„der Beklagte habe aber dabei, zum Be„weis daß die Stelle ganz empfindungslos
sein

„sein müße, nicht das geringste Zeichen
„von Schmerz geäussert', da er hingegen
„an andern Orten, wenn er mit dem
„Sucheisen gestochen wurde, in laute Kla-
„gen ausbrach. Asmodi hatte freilich an-
„gegeben, es seien fünf Zaubermale an
„Grandiers Leibe. Allein, da es sehr
„schwer fällt, dergleichen Male
„zu erkennen, so konnten die Aerzte
„nur diese zwei finden, die ihnen verdäch-
„tig schienen."

Hier wurde also auch der Teufel als Zeuge
zugelassen, bei einer Thatsache, die nicht einmal
recht bewiesen werden konnte? Man gründete
also ein Todesurtheil auf den bloßen Verdacht
einiger Dorfärzte, die nicht einmal einen andern
Grund ihrer Muthmaßung anzugeben wußten,
als daß ein Mensch, den man sticht, an einem
Orte weniger empfindlich ist, als an einem andern? Dies heißt in der That befehlen, die Vernunft gefangen zu nehmen unter den Gehorsam
des Glaubens.

„12.) Der zweite ausserordentliche Beweis ist
„die Wunde am Daumen der rechten Hand.
„Eben dieser Teufel Asmodi brachte näm-
„lich am 25 April ein kleines mit Blut be-
striche-

„strichenes Papier, als ein Bundeszeichen
„in Vorschein, und erklärte nach langem
„Sträuben: das Blut auf dem Papiere
„sei aus dem Daumen der rechten Hand
„seines Meisters geflossen. Herr von Lau-
„bardemont begab sich sogleich auf diese An-
„zeige mit den Aerzten ins Gefängniß, und
„da die Aerzte an dem nämlichen Ort, den
„der Teufel angegeben hatte, einen kleinen
„Schnitt entdeckten, so fragte er den An-
„geklagten: woher die Verwunderung rüh-
„re? Er antwortete: das wisse er nicht,
„er habe gar nicht darauf gemerkt, er müße
„sich nur an einer Stecknadel gerißt haben,
„er erinnere sich nicht, wie es sonst könnte
„geschehen sein. Nachdem man ihm aber
„zwei Tage darauf den Bericht über die
„Untersuchung zu lesen gegeben hatte, in
„welchem die Aerzte erklärten: Die Ver-
„wundung müße durch ein Messer oder ein
„anderes schneidendes Instrument gesche-
„hen sein, und geblutet haben: so wider-
„rief er nun selbst seine erste Aussage, daß
„er nichts von dem Schnitt wisse, und sag-
„te: es sei ihm erst nach der Besichtigung
„nach langem Hin und Hersinnen eingefal-
„len,

ℓ

„len, daß ihm einer seiner Wächter ein „Messer zum Brodschneiden gegeben habe, „womit er sich verletzt haben müße. Er „setzte hinzu: Dies sei geschehen, zwei „Stunden vorher, ehe Herr von Laubarde„mont zu ihm ins Gefängnis gekommen „sei. Ein andermal aber sagte er: der „Schnitt sei am Tage vorher gemacht wor„den, und gab sich alle Mühe, den Hr. v. „Laubardemont zu überreden, daß kein „Blut auf den Schnitt erfolgt sei. Der „Bericht der Aerzte, sagte er, sei in die„sem Punkt ganz ungegründet, denn er ha„be recht darauf Acht gegeben. Er wider„sprach sich also offenbar. Da Herr von „Laubardemont ihn darauf am 30 April „noch einmal darüber verhörte, sagte er: „er glaube, der Schnitt sei zwei Tage, be„vor Hr. von Laubardemont zu ihm ins „Gefängniß gekommen sei, geschehen, und „habe nicht geblutet."

Dies waren also die Beweise von Grandiers Strafbarkeit; diese Beschuldigungen — eben so viele Beleidigungen der Wahrheit, des gesunden Menschenverstandes, der Form des Rechts und

der

der Gerechtigkeit selbst! — die Gründe des folgenden Urtheils über ihn:

„Wir sämtliche Kommissarien erklären
„hiermit den Urban Grandier des Verbre-
„chens der Zauberei vollkommen überwiesen.
„Die gegen ihn vorgebrachten Beweise zeigen
„unwidersprechlich, daß er das Werkzeug war,
„durch dessen zauberische Kunstgriffe die bösen
„Geister in die Leiber einiger Ursulinerinnen
„und einiger weltlichen Mädchen zu Loudün
„Eingang gefunden haben, und daß er auch
„noch anderer Verbrechen sich schuldig ge-
„macht habe. Wir sprechen daher das Ur-
„theil über ihn, er soll im bloßen Kopf, mit
„einem Strick um den Hals und einer bren-
„nenden Kerze von zwei Pfund in der einen
„Hand, vor der Hauptthüre der Kirchen von
„Sankt Peter und der heiligen Ursula Kirchen-
„buße thun, und auf seinen Knieen Gott,
„den König, und die Obrigkeit um Verzei-
„hung bitten; darauf aber auf den Plaz zum
„heiligen Kreuz geführt, daselbst auf einem

„für ihn errichteten Scheiterhaufen an einen
„Pfahl gebunden und lebendig — mit allen
„noch in den Gerichten vorhandenen Bundes-
„zeichen, und Zaubercharakteren, samt der
„Handschrift von seiner Abhandlung wider den
„ehelosen Stand der Priester — verbrannt,
„und seine Asche in die Luft gestreut werden.
„Sein ganzes Vermögen fällt dem König
„heim. Doch sollen 150 Livres davon zu-
„rückbehalten werden, um dafür eine Ku-
„pferblatte zu kaufen und gegenwärtiges Ur-
„teil darein stechen zu lassen. Diese Tafel
„soll alsdenn zum ewigen Andenken in der
„Kirche der Ursulinerinnen, an einem erha-
„benen Ort aufgehangen werden. Bevor
„aber dieses Urtheil vollzogen wird, soll Gran-
„dier auf die ordentliche und ausserordentliche
„Folter gebracht werden, um ein Be-
„kenntniß seiner Mitschuldigen von ihm zu
„erhalten. Gesprochen zu Loudun über be-
„sagten Grandier, und vollzogen den 18 Au-
„gust 1634.”

Um

Um die Eröffnung dieses Urtheils desto auffallender zu machen, sollte sie nicht in dem Karmeliterkloster, dem gewöhnlichen Versammlungsort der Kommission, sondern in dem öffentlichen Gerichtshause geschehen. Der Gefangene wurde in einer geschlossenen Kutsche dahin gebracht. Der Pater Laktantius und ein anderer Franziskaner waren ihm beständig zur Seite und gebrauchten die Vorsicht, bevor er in den Audienzsal trat, die Luft, die Erde, und den Gefangenen selbst zu exorcisiren. Er wurde in den Kreis der Richter geführt. Mehrere Damen, — Laubardemonts Gattin an ihrer Spitze — hatten die Stühle der Richter eingenommen. Herr von Laubardemont saß daher auf dem Stuhl des Sekretärs der Kommission, und dieser stand neben ihm. Auf der andern Seite des Stuhls stand Memin, dessen Amt es gewesen war, die Zugänge mit Wachen zu besetzen.

Grandier ließ sich ehrerbietig auf die Knie nieder; die gebundnen Hände erlaubten ihm aber nicht, sein Haupt vor der Versammlung zu entblößen. Der Sekretär riß ihm also den Hut vom Kopfe, und warf ihn vor die Füße des Präsidenten. Eben so machte es ein Gefreiter mit seinem Priesterkäppchen. Darauf sagte

sagte der Sekretär ganz trozig zu ihm: „Wende Dich um, Elender, und bete das Krucifix an, das über dem Sitze des Richters steht." Grandier drehte sich mit vieler Ehrerbietung um, und hob seine Augen gen Himmel. Nachdem er einige Zeit im stillen Gebet verweilt hatte, nahm er seine vorige Stellung wieder an, und nun wurde ihm das Todesurtheil vorgelesen. Der Sekretär zitterte, indem er las; Grandier hörte es aber ohne Schrecken an und sagte darauf: „Meine Herren, ich bezeuge vor Gott, dem Va-
„ter, Sohn, und heiligen Geist und bei der ge-
„benedeiten Jungfrau, meiner einzigen Fürspre-
„cherin, daß ich nie ein Heiligthum entweiht,
„nie Zauberei getrieben, nie eine andere Zau-
„berkraft, als die der heiligen Schrift, die
„ich immer geprediget habe, gekannt, und nie
„einen andern Glauben, als den der heiligen
„römisch-katholischen Kirche gehabt habe. Ich
„entsage dem Teufel und allem seinem Wesen.
„Ich bekenne meinen Erlöser und bitte ihn, daß
„sein Blut an mir nicht verlohren gehe, und
„sein Verdienst auch mir Barmherzigkeit erwer-
„be. Sie, meine Herren, bitte ich demüthig, mil-
„dern sie die Härte Ihres Urtheils, setzen sie
„meine Seele nicht in die Gefahr der Verzweif-
„lung." Nach-

Nachdem er aufgehört hatte zu sprechen, ließ Herr von Laubardemont die Frauen und alle überflüssigen Zuschauer abtreten, und hielt mit dem Verurtheilten eine lange geheime Unterredung. Als sie geendigt war, verlangte Grandier Papier. Es wurde ihm aber abgeschlagen, und der Kommissär sagte gleich darauf mit gebieterischem Ton zu ihm: wenn er seine Richter bewegen wolle, die Strenge ihres Urteils zu mildern, so müße er seine Mitschuldigen angeben. „Ich habe keine Mitschuldigen, denn ich bin selbst unschuldig, erwiederte Grandier mit fester Entschlossenheit. Houmain, der Kriminallieutenant von Orleans, einer von den Referenten, sprach nun auch noch besonders mit ihm. Allein auch dessen Bemühungen hatten keinen beßern Erfolg. Es wurde also endlich Anstalt gemacht, ihn auf die Folter zu bringen.

Man wählte eine Art der Folter, die zu Loudün üblich war. Die Beine des Missethäters wurden zwischen zwei Breter gelegt, die man mit einem Seil so fest als möglich aneinander schnürte. Zwischen die Beine und die Breter wurden alsdenn Keile mit einem Hammer eingetrieben, viere bei der ordentlichen, acht be der ausserordentlichen Folter. Die gewöhnlichen

Keile schienen aber diesmal dem Herrn von Laubardemont zu schwach, er drohte dem Scharfrichter mit Strafe, wenn er nicht stärkere herbeischaffen würde, und bestand so lange auf seiner Forderung, bis der Scharfrichter endlich mit einem Eid versicherte, daß er keine andern habe. Einige Franziskaner und Kapuziner hatten die Werkzeuge der Folter exorcisirt. Der Scharfrichter schien ihnen aber nicht grausam genug. „Einem Ungeweihten, wie der Scharfrichter ist, sagten sie, könnte leicht der Teufel widerstehen" und um ihre wüthende Rache an dem unglücklichen Opfer ihres Hasses zu befriedigen, ergriffen sie selbst den Hammer, und schlugen auf die Keile. Durch die Schmerzen der Folter wurde Grandier einigemal der Besinnung beraubt. Verdoppelte Schläge riefen ihn ins Leben zurück. Man hörte nicht auf, neue Keile einzuschlagen, bis seine Beine zerschmettert waren, und das Mark aus den Beinen floß. — Die Natur empört sich bei dieser grauenvollen Szene, die wir selbst nicht ohne Schaudern und Entsetzen haben beschreiben können. —

Das unglückliche Opfer dieser Unmenschlichkeit blieb stille bei den peinvollsten Quaalen; kein unwilliges Wort, keine Klage, selbst nicht eine einmal ein Vorwurf gegen seine Feinde entfuhr ihm. Er hatte sogar Geistesstärke genug, unter den Schmerzen der Folter ein sehr rührendes Gebet zu sprechen. Er blieb standhaft bei seiner ersten Aussage, daß er weder irgend ein Heiligthum entweiht, noch eine Zauberei begangen habe. „Menschliche Schwachheit, sagte er, hat mich zwar bisweilen zu fleischlichen Vergehungen hingerissen; allein, setzte er hinzu, ich habe diese Sünden gebeichtet und gebüßet." Die Richter forderten eine deutlichere Erklärung darüber. Er bat sie aber, nicht weiter in ihn zu dringen, Personen zu nennen, oder einzelne Vergehungen anzugeben, für welche er, durch Reue, Gebet und Buße schon Vergebung erlangt zu haben glaube. Nur das einzige setzte er noch hinzu, daß er, weit entfernt, mit der Elisabeth Blanchard einen solchen Umgang gehabt zu haben, wie von ihr vorgegeben worden sei, sie vielmehr bei der Konfrontation mit ihm zum erstenmal in seinem Leben gesehen habe. Da man ihn endlich von der Folter nahm, fiel er aufs neue in Ohnmacht; man goß ihm ein wenig Wein in den Mund und brachte ihn dadurch wieder zu sich.

Er wurde nun in das Rathszimmer gebracht, und nahe beim Feuer auf Stroh gelegt. Er wünschte sich einen Augustiner, den er unter den Umstehenden sah, zum Beichtvater, man schlug es ihm aber ab. Darauf bat er um den Pater Grillau, einen Franziskaner. Allein seines dringenden Bittens unerachtet, verweigerte man ihm auch diesen, und übergab ihn wieder in die Hände der Kapuziner Tranquillus und Claudius. Er wollte aber lieber seinem Schöpfer beichten, als sich seinen grausamsten Feinden anvertrauen.

Während drei bis vier Stunden, die er noch in dem Rathszimmer zubringen mußte, hatte er weiter niemand um sich, als den Sekretär, seine zwei Beichtväter, und den Herrn von Laubardemont, der ihn noch zur Unterschrift eines Aufsatzes bereden wollte, welchen er ihm vorzeigte. Er bestürmte ihn länger als zwei Stunden mit seinen Vorstellungen, allein Grandier blieb bei seiner Weigerung.

Zwischen vier und fünf Uhr des Abends legten ihn die Büttel auf eine Trage, um ihn wegzubringen. Beim Abschied versicherte er den Kriminallieutenant, daß er nichts mehr auf seinem Gewissen habe. „Wollen Sie, daß ich für „Sie beten lasse?" fragte ihn dieser Beamte.

„Ich

„Ich bitte Sie darum, antwortete Grandier, Sie werden mir dadurch eine große Gnade erzeigen." Beim Ausgang aus dem Gerichtshause küßte er die Kerze, welche er in der Hand trug. Die Zuschauer betrachtete er mit einem freimüthigen aber bescheidenen Blick. Alle, die er kannte, bat er um ihre Fürbitte. — Vor dem Gerichtshause wurde sein Urtheil noch einmal abgelesen. Darauf führte man ihn in einem Karren vor die Peterskirche. Herr von Laubardemont verlangte, er solle hier heruntergenommen werden, um knieend sein Urtheil noch einmal anzuhören. Die zerschmetterten Füße konnten den Unglücklichen nicht mehr halten, er fiel also gerade vor sich hin. Ohne irgend eine Verbitterung zu äussern, wartete er geduldig bis man ihn wieder aufhob. Er bat die Umstehenden, ihn mit ihrem Gebet zu unterstützen. Mit Thränen in den Augen näherte sich ihm Pater Grillau, den er vorher zum Beichtvater verlangt hatte, und umarmte ihn „Erinnern Sie sich, mein leidender Freund, sagte er zu ihm, daß Jesus, unser Herr, durch Leiden und Tod zu seinem himmlischen Vater eingegangen ist. Sie kennen selbst die starken
Tröst

Trostgründe des leidenden Christen, fassen Sie sich. Ich bringe Ihnen den Seegen ihrer alten Mutter, sie bittet Gott mit mir, daß er Ihnen Barmherzigkeit widerfahren lasse, und sie in sein Paradies aufnehme." Diese Worte — nach langer Zeit der erste Trost den er empfieng — stärkten seinen Muth, und verbreiteten eine sichtbare Heiterkeit über sein Gesicht „Seien Sie der Sohn meiner verlaßnen Mutter," erwiederte er, bitten Sie Gott für mich und empfehlen Sie mich dem Gebet Ihrer Brüder. Ich sterbe mit dem tröstenden Bewußtsein meiner Unschuld, und hoffe, daß mir Gott barmherzig sein, und mich zum ewigen Leben aufnehmen werde."

Man bemerkte, daß Grandier durch die Unterredung mit Grillau gerührt und aufgerichtet zu werden schien. Sogleich war auch der Neid seiner Beichtväter rege. Die Erbitterung seiner Feinde, und ihre Furcht, seine ruhige Fassung nicht bekannt werden zu lassen, entriß ihm auch diesen letzten Trost. Die Unterredung wurde uns unterbrochen, und der Franziskaner, auf einen Wink von den Obern, in die Kirche getrieben.

Grandier wurde nun noch vor die Ursulinerkirche, und von da endlich auf den Richtplatz geführt. Unterwegs grüßte er Moussaut, Dufresne und seine Frau, die er unter den Umstehenden sah, dankte Ihnen für Ihre Freundschaft, und bat sie, ihm zu vergeben, wenn er sie beleidigt hätte. Da er bei dem Scheiterhaufen angelangt war, bat er die Mönche, die ihn begleiteten, um den Kuß des Friedens. Dem Lieutenant des Blutgerichts, der ihn um Verzeihung bitten wollte, antwortete er: „Sie haben mich nicht beleidigt, Sie haben bloß gethan, was Ihr Amt von Ihnen forderte." Ein anderer von seinen Feinden, Renatus Bernier, Pfarrer zu Troismutiers, der ihn auch um Verzeihung bat, fragte ihn: ob er allen seinen Feinden, auch denen, die wider ihn gezeugt haben, vergebe? und bot ihm zugleich an, eine Messe für die Ruhe seiner Seele zu lesen. Diesem antwortete er: ich vergebe allen meinen Feinden eben so, wie ich wünsche, daß Gott mir vergebe, und ich werde es mit großem Dank erkennen, wenn Sie

Gott

Gott für mich bitten und am Altare meiner gedenken wollen.

Aus allen Provinzen des Königreichs, und selbst aus fremden Ländern, hatte das Gerücht von den Besessenen viele neugierige Menschen nach Loudun gezogen. Der Richtplatz war daher mit einer solchen Menge Zuschauer angefüllt, daß die Häscher Mühe hatten, für diejenigen Personen, die bei der Hinrichtung nöthig waren, einen freien Raum zu erhalten.

Der Scharfrichter brachte den Malefikanten auf den Scheiterhaufen, und setzte ihn, den Rücken nach der Kirche zum heiligen Kreuz zugekehrt, auf einen eisernen Ring, der an dem Pfahl befestigt war. Die Mönche exorcisirten die Luft und das Holz des Scheiterhaufens, und fragten Grandier: ob er noch nicht in sich gehen wolle? „Ich habe weiter nichts zu sagen, antwortete er, ich hoffe noch heute bei meinem Gott zu sein." Der Sekretär las ihm sein Urteil zum viertenmal vor, und fragte ihn: ob er noch bei seiner auf der Folter gegebenen Aussage beharre? „Ich beharre dabei, erwiederte er, und habe nun weiter nichts zu sagen, alle meine Aussagen enthalten die reinste Wahrheit."

Heil." Einer von den Mönchen gebot dem Sekretär zu schweigen, damit der Malefikant nicht veranlaßt werde, so viel zu sprechen.

Die Geschichte jener Zeit hat uns zwei merkwürdige Erscheinungen bei Grandiers Hinrichtung aufbewahrt, die wir unsern Lesern um so weniger vorenthalten dürfen, je bedeutungsvoller der Pfaffengeist sie darzustellen wußte, und je bedenklicher sie der Aberglaube des andächtigen Pöbels fand. Es flatterte ein Flug Tauben rund um den Scheiterhaufen, der sich nicht abtreiben lassen wollte. Ungeachtet des Scheuchens mit den Hellebarden der Gerichtsdiener, und des Geschrei's der Zuschauer kamen sie doch verschiedenemal wieder. Ferner sah man eine große Schmeißfliege um Grandiers Kopf herumsummen. Ein Mönch, der einmal hatte sagen hören: **Beelzebub** bedeute im Hebräischen **der Gott der Fliegen**, versicherte, dies sei der Teufel, der auf die Seele des Missethäters passe, um sie in die Hölle zu führen.

Der Lieutenant des Blutgerichtes hatte Grandier das doppelte Versprechen gethan, erstlich, daß man ihm einige Zeit vergönnen werde, eine Rede an das Volk zu halten, und zweitens, daß

er

er, noch ehe der Scheiterhaufen angezündet werde, erdrosselt werden solle. Grandier hatte fest auf dieses Versprechen gebaut, und seine Einbildung hatte darin einige Unterstüzung gefunden, das Schreckliche seiner Strafe etwas zu mildern. Allein das Versprechen war in Gegenwart der Exorcisten geschehen, und diese wußten beides zu vereiteln. Als er anfangen wollte etwas zu reden, übergößen sie ihn mit solchen Strömen von Weihwasser, daß ihm jedes Wort im Munde erstickte. Da er darauf noch einen zweiten Versuch zu sprechen machte, küßte ihn einer von den Mönchen auf den Mund und umarmte ihn dabei mit einer solchen Heftigkeit, daß er nicht einen Ton mehr herausbringen konnte. „Das war ein Judas-kuß" sagte Grandier, der die listige Absicht merkte. Höchst erbittert über diesen Spott, drangen nun die Mönche wüthend mit einem eisernen Crucifix auf ihn ein, und unter dem Vorwand, es ihn küssen zu lassen, stiessen sie ihn damit ins Gesicht.

Grandier konnte nun wohl einsehen, daß man ihn nicht zum sprechen kommen lassen wollte, und daß ihm wiederholte Versuche nur neue Leiden zuziehen würden. Er bat also nur die Umstehen-

Stehenden um ein Ave Maria und nahm selbst seine Zuflucht wieder zum Gebet. Mit gen Himmel gerichteten Augen empfahl er sich Gott, und der heiligen Jungfrau. Die Exorcisten waren aber noch nicht müde ihn zu beunruhigen, sie drangen immer aufs neue in ihn, und fragten: ob er noch nicht in sich gehen, und sein Verbrechen bekennen wolle? „Ich habe alles gesagt, meine ehrwürdigen Väter," antwortete er, „ich habe alles gesagt, und vertraue nun auf Gott und seine Barmherzigkeit."

Um das zweite Versprechen zu vereiteln, hatte man den Strick, der an dem Pfahl angebracht war, um ihn damit zu erdrosseln, so in einander verknüpft, daß er zu dieser Bestimmung viel zu kurz war. Die Büttel konnten also den Auftrag, den Malefikanten zuerst zu erdrosseln, nicht vollziehen, und mußten endlich Anstalten machen, den Scheiterhaufen anzuzünden.

„Ist es das, was man mir versprochen hat?" schrie der Unglückliche dreimal, griff alsdann selbst nach dem Stricke, und wollte ihn sich um den Hals legen. Da der Pater Laktantius diese Bewegung sah, nahm er sogleich einen

einen brennenden Strohwisch und fuhr ihm damit vor das Gesicht. „Willst du noch nicht in dich gehen, unglücklicher Sünder," schrie er, „und dem Teufel entsagen? Es ist die höchste Zeit; du hast nur noch einen Augenblick zu leben! — Ich kenne den Teufel nicht, antwortete Grandier, ich entsage ihm und allem seinem Wesen, und bitte Gott daß er mir Barmherzigkeit widerfahren lasse. —

Der rasende Mönch vergaß in dem Augenblick alle Rücksichten; ohne den Befehl des Lieutenants abzuwarten, im Angesicht der ungeheuren Menge von Zuschauern, übernahm er selbst das Amt des Henkers, und zündete den Scheiterhaufen an. „Ach Pater Laktantius, Pater Laktantius! sagte Grandier mit bewundernswürdiger Fassung zu ihm, „wo bleibt die Liebe? Das hatte man mir nicht versprochen, es ist ein Gott im Himmel, der Dich und mich richten wird; ich lade dich hiermit, binnen einem Monat vor ihm zu erscheinen." Mit aufgehobenen Händen sprach er darauf die Worte: Mi Deus, ad te vigilo, miserere mei, Deus (ich wache zu Dir, mein Gott, erbarme me Dich meiner, Allgütiger)! — Die Exorcisten wollten nicht, daß die Zuschauer seine letzten Worte hören sollten, und sprützten ihm also alles noch übrige Weihwasser ins Gesicht. Das Volk schrie den Henkern zu, sie sollten ihn erdrösseln, allein der Strick war unbrauchbar gemacht, es war nicht möglich; die Flamme nahm überhand, sie ergriff den Märtyrer, er fiel herab, und wurde lebendig verbrannt.

Wir verlassen den schauervollen, alles menschliche Gefühl empörenden Anblick, und eilen nun mit unsrer Erzählung zum Beschluß einer Intricke, die eben so sehr durch die Abgeschmacktheit ihrer Mittel, als durch die Abscheulichkeit ihres Zwecks ein trauriges Schandmal der Menschheit ist.

So war also die Hauptkatastrophe des blutigen Schauspiels von den Verbündeten glücklich durchgeführt. Sie hatten ihre Absicht erreicht; es kam also nun nur darauf an, das Stück mit guter Art zu schliessen. Die Beschwörungen nun gleich aufgeben, die Teufel von selbst verschwinden lassen, hieße seinen ganzen Plan verrathen, Grandiers Tod als den Zweck des ganzen Schauspiels zeigen. Die Wirkungen der bösen Geister mußten also noch fortdauern, und die Exorcisten ihre Beschwörungen fortsetzen, um das Publikum den Betrug nicht ahnen zu lassen.

Außer diesem Hauptgrund aber zeigten sich auch noch andere wichtige Rücksichten, die eine Fortsetzung der geistlichen Possenspiele anriethen. Nunmehr fing Mignons Prophezeihung erst an in Erfüllung zu gehen. Freiwillige und erbettelte Almosen für die armen Besessenen strömten von allen Seiten herbei. Einheimische und fremde Christen fühlten die Pflicht zu Befreiung der unglücklichen Nonnen ihr Scherflein beizutragen. Andächtige oder auch bloß neugierige Zuschauer, welche die Wunder gesehen hatten, machten dem Ursulinerkloster Geschencke zum Zeichen ihrer Ehrerbietung, oder ihrer Dankbarkeit. Mit einem Wort, es war nie eine Weissagung genauer erfüllt worden, als die, welche der Prophet Mignon der Mutter Oberin zuvor gethan hatte, nun in Erfüllung gieng. Das Kloster wurde auf einmal reich, und hatte durch den Satan, was einst die Wittwe des Propheten an ihrem Oelkruge hatte, eine unversiegbare Quelle des gewinnvollsten Erwerbs. Zum Unterhalt der Exorcisten und zu den Beschwörungsunkosten hatte der König jährlich

lich 4000 Livres ausgesetzt. Beide Theile hatten also einen gleich wichtigen Grund, jene: Besessen zu bleiben, diese: an ihrer Befreiung fort zu arbeiten.

Es folgte also nun noch eine ganze lange Reihe von solchen Beschwörungsszenen, ganz im Geist und Geschmack derjenigen, die wir schon erzählt haben, und auch nur diesen an Ungereimtheit und Lächerlichkeit gleich. Wir würden es vor uns selbst und vor unsern Lesern nicht verantworten können, wenn wir alle die Geschichten nach dem Tagebuche der Beschwörungen aufzählen wollten. Es wird hinreichend sein, noch einige Auftritte zu beschreiben, die sich besonders durch ihre Abgeschmacktheit oder durch ihre Wirkung auf die Zuschauer ausgezeichnet haben.

Das erste, was nur wenige Tage nach Grandiers Hinrichtung geschah, war, daß einer von den Teufeln eine Abschrift von dem Vertrag auslieferte, den Grandier mit dem Teufel errichtet hatte. Eine Urkunde von so seltsamer Art müssen wir unsern Lesern ausführlich mittheilen. Folgendes ist ihr ganzer Inhalt:

„Mein Herr und Meister Luzifer! Ich erken-
„ne Dich für meinen Gott, und verspreche Dir,
„so lange ich lebe, zu dienen. Ich entsage

„Gott, Jesu Christo, und allen Heiligen, der
„römisch apostolischen Kirche, und allen ihren
„Sakramenten, dem Gebet und allen Fürbitten
„für mich; und verspreche Dir, soviel mir mög=
„lich ist, Böses zu thun, und, wen ich nur
„immer kann, zum Bösen zu verführen. Ich
„thue Verzicht auf alle Verdienste Christi, und
„seiner Heiligen, und übergebe ganz mein Leben
„Deiner Willkühr, im Fall ich unterlassen soll=
„te, Dir zu dienen, Dich anzubeten, und Dir
„täglich dreimal zu opfern." **Das Original
„ist in der Hölle in einem Winkel der
„Erde, in Luzifers Kabinet, unter=
„schrieben mit des Zauberers Blute
„ꝛc. ꝛc.**

Die Exorcisten liessen diesen Vertrag drucken,
und öffentlich anschlagen, um jedermann zu
überzeugen, daß die Bezauberung der Nonnen
gegründet sei. — Wißbegierige Leute freuten
sich sehr über die neuen Aufschlüsse, die sie aus
dieser Schrift schöpfen konnten. Daß die höll=
schen Geister in der Hölle bequeme Wohnungen,
und sogar eigne Kabinete zur Bewahrung ihrer
Urkunden haben; daß eine Verbindung dieser
geistigen Wesen mit den Menschen durch Schrif=
ten statt finde, war ihnen bisher ganz unbe=

kannt

kannt gewesen. Sie hofften nun auch noch zu erfahren, auf welchem Wege man die Verbindlichkeit dieser Verträge geltend machen könne, und wo der Gerichtshof sei, an den man sich wegen vorkommender streitiger Umstände zu wenden habe. Aber sie fanden auch, daß ein solcher Vertrag, in welchem Grandier sich ganz dem Teufel übergab, in seine ewige Verdammniß einwilligte, und allem, was ihn dagegen hätte bewahren können, entsagte, ohne sich den geringsten Vortheil dagegen auszumachen, offenbar Mangel an gesundem Verstande beweise; und wenn die Teufel, setzten sie hinzu, die Form unsrer Verträge annehmen, so müßen sie auch die Grundsätze derselben, und folglich auch den Satz gelten laßen: daß ein Vertrag, welcher ohne Anführung erheblicher Ursachen nur den Einen Theil verbindet, ungültig ist. —

Indeß geschah eine Begebenheit, welche allgemeine Aufmerksamkeit erregte und einen gewißen Theil des Publikums sehr in Furcht sezte. Grandier hatte auf dem Richtplatz den Pater Laktantius binnen einem Monat vor den Richterstuhl Gottes gefordert. Schrecken und Angst, vereint mit allen den schrecklichen Martern eines beschwerten Gewißens, verfolgte jezt den Pater

Tag und Nacht. Wachend und im Traume sah er das Bild des Ermordeten, der ihn zu rufen schien. Unruhe und Furcht ergriffen ihn mit Gewalt, und er starb wirklich am 18 September unter den entsetzlichsten Schmerzen, mit allen Zeichen der Verzweiflung. — Die Wirkungen dieses Vorfalls waren verschieden. Die Vernünftigern sahen darin mit Bewunderung die Heiligkeit unseres innern Richters, der die Verletzung seiner Gebote so unerbittlich straft. Diejenigen, welche den Tod des Laktantius für eine unmittelbare nothwendige Folge von Grandiers Vorladung hielten, kreuzigten und segneten sich zwar vor der schrecklichen Erscheinung, aber sie war ihnen ein Triumph gegen die Zweifler, welche bisher ihren Aberglauben verspottet hatten. Diejenigen aber, welche sich mit ihm in gleicher Verdammniß wußten, geriethen über dieses Beispiel von der Strafgerechtigkeit Gottes in große Gewissensangst. — Demunerachtet erweckte auch selbst dieser Vorfall nicht allgemeinen Verdacht gegen die Besessenen und hinderte keineswegs die Fortsetzung der Beschwörungen, welche noch immer viele neugierige Zuschauer herbei zogen.

Am

Am 9 Mai 1635 kam Monsieur, des Königs Bruder, nach Loudûn und war selbst Zeuge von einigen merkwürdigen Auftritten. — Die Schwester Agnes, die von Asmodi besessen war, wurde in seiner Gegenwart zuerst beschworen. Der Teufel griff sie hart an. Er schüttelte sie vor und rükwärts, sie bewegte sich wie ein Hammer, aber mit solcher Geschwindigkeit, daß ihr die Zähne klapperten, und ihr Schlund ein gewaltsames Getöse von sich gab. Ihr Gesicht wurde gräßlich entstellt, die Zunge hieng zum Halse heraus, lang' und ungewöhnlich dick, braun und so ausgetrocknet, daß sie ganz haarig zu sein schien. Doch biß sie nicht mit den Zähnen darauf, und das Odemholen blieb immer natürlich. Da ihr darauf der Exorcist befahl vor dem heil. Sakrament niederzufallen, machte sie die Verbeugung so, daß sie zu gleicher Zeit einen Fuß hinten über den Kopf bis auf die Stirne brachte, so daß die Fußspitze beinahe die Nase berührte. — Nach vielen andern Verzerrungen dieser Art kam sie endlich wieder zu sich, und versicherte den Prinzen, daß sie sich noch einiger Dinge errinnere, die vorgegangen seien, und daß sie ihre eignen Antworten

ten so gehört habe, als ob sie von einer andern Person ausgesprochen würden.

Am folgenden Tag kam die Reihe an Elisabeth Blanchard, dem Prinzen ein Schauspiel zu geben. Der Exorcist reichte ihr das Abendmahl; allein der Teufel, der den Leib des Herrn entheiligen wollte, hinderte sie, die Hostie zu verschlucken. Der Exorcist gebot ihr, keinen Speichel an die Hostie zu bringen. Sie wurde darauf wie eine Bogen zusammengekrümmt, so daß sie den Fußboden nur mit den Zehen und mit der Nasenspitze berührte. Jezt schien es, als wolle sie die Hostie auf die Erde fallen lassen; allein der Exorcist verhinderte diese Entweihung durch geschärfte Verbote. Als die Besessene sich wieder erhob, flatterte die Hostie zwischen ihren Lippen wie ein vom Winde bewegtes Baumblatt, und hieng bald an der einen, bald an der andern Lippe. — Beelzebub erhielt Befehl, sich im Gesicht der Besessenen zu zeigen. Sogleich sah man am Halse ein starkes Klopfen, er blähte sich ungewöhnlich auf, und wurde hart wie Holz. — Nachdem man verschiedene Teufel nach einander eben so hatte erscheinen lassen, kam die Reihe auch an Astaroth. Bei seiner Ankunft bemerkte man auf der linken Achsel der

Beses-

Besessenen eine dicke Geschwulst mit einem heftigen Pochen, das alle Anwesende und selbst den Arzt des Prinzen in Verwunderung sezte. Plözlich verließ Astaroth wieder diesen Ort und fuhr in das Gesicht der Besessenen. Durch den unvermutheten Angriff erschrekt, ließ sie die Hostie auf den Kelchdekel fallen. Der Exorcist berührte den Rand der Hostie mit dem Finger, um den Umstehenden zu zeigen, daß sie sich nicht anhänge, und also nicht durch Feuchtigkeit an den Lippen gehalten worden sei. Die Lippen selbst waren so ausgetroknet, daß sie sich schälten. Er trocknete hierauf die Zähne der Besessenen ab, und sezte die Hostie nur mit einem Punkt des Randes mitten an einen ihrer Oberzähne, so daß sie ganz senckrecht herabhieng, und die eine Hälfte im Munde die andere auser demselben war. So blieb die Hostie lange hängen, ungeachtet der gewaltsamsten Erschütterungen des Körpers, der schreklichsten Verzerrungen des Mundes, und selbst des heftigsten Windes unerachtet, den Astaroth erregte, um sie herabzuwerfen. Endlich befahl der Exorcist der Besessenen, die Hostie hinunter zu schluken, und bat alsdenn den Arzt des Prinzen, ihren Mund selbst zu untersuchen. Er fühlte
mit

mit dem Finger bis in den Schlund und fand nichts. Man gab ihr Wasser zu trinken, untersuchte ihren Mund noch einmal und fand wieder nichts. Nun erhielt Astaroth Befehl die Hostie wieder hervorzubringen; sogleich erschien sie auf der Zunge. Dieser Versuch wurde zweimal wiederholt.

Wir enthalten uns aller Anmerkungen bei Geschichten, die, so wundervoll sie auch dem Zuschauer in der damaligen Zeit vorkommen mochten, doch in der Folge so alltäglich zu werden anfiengen, daß sie eben darum aufhörten wundervoll zu sein. Eben so wenig wollen wir unsre Leser mit der Beschreibung einiger andrer Auftritte aufhalten, die am folgenden Tag in Gegenwart des Prinzen in der Ursulinerkirche geschahen. Genug der Prinz stellte ein Zeugniß aus, worin er versicherte: „Er habe zwei Tage „den Beschwörungen der Besessenen beigewohnt, „und dabei verschiedene alle natürliche Kräfte über„steigende Handlung und Bewegungen wahrgenom„men." Hier wird namentlich die ganze Abendmalsszene als der merkwürdigste Auftritt aufgeführt. „Um sich, fährt Monsieur fort, von „der Wahrheit des Besessenseins untrüglich zu „überzeugen, habe er mit dem Pater Tranquillus

„verab-

"verabredet, Zabulon, einer von den Teufeln der
"Schwester Klare, sollte ihrem Exorcisten, dem
"Pater Elisa, die rechte Hand küssen; der Pater
"habe dem Teufel den Befehl ertheilt, und er
"habe sogleich pünktlich gehorcht. Dies hat uns
"ganz gewiß überzeugt, setzt der Prinz hinzu,
"daß alles, was die Exorcisten von diesen Beses-
"senen vorgegeben haben, sich wirklich so ver-
"hält, um so mehr, da es ganz gegen alle
"Wahrscheinlichkeit ist, solche Erscheinungen und
"solche Entdekungen fremder Geheimnisse mensch-
"lichen Kräften zuzuschreiben." Dieses Zeugniß
war datirt vom 11 Mai 1635.

Der Prinz beschenkte vor seiner Abreise das
Ursulinerkloster sehr reichlich, und mit dieser
Epoche begann für die Nonnen eine neue Pe-
riode ihres Glanzes. Nicht nur die Kavaliere
in dem Gefolge des Prinzen, sondern auch eine
Menge reicher Leute aus allen Provinzen folgten dem erhabnen Beispiel. Von allen Seiten
strömten Geschenke für die Besessenen herbei,
und das Kloster befand sich bald im größten
Ueberfluß. Herr von Laubardemont — um für
das Wohl seiner Kreaturen nicht ganz unthätig
zu sein — verwendete für sie seinen Einfluß,
ihnen eine anständigere und bequemere Wohnung

zu

zu verschaffen. Ein schönes und geräumiges Kollegium, das die Reformirten in den Mauren von Loudun besaßen, wurde auf seine Veranstaltung von dem Conseil den Ursulinerinnen zugesprochen, und von diesen in Besiz genommen. Die reichen Geschenke, die sie erhalten hatten, sezten sie in den Stand, es noch zu verschönern, und neue Güter dazu zu kaufen, so daß in kurzem ihr Kloster eines der schönsten und reichsten des ganzen Ordens war.

Indeß war es nun Zeit, an die Befreiung der Oberin zu denken, die noch immer von vier Teufeln, Leviatan, Behemot, Balaam und Isaakarum, besessen war. Man richtete den Angriff zuerst auf Leviatan. Er hatte sich aber gut verschanzt und wehrte sich einige Monate lang. Endlich konnte er doch den vereinten Kräften der Exorcisten nicht länger widerstehen, und fuhr aus, da eben die Besessene vor den Füßen des Exorcisten mit dem Gesicht auf der Erde lag. Zum Zeichen seiner Auswanderung hinterließ er auf der Stirn der Nonne eine Wunde, in Form eines Kreuzes, die aber doch nicht tiefer, als durch die zwei ersten Häute gieng.

Nun

Nun kam die Reihe an Balsam. Die Exorcisten fanden ihn aber eben so wenig bereitwillig, ihren Beschwörungen zu gehorchen als den vorhergehenden. Ihre Bemühungen blieben alle fruchtloß, und nur der Pater Joseph, der um diese Zeit in Geheim nach Loudûn kam, und dessen unmittelbarem Schuze sich die Besessene übergab, konnte endlich den Teufel austreiben. Der heilige Joseph hatte ein Zeichen seines Auszugs verlangt; man fand also in der linken Hand der Oberin den Namen JOSEPH mit großen römischen Buchstaben eingegraben.

Die Kommissarien und der königliche Prokurator liessen alle diese wundervolle Erscheinungen sorgfältig aufzeichnen, und gaben einigen Wundärzten den Auftrag, die Schrift in der Hand der Oberin zu besichtigen. Diese waren aber so unwissend, es für eine Entzündung zu halten und zu gestehen, daß ihnen dies Produkt des Geistes verdächtig scheine, indem man durch Aezwasser oder andere Mittel ähnliche Erscheinungen leicht hervorbringen könne. Die Kommission unterdrükte aber diesen Bericht, und berief andre Wundärzte zur Besichtigung. Diese waren so vernünftig, auch zu sehen, was die Exorcisten und die Kommissarien gesehen hatten,

und

und stellten einen Bericht aus, in welchem sie
unter anderm sagten: „Mit dem Namen Joseph,
„den Balaam in die Hand der Oberin eingegra-
„ben habe, sei etwas sehr sonderbares gesche-
„hen. Vierzehn Tage lang habe man ihn sehr
„deutlich auf ihrer Hand gesehen; keine Entzün-
„dung und keine Eiterung habe sich daran gezeigt.
„Allein der Teufel Isaakarum habe sie, in sei-
„ner Wuth, so in die Hand gebissen, daß an
„der Stelle dieser Schrift eine entzündete Ge-
„schwulst entstanden sei, die sich mit einer Ei-
„terrinde überzogen und den Namen ganz un-
„sichtbar gemacht habe. Nach zehn oder zwölf
„Tagen aber, nachdem die Rinde getrocknet und
„abgefallen gewesen sei, habe man die nämli-
„chen Buchstaben wieder ganz deutlich erkannt,
„und der ganze Name habe sich wieder so schön
„als jemals gezeigt. Dies hätte aber bei dem
„natürlichen Gang einer Verwundung nicht ge-
„schehen können." Die Kommissarien fügten
in ihrem Protokoll noch eine Aussage von Behemot, den man auch über diesen Umstand
fragte, zur Bestätigung hinzu. „Nach den
„Gesetzen der natürlichen Wirkung" habe dieser
sagt, „hätten die Buchstaben nicht wieder
„Vorschein kommen können, aber Gott habe

„den Jsakarum gezwungen, den Namen, den „er durch seinen Biß vertilgt habe, wieder her„zustellen."

Von den sieben Teufeln, welche die Oberin besessen hatten, waren jezt nur noch zwei zurück. Diese schienen aber hartnäckiger als alle vorhergehende zu sein. Beide sezten die Exorcisten durch eine gleichförmige Erklärung in große Verlegenheit. Jsakarum wollte seine Beute nur in einer gewißen Kapelle zu Saumür verlassen, und Behemot versicherte, er werde sich an keinem andern Ort, als bei dem Grabe des heiligen Franziskus von Salles, zu Annecy in Savoyen, austreiben laßen. Die Reisen dahin waren lang und beschwerlich, und die Teufel hatten sich nicht etwa anheischig gemacht, die Besessenen oder die Exorcisten durch die Luft dahin zu führen. Man war also sehr bedenklich, die Befreiung der Oberin auszuführen, als auf einmal ein glüklicher Traum alle Schwierigkeiten hob. Der heilige Joseph erschien der Besessenen im Schlafe, und versicherte ihr, daß ihre Befreiung in Loudün selbst geschehen sollte. Es war natürlich, daß man der Versicherung des Heiligen mehr Gewicht beilegte, als der Erklärung des Teufels. Man ließ den Traum

auch

auch ins Protokoll aufzeichnen, und schritt nun mit neuer Zuversicht wieder zu den Beschwörungen.

Die Angriffe der Exorcisten vereinigten sich zuerst wider Isaakarum. Sie benutzten die Beschwörungen zugleich zu andern gottseligen Zwecken, und liessen den Teufel verschiedene lehrreiche und erbauliche Fragen beantworten. Sie fragten ihn z. B.: Welcher Weg für einen Verirrten der sicherste sei, zu Gott zurückzukehren? Welches die stärksten Bande seien, die den Menschen an das Irrdische fesseln? Was für Mittel die Hölle zur Verführung der Menschen anwende? u. s. w. — Endlich aber nöthigten sie den Teufel mit dem ganzen Nachdruk ihrer Macht, seinen Sitz zu verlassen. Er stieß die schrecklichsten Gotteslästerungen aus, die man nicht ohne Entsetzen lesen und noch weniger nachschreiben kann. Der Exorcist zwang ihn, alles zu widerrufen. Nachdem er diesem Befehl gehorcht hatte, schrie er plötzlich: „Nun muß ich fort!" Die Oberin machte ein schreckliches Geschrei und Geheul, und hob endlich ihren linken Arm empor. Man sah darin ganz deutlich den Namen MARIA geschrieben, zum Zeichen, daß der Teufel ausgefahren sei; denn dies hatte der Exorcist ihm auf-

aufgegeben zu hinterlassen. Alle Anwesende küßten die gezeichnete Hand mit vieler Andacht. — Zwei Zeugen versicherten, sie hätten einen Dunst aus der Hand schnell in die Höhe steigen gesehen.

Nun wurden die Beschwörungen gegen Behemot gerichtet, aber nicht mit gleichem Erfolg; er ließ sich noch nicht austreiben. Indeß wurden doch einige Wunder durch ihn verrichtet. Er versprach eines Tages, die Besessene in die Höhe zu heben, und so lange in der Luft schwebend zu erhalten, als man Zeit brauche, um ein Miserere zu beten. Allein die Nonne erhielt durch ihr Gebet und durch die Fürbitte des heiligen Joseph, daß anstatt dieses Wunders ein anderes an ihr vollzogen wurde. Behemot zeichnete ihr auch den Namen IESUS in die Hand.

Die Exorcisten gaben endlich Behemots Hartnäckigkeit nach. Es war zu fürchten, es möchte die Besessene zu heftig angreifen, wenn sie darauf bestehen wollten, die Vertreibung desselben mit Gewalt durchzusezen. Da ihre bisherigen Leiden schon um so viel vermindert waren, konnte man um so leichter noch einige Zeit auf ihre völlige Erlößung warten. Es boten sich auch leicht noch andre Gründe dar, warum man Behemot noch länger ruhig in seinem Besitz lassen wollte. Die schnelle Vertreibung der bösen Geister würde zwar allerdings zur Ehre der Kirche und zur Bestätigung ihres Ansehens gereicht haben. Allein die Beschwörungen selbst gereichten doch auch zur Erbauung andächtiger Christen, und man konnte hoffen, in der Folge noch manchen Ungläubigen dadurch zu bekehren, manche wichtige Entdeckung zu machen, und überhaupt manches Gute zu stiften. Die Exorcisten machten also nun die Beschwörungen seltner, und arbeiteten nicht mehr so geradezu auf die gänzliche Vertreibung der bösen Geister, sondern benutzten ihre Beschwörungen nur dazu, durch wundervolle Zeichen zum Wohl eines Christen oder zur Ehre Gottes und der Kirche etwas zu wirken.

So dauerten die Beschwörungen einige Jahre nach einander fort. Nach und nach wurde man so daran gewöhnt, daß man sie nur wie eine alltägliche Erscheinung betrachtete. Die weltlichen Besessenen giengen zu bestimmten Stunden ins Kloster, um sich beschwören zu lassen, wie man zur Comödie geht. Fragte sie jemand: ob sie noch besessen seien? so war die Antwort: O ja, Gott sei Dank! —

Al-

Alte Betschwestern waren zulezt beinah die einigen Zuschauer dabei, und bedauerten nur, daß sie nicht auch so hoch von Gott geliebt wären, besessen zu sein.

So genoß die ganze Gesellschaft der Besessenen und Exorcisten die Früchte ihrer überstandnen Gefahren und Leiden in ruhiger Zufriedenheit einige Jahre hindurch. Sie würden vielleicht noch länger im ruhigen Besiz ihres Glüks geblieben sein, wenn sie weniger sicher dabei gewesen wären, und gegen wißbegierige und wahrheitliebende Forscher mehr Vorsicht angewendet hätten. Allein sie bestanden mehrere Proben sehr schlecht, und wurden einigemal durch eine scharfsinnige Gegenlist über dem Betrug entdekt.

Aus Begierde, die Besessenen selbst zu sehen, kam einst der Graf von Lüde nach Loudun. Er untersuchte die Verdrehungen und Verzuckungen der Besessenen sehr aufmerksam, und schien von der Aechtheit dieser Wirkungen der bösen Geister ganz überzeugt zu sein. Der glaubige Graf unterließ nicht, die Exorcisten in ihrer Meinung von seinem Glauben zu bestärken. Er entdekte ihnen, daß eine Hauptabsicht seiner Reise sei, sich wegen einem kostbaren Schaz, den er von seinen Vorfahren geerbt ha-

be,

be, genauer zu unterrichten. Zugleich zeigte er eine Büchse mit Reliquien vor; „sie sollen ganz ächt sein, sagte er, aber meine Verehrung für sie würde noch größer werden, wenn ihre Aechtheit durch die Besessenen bestätigt würde; ohne Zweifel würden sie dem Teufel große Quaalen verursachen, wenn man sie ihm nahe brächte, und man würde dies an den Bewegungen der Besessenen leicht erkennen." Die Exorcisten versicherten, daß er wirklich keine zuverläßigere Probe damit anstellen könne, nahmen sogleich die Büchse aus seiner Hand, und setzten sie auf den Leib der Oberin. Sie gaben ihr dabei ein Zeichen, das diese wohl verstand, das aber auch dem Grafen nicht entgieng. Die Besessene erhob ein fürchterliches Geschrei, und machte die entsetzlichsten Verdrehungen mit ihrem Körper; sie geberdete sich, wie wenn ein unsichtbares Feuer sie verzehrte. Mitten im heftigsten Anfall nahm man die Büchse weg, und weg war auch der Anfall, augenblicklich war die Nonne wieder so ruhig als vorher, ehe man die Reliquien an sie gebracht hatte. „Gnädiger Herr, sagte der Exorcist zu dem Grafen, indem er ihm die Büchse zurück gab, ich zweifle nicht, daß Sie nun von der Aechtheit ihrer
Reli-

Reliquien vollkommen überzeugt
sind." — So vollkommen, erwiederte
dieser, als von der Aechtheit dieser
Bezauberungen. Der Exorcist und die
Zuschauer bezeugten eine große Begierde, diese kostbaren Reliquien zu sehen. Der Graf konnte ihrem frommen Verlangen nicht widerstehen,
die Büchse wurde geöffnet, und die Zuschauer
erstaunten — Federn und Haare zu sehen. „Ach!
Gnädiger Herr, sagte der Exorcist, warum haben Sie uns so hintergangen?
— Ach! mein ehrwürdiger Pater,
antwortete dieser, warum hintergehen
Sie Gott und die ganze Welt?

Auch die Herzogin von Aiguillon machte einst eine Reise nach Loudún, um die Wunder der Besessenen zu sehen. In ihrem Gefolge
war Fräulein Rambouillet, nachherige Herzogin
von Montauzier, der Marquis von Brezé, der
Marquis von Faure mit seinem Hofmeister,
Cerisantes, einem Sohn des Arzts Dunkan,
ein Abbé und ein Almosenier. Die beiden letztern waren über die Aechtheit der Bezauberungen verschiedener Meinung und stritten sich beständig darüber miteinander. Der Almosenier
vertheidigte sie, der Abbé erklärte sie für Be-

trügerei. Jener führte für seine Meinung den Umstand an, daß die Besessenen oft Menschen aus den entferntesten Gegenden, von denen sie niemals auch nur ein Wort gehört hatten, Vergehen vorhalten konnten, die diese wirklich begangen hatten. „Machen sie aber, versezte der Abbé, solche Entdeckungen bei allen Fremden ohne Unterschied? Wagen sie es auch bei solchen, welche die bloße Neugierde hergezogen hat, denen man es ansehen kann, daß sie ihre Vernunft nicht dem Glauben unterwerfen? Vor solchen nehmen sie sich wol in Acht. Aber sie haben eine andre Klasse von Reisenden, an denen sie ihre Kunst versuchen, solche nämlich, die schon mit einem festen Glauben an die Wahrheit des Besessenseins ausgehen, und bloß begierig sind, auch ein Zeichen von diesen übernatürlichen Wirkungen zu sehen. Bei ihrer Ankunft wenden sie sich an einen der Exorcisten, dem sie es sehr leicht machen, im Innersten ihres leichtgläubigen Herzens zu lesen und ihre Gesinnungen zu erforschen. Dieser empfielt ihnen vor allen Dingen eine würdige Vorbereitung durch Gebet und Buße, um ihr Gewissen ganz zu reinigen, bevor sie es wagen dürften, ein solches Wunder mit anzusehen. Die andächtigen Reisenden glauben durch ihre Beichte sich um so würdiger zu machen, wenn sie einen von den Exorcisten zum Beichtvater wählen, und dieser wird dadurch in den Stand gesezt, das übrige leicht auszuführen. Er legt dem Beichtenden auf, an einem gewißen Tag, zu einer bestimmten Stunde, in eine Kirche zu gehen, wo eben Beschwörungen vorgenommen werden, und daselbst vor einem gewißen Bilde niederzufallen und ein Gebet, das er ihm vorschreibt, herzusagen. Man weiß es alsdenn so einzurichten, daß zur nämlichen Zeit eine von den Besessenen in der Kirche erscheint. Sobald sie den Fremden erblikt, schreit sie sogleich: Seht, da ist N. aus N. und betet — und nun sagt sie sogar auch das Gebet her, das er gesprochen hat. Erstaunt über eine so wundervolle Erscheinung, hält er die Erklärung wirklich für das Werk eines Geistes, und glaubt also ganz unerschütterlich, daß die Herzenskündigerin besessen sei. Scheint er aber noch nicht ganz glaubig zu sein, so wirft ihm die Besessene einige seiner geheimsten Sünden vor, und zerstreut dadurch auch noch seinen lezten Zweifel, denn ein Andächtiger dieser Art wird immer leichter an eine wirckliche Offenbarung des Teufels glauben, als dem Beichtvater einen solchen Mißbrauch seiner Beichte zutrauen."

Die Herzogin von Aiguillon, welche selbst auch Antheil an diesem Streite ihrer Reisegefärthen nahm, gestand, daß die Bemerkungen des Abbé ihr sehr gegründet scheinen; allein es seien noch zwei andere Umstände, die ihren Glauben an die Besessenen fest hielten, die Inschriften nämlich in der Hand der Oberin, und das übermäßige Gewicht der Besessenen, welche der stärkste Mann nicht von der Erde aufheben könne. Beide Schwierigkeiten versprach Cerisantes aufzulößen. Am andern Tag zeigte er der ganzen Gesellschaft einen Namen in seiner Hand, der mit eben so schönen, glänzend rothen Buchstaben gezeichnet war, als die Wundermale der Oberin. Alsdann legte er sich in derselben Lage, welche die Besessenen zu nehmen pflegten, auf die Erde nieder und ließ es nun einige versuchen, ihn aufzuheben. Sie faßten ihn recht in der Mitte des Leibes, weil sie so an meisten Gewalt über ihn zu haben glaubten; allein sie fanden ihn eben so schwer, als jene; ihn aufzuheben, eben so unmöglich. Darauf gab er ihnen den Rath, ihn hinten am Kopfe anzufassen, und nun war niemand in der ganzen

Gesellschaft, der ihn nicht ganz leicht in die Höhe heben konnte.

So vorbereitet kam die Reisegesellschaft zu Loudûn an. Man zeigte und erzählte ihnen alle die Wunder, welche schon mit den Besessenen vorgefallen waren, und führte sie endlich auch zu den Beschwörungen. Sie sahen die gewöhnlichen Anfälle der Nonnen, mit den gewöhnlichen Verzuckungen und Grimassen begleitet. Einige derselben nahmen die bekannte Lage, um sich schwer zu machen, und der Exorcist bat Fräulein Rambouillet, die ihm die neugierigste unter der Gesellschaft geschienen hatte, eine von den Besessenen aufzuheben, er vergaß aber nicht, sie zu belehren, daß man sie mitten um dem Leib fassen müße. Allein Fräulein Rambouillet kehrte sich an seine Vorschrift nicht, sondern faßte die Besessene am Kopf, und hob sie mit einer Leichtigkeit auf, welche die ganze Versammlung in Erstaunen sezte. Exorcisten und Besessene waren in großer Verlegenheit über diesen unangenehmen Vorfall. Allein mehrere Kränkungen dieser Art hatten sie entweder schon abgehärtet gegen alle Schaam, oder ihr Eigennuz, der dabei mit im Spiel war, wirckte mächtiger als ihre Ehrliebe. Sie sezten ihre Gaukeleien

keleien noch immer fort, und zogen sich von Zeit zu Zeit neue Beschimpfungen dadurch zu.

So kam z. B. einst der Herzog von Trimouille mit seiner Gemalin nach Loudün, um die berühmten Nonnen zu sehen. Die Herzogin wollte sich durch einen eignen Versuch überzeugen, daß die Besessenen wirklich die Gedanken anderer errathen können. Sie wählte aber nicht, wie es der Prinz gethan hatte, einem von den Exorcisten, um ihm den Gedanken zu vertrauen, den sie der Nonne zu rathen aufgeben wollte, sondern sie sagte ihn dem Almosenier ihres Gemals, und ließ, um ganz sicher zu sein, diesen nicht von ihrer Seite gehen. Drei volle Stunden brachte der Exorcist mit Beschwörungen zu, um das Geheimniß von der Besessenen zu erfahren. Er befahl, er bat, drohte — umsonst! der Teufel wollte nicht sprechen, und er sah sich endlich genöthigt, mit der Entschuldigung, daß der Teufel heute halsstarrig sei, die Gesellschaft zu entlassen.

Eben so hartnäckig bezeugte sich der Teufel auch gegen zwei Parlamentsräthe, die den Gedanken, welchen sie ihm zu entdecken geben wollten, sich selbst wechselseitig anvertrauten. Die Besessene blieb stumm, und der Exorcist erhielte

mit

mit großer Zuversichtlichkeit: „die Ursache dieses Stillschweigens sei ein besonderer Bund, den der Teufel mit dem Zauberer gemacht habe."

Die Exorcisten hatten Mühe, den nachtheiligen Eindruk zu verhindern, den mehrere solche bedenkliche Auftritte auf das ganze Publikum machen mußten. Auch die Glaubigsten konnten kaum blind genug sein, den handgreiflichen Betrug selbst in solchen Entdeckungen nicht zu sehen. Indeß gelang es doch der Verschlagenheit der Mönche und dem unüberwindlichen Zutrauen, mit dem der größere Theil des Publikums sie beehrte, den Glauben an die Bezauberung noch zu erhalten. Sie wußten theils die Blößen, welche sie gegeben hatten, schlau zu verbergen, und die öffentliche Bekanntmachung zu verhindern, theils war es ihnen nicht schwer, den glaubigen Theil ihrer Anhänger durch listige Wendungen und durch Gründe, die aus ihrer Religion selbst hergenommen waren, zu überzeugen, daß ein so scheinbarer Betrug die Mitwirkung eines bösen Geistes nur um so unverkennbarer beweise. Nach und nach erfolgten aber auch andere Auftritte, welche die Gefahr der Entdeckung noch größer machten, und welche selbst die Exorcisten in Furcht sezten. Die beiden Schwestern, Klare und Agnes, fiengen
an,

an, ihre Erklärungen, welche sie schon vor Grandiers Hinrichtung gethan hatten, öffentlich zu wiederholen.

Die Schwester Agnes wurde eines Tages in Gegenwart eines Arztes von Chateaugontier exorcisirt. Der Arzt legte ihr verschiedene Fragen griechisch vor; sie gestand aber ganz aufrichtig: „sie verstehe die Sprache nicht und habe sie nie gelernt." Der Exorcist war aufgebracht über diese ganz zur Unzeit verschwendete Offenherzigkeit, und gab der Nonne einen scharfen Verweis. Er behandelte sie dabei nicht wie eine Besessene, die bei allen ihren Reden und Handlungen bloß den Einwirkungen des Satans folgt, sondern wie eine Schülerin, die ihre Lektion nicht recht hersagen kann. Gekränkt durch diese ungerechte Behandlung, schrie sie auf einmal ganz laut: „ich bin keine Besessene, lange genug hat man mich heimlich gemartert, um mich zu den lästigen Rollen zu zwingen, die ich öffentlich bisher gespielt habe; hätte mir Gott nicht beigestanden, ich wäre längst verzweifelt; ich bin das unglücklichste Geschöpf unter den Händen dieser Menschen." Ein Strom von

von Thränen folgte auf diesen Ausbruch des höchsten Unwillens über die unmenschlichste Mißhandlung. Ihr unglücklicher Zustand erregte das Mitleiden aller, die vernünftig genug waren, ihre Erklärung nicht für eine List des Teufels zu halten.

An einem andern Tage sollte der Teufel der Schwester Klare mit einem Schwefelfaden ausgeräuchert werden. Der Exorcist war aber so ungeschikt, die Nonne damit zu brennen. Durch die schmerzliche Empfindung zum Unwillen gereizt, sprang sie auf, riß sich aus den Händen des Exorcisten los, und brach in laute Klagen über ihren Zustand und über die tyrannische Behandlung ihrer Vorgesezten aus, die sie mit Gewalt zwängen, die Rolle einer Besessenen zu spielen. Sie bat Gott inbrünstig, sie aus dieser unglücklichen Lage zu erlösen. — Der Exorcist hatte noch Besonnenheit genug, um seinen Zuschauern den Vorfall richtig zu erklären. „Der Teufel, welcher diese Nonne besizt, sagte er, beweist hier eine ausserordentliche Listigkeit; aber der Gott, den er angerufen hat, ist kein anderer, als Luzifer." — Das ist eine schändliche Unwahrheit, erwiederte sie, ich rufe den wahren Gott an,

den

den Schöpfer des Himmels und der Erde — und, indem sie dies sagte, lief sie aus der Kirche, und versicherte, sie würde nie wieder einen Fuß hineinsetzen. Eine Dame von Stande, die mit ihr verwandt war, folgte ihr nach, und führte sie in das Kloster zurük. Sie ließ sich aber nie bewegen, wieder bei den Beschwörungen zu erscheinen.

Mehrere von den Besessenen, welche, längst von ähnlichen Vorwürfen ihres Gewissens gepeinigt, nur durch Furcht zurückgehalten worden waren, legten nun öffentlich, durch diese Beispiele ermuntert, ähnliche Bekenntnisse ab. „Unsre Exorcisten, sagten sie, sind gottlose Leute, Heuchler, Betrüger, schlimmer, als der Teufel selbst. Sie haben uns gezwungen, einen Unschuldigen anzuklagen, und Schuld an seinem Tode zu werden. Wir bitten die Obrigkeit und alle Anwesende auf unsre Erklärung Rücksicht zu nehmen."

Die Exorcisten benutzten zwar alle die Ausflüchte jezt wieder, mit welchen sie beim erstenmal diesen Anfällen begegnet hatten. Sie erklärten diese Anklagen der Besessenen für einen

Kunst-

Kunstgriff des Teufels, der babei keine andre
Absicht habe, als sie, die er als seine Widersacher hasse und als seine Peiniger fürchte, zum
Opfer seiner Rachsucht und seines Zorns zu machen, und sie durch falsche Beschuldigungen in
die Hände ihrer Feinde zu liefern. Indeß mochten sie wol selbst fühlen, daß diese Gründe zu
schwach seien, um sie noch lange beschirmen zu
können. Sie hielten es also für rathsamer,
selbst Anstalten zur Beendigung des Schauspiels
zu treffen.

Der erste Schritt, den sie dazu thaten, war
die Austreibung Behemots, des lezten von
den sieben Teufeln der Oberin. Er bestand
aber auf seiner ehemaligen Erklärung, daß er nir-
gend anders als bei dem Grabe des heil. Franziskus von Salles seinen Siz verlassen werde.
Endlich willigte er doch in einen Vergleich. Der
Exorcist und die Besessene thaten ein Gelübde,
die Reise nach der Befreiung der Oberin zu machen. Damit war er zufrieden, und fuhr aus,
am 15 Oktober 1637. Zum Zeichen seiner Auswanderung hinterließ er in ihrer Hand den Namen des heil. Franziskus. — Die Reise zu
dem Grabe des Heiligen wurde angestellt, und
die

die Oberin soll auf diesem Wege noch viele Wunder verrichtet haben. -

Ein neuer Grund, das Ende der Beschwörungen zu beschleunigen, war der Tod des Pater Tranquillus. In ihm verloren nicht nur die Besessenen den berühmtesten unter den damals noch lebenden Exorcisten, sondern sein Tod selbst verbreitete neuen Schrecken und Gewissensangst unter den Beschworenen und Beschwörenden. Die fürchterlichsten Schmerzen folterten ihn in seinen lezten Stunden, und preßten ihm ein erschütterndes Angstgeschrei aus, das alle Nachbarn des Klosters hörten. Die schrecklichen Umstände seines Todes wurden in der ganzen Stadt so allgemein bekannt, daß man sie weder läugnen noch bemänteln konnte. Um den nachtheiligen Gerüchten zu begegnen, welche aus diesen Erzählungen entstanden, liessen die Kapuziner selbst eine Geschichte von den lezten Stunden des Pater Tranquillus drucken. Sie gestanden darin die Umstände, die man von seinem Tode erzählte, seine Schmerzen, seine Verzweiflung, die Gotteslästerungen, die er noch im Todeskampfe ausgestoßen hatte. Aber sie erklärten dies alles aus dem sehr natürlichen Umstand, daß eine Truppe von Teufeln, aus

aus Haß gegen einen ihrer mächtigsten Feinde, ihn angefallen haben, um ihn zu tödten. Dieser abscheuliche Vorsaz sei ihnen endlich auch geglükt, aber seine Seele sei ihnen glüklich entgangen. Es liessen sie ihm auch folgende Grabschrift sezen: „Hier ruht Pater Tranquillus von Sankt Remy, ein unermüdeter Streiter wider das Höllische Reich, als Exorcist ein muthiger Bekämpfer der bösen Geister. Erbos't über die Gewalt seiner Angriffe, überfielen ihn die Teufel und tödteten ihn auf Befehl der Zauberer, den lezten Mai 1738."

Kurz darauf erfolgte der lezte Schlag, der das ganze Spiel auf einmal endigte. Die 4000 Livres, welche der König zu den Beschwörungskosten jährlich angewiesen hatte, wurden eingezogen, und damit den Beschwörungen zugleich der einige Reiz, den sie bisher noch gehabt hatten, entzogen. Grandiers Feinde hatten ihre Rache durch seine Aufopferung abgekühlt, die Exorcisten ihre Zwecke erreicht; die Neugierde der Zuschauer und zugleich ihre Mildthätigkeit waren verschwunden; die vornehmsten Helden, Laktantius und Tranquillus, schon vom Schauplaz getreten; von allen Seiten nichts weiter dabei zu gewinnen — alles zu verlieren. (Die Gefahr täglich größer), die Herzogin von Aiguillon hatte von ihrer Reise nach Loudün bei Hofe erzählt und gezeigt, daß die Betrügereien zu grob wären, um den Glauben eines vernünftigen Menschen zu verdienen. Es war zu fürchten, daß das Andenken an den Tod des Unschuldigen, der durch diese nichtswürdige Betrügerei auf den Scheiterhaufen gebracht worden war, mit einem erschrecklichen Gefolge erwachen und die Gemüther des Volks aufs neue erbittern möchte, wenn nicht der Hauptumstand seiner Anklage wenigstens räthselhaft bliebe. Mignon selbst war herzlich froh, das Ende einer Intrike zu sehen, bei der nichts weiter zu gewinnen war, und die bei einem kleinen Wechsel der Regierung oder einer leichten Aenderung der Umstände, ihm selbst noch hätte sehr gefährlich werden können. Müde von Arbeit und Leiden aller Art, von Schmerz und von Furcht wechselsweise gequält, hatten die Nonnen schon lange nach Erlösung geseufzt; ihr Glük war gemacht; sie hatten keinen sehnlichern Wunsch, als jezt dasselbe in Ruhe zu geniessen. — Gründe genug, um eilig das Schauspiel zu enden.

Man

Man brachte die Besessenen zuerst seltener, und endlich gar nicht mehr öffentlich in Vorschein, und hob die Beschwörungen ganz auf, unter dem Vorwand, sie nur noch im Kloster fortzusetzen.

Die Betrügereien, welche Barre mit seinen Besessenen zu Chinon trieb, wurden endlich entdeckt. Allein es waren verschiedene vornehme Personen dabei interessirt, die Sache ward also nur in der Stille beigelegt. Barre verlor demuneracbtet seine Pfarre und Pfründe, und wurde nach Mans verwiesen, wo er sich auf seine übrigen Tage in ein Kloster verbarg. Seine Besessenen wurden auf Lebenszeit zwischen vier Mauern eingesperrt.

Der Streit
zweier Mütter um ein Kind
oder
Rechtshandel des Grafen
von
Saint Geran.

Zweimal hatte der Marschall von Saint Geran, aus dem Hause Guiche, sich vermählt. Anne von Tournon, seine erste Gemahlin, gab ihm einen Sohn, Claudius von Guiche, und eine Tochter, welche nachher die Gemahlin des Marquis von Bouillé und Mutter einer Tochter wurde, welche in der Folge den Grafen von Lüde heirathete. Susanne von Epaules, seine zweite Gemahlin, war eine Wittwe, die vorher mit dem Grafen von Longaunay verheirathet gewesen war, und von diesem eine Tochter Susanne von Longaunay in die zweite Ehe mitbrachte.

te. Die Frucht dieser zweiten Vermählung war auch eine Tochter, welche nachher die Gemahlin des Herzogs von Ventadour wurde.

Der Marschall und seine neue Gemahlin beschlossen, durch eine Verbindung ihrer zusammengebrachten Kinder sich selbst noch enger zu vereinigen. Claudius von Guiche, in einem Alter von ungefähr achtzehn Jahren, wurde also mit der Gräfin von Longaunay vermählt, welche damal etwa dreizehn Jahre zählte. Am 17 Februar 1619 wurde zu Rouen die Ehe geschlossen; weil aber der Graf noch so jung war, so schlug man ihm eine Reise nach Italien vor, von der er erst nach zwei Jahren zurückkehrte.

Das Vergnügen, Enkel und künftige Stammhalter seines Hauses zu sehen, erlebte der Marschall von Saint Geran nicht. Er starb den 30. December 1632. Der Graf von Guiche, sein Sohn, folgte ihm in dem Gouvernement von Bourbonnois, wurde Ritter des königlichen Ordens, und führte nun den Titel eines Grafen von Saint Geran.

Zwanzig Jahre schon hatte der Graf in der Ehe gelebt, ohne einen Nachkommen zu sehen. Seine Gemahlin war schon gegen fünf und dreißig Jahr alt, und die Hoffnung einen Erben von ihr zu erhalten, wurde täglich kleiner. Die Bekümmerniß des Grafen nahm zu mit der Abnahme seiner Hoffnungen, und hatte ihn schon ziemlich muthloß gemacht, als auf einmal ihm die längst ersehnte Aussicht sich öffnete. Die Gräfin machte im November 1640 eine Reise von Moulins nach Paris, und war kaum dort angelangt, als sie alle gewöhnlichen Anzeigen der Schwangerschaft zu empfinden glaubte. Das Gerücht von dieser merkwürdigen Neuigkeit verbreitete sich bald überall; die ganze Familie, alle Freunde des Grafen und die ganze Provinz Bourbonnois bezeugten ihre Freude über den unvermutheten glücklichen Zufall.

Bald darauf gieng die Gräfin nach Saint Geran zurük, um ihre Niederkunft dort abzuwarten. Im siebenten Monat ihrer Schwangerschaft hatte sie das Unglük, einen Fall zu thun. Die Aerzte und Wundärzte, welche herbei gerufen wurden, wendeten alle mögliche Vorsicht an, den schlimmen Folgen dieses Falles vorzubeugen, und besonders allen Nachtheil für die Schwangerschaft der Gräfin zu verhüten. Die Damen von Stande aus der Provinz kamen alle der Reihe nach, der Gemahlin ihres Gouverneurs ihre Ehrerbietung zu bezeugen,

und

und ihr zu einem Sohn Glük zu wünschen, den sie ihr prophezeihten. Zwei Monate vor der Zeit ihrer Niederkunft hielt der Graf einen Arzt und eine Hebamme im Hause, die für das Wohlsein der Schwangeren Sorge tragen und ihre Lebensweise anordnen mußten. Mit einem Wort, es ist schwerlich jemals von einer Schwangerschaft so viel öffentlich gesprochen und so viel Aufhebens gemacht worden, als von dieser.

Der Graf schrieb alle Umstände von der Schwangerschaft seiner Gemahlin an seine Schwiegermutter, die Marschallin von Saint Geran, und bat sie, zu kommen und dem künftigen Erben den Namen zu geben. — Die Marschallin ließ sogleich die Geschenke zurichten, die sie ihrem kleinen Pathen mitzubringen gedachte, und begab sich mit freudigen Erwartungen nach Saint Geran zu ihrer Tochter. Wenige Tage nach ihr kam auch die Frau von Saligni, eine Schwester des verstorbenen Marschalls von Saint Geran, auf dem Schlosse an. — Amme und Wärterin wurden angenommen, und alles in Bereitschaft gesezt, den neuen Erben des Hauses zu empfangen.

Unter den Personen, welche damals in dem Schlosse zu Saint Geran sich aufhielten, war der Marquis von Saint Maixant, ein Verwandter des Grafen, der sich dahin geflüchtet hatte, um einer obrigkeitlichen Untersuchung zu entgehen, die ihn mit sehr unangenehmen Folgen bedrohte. Es war ein sehr wichtiger Dienst, den der Graf ihm dadurch erzeigte, daß er ihm einen Zufluchtsort auf seinem Schlosse einräumte, und als Gouverneur der Provinz ihn unter seinen Schutz nahm.

Auch die Schwester des Grafen, Marquise von Bouillé, lebte damals bei ihrem Bruder, dessen vermuthliche einzige Erbin sie war. Sie hatte sich von ihrem Gemahl getrennt, und wußte eine Menge von Ursachen aufzuzählen, die sie gezwungen hätten, ihn zu verlassen; andere wußten es aber weit wahrscheinlicher aus einem einzigen Grunde zu erklären, aus den siebenzig Jahren, welche ihr Mann zählte. — Die Jugend, die hübsche Figur, das artige Betragen des Marquis von Saint Maixant gewannen bald das Herz der Marquise, ihre Reize eroberten das seinige. Täglich hatten sie Gelegenheit sich zu sehen und zu sprechen, sie liebten sich, und man hat behaupten wollen, daß sie den Plan gehabt haben, ihre Herzen noch durch engere Bande zu vereinigen, so bald der veraltete Marquis von
. Bouil-

Bouillé ihren Wünschen nicht mehr im Wege stehen würde. Sie hofften beide, daß ein siebenzigjähriger Gemahl die Ausführung ihres Plans nicht lange hindern könne, und im Nothfall, versichert man, verließ sich der Marquis auf sein Geheimniß, einem zu langsam schleichenden Greise früher ans Grab zu helfen.

Die Marquise hatte zwei Kammerfrauen bei sich, welche Schwestern waren und Quinets hießen, Geschöpfe, ganz von der gewöhnlichen Denkungsart ihrer Klasse, durchdrungen von dem ächten Zofengeiste, feil zu allem, verschwiegen, so lang kein größerer Gewinn sie lokt, verrätherisch, sobald ihr Vortheil es gebietet, listig und untreu, demüthig und unverschämt, um die Geheimnisse ihrer Herrschaften buhlend, um diese von sich abhängig zu machen, und ihr Vertrauen, so oft es ihnen gefällt, zu mißbrauchen.

Auffer diesen Personen war noch auf dem Schlosse: der Haushofmeister des Grafen, Baulieu — ein Mann, der seinem Herrn, dem er auch einst in einem Gefecht beigestanden hatte, schon deswegen sehr zugethan war, weil er die Erhaltung seiner ganzen zahlreichen Familie von ihm erwarten mußte — und die Hebamme, Louise Gail

Gaillard aus Vichi, eine von den verworfenen Geschöpfen, die man zu jeder Schandthat leicht erkaufen kann, und die mit kaltem Blute Verbrechen aller Art auszuführen im Stande sind.

Wir haben bei der ausführlichen Beschreibung dieser Personen, und der einzelnen Umstände, absichtlich etwas länger verweilt, weil die ganze Verwittlung und Auflösung der Geschichte auf denselben beruht.

Am 16 August 1641, während einer Messe in der Schloßkapelle, wurde die Gräfin von Wehen überfallen. Man brachte sie in ihr Zimmer; ihre Mutter legte ihr mit eigner Hand die Haare zurecht, und ordnete ihren Kopfputz nach der damaligen Sitte der Wöchnerinnen; die Windeln zum Empfang des Kindes wurden bereit gehalten, die Amme und die Wärterinnen herbeigerufen und die Gräfin eilends zu Bette gebracht. — Die Wehen waren so anhaltend und heftig, daß man fürchtete, sie möchte es nicht aushalten können. In allen Kirchen zu Moulins wurde das heil. Sakrament ausgesetzt und für eine glückliche Entbindung der Souverneurin gebetet.

Die

Die bevorstehende Niederkunft der Gräfin hatte die Erwartungen der ganzen Familie aufs höchste gespannt. Alle hatten sich um sie versammelt, um Zeugen einer Begebenheit zu sein, von welcher das Schicksal ihres Hauses und der fortdauernde Glanz des berühmten Stammes abhieng. Die Marschallin, die Frau von Saligni, der Marquis von Saint Maixant, die Marquise von Bouillé mit ihren beiden Kammerfrauen, der Graf und seine beide jüngern Schwestern waren in dem Zimmer der Gräfin. Die ältere von diesen, die nachherige Herzogin von Ventadour, welche damal erst sechszehn Jahre alt war, soll einigemal selbst den Leib ihrer Schwester angefühlt und die Bewegungen des Kindes bemerkt haben.

So viele Menschen in Einem Zimmer beisammen in der heissesten Jahreszeit mußte die Hitze unerträglich und die Luft für die Kranke selbst gefährlich machen. Zudem hinderte nur die Menge müßiger Zuschauer diejenigen, die zur Pflege der Gräfin bestimmt waren. Die Marquise von Bouillé äusserte diese Bemerkung ganz freimüthig, und verlangte geradezu mit einem Ton, zu dem sie durch kindliche Liebe und natürliche Zärtlichkeit für die Gräfin berechtigt schien:

schien: alle, deren Gegenwart nicht durchaus nothwendig wäre, müßten das Zimmer verlaßen, „und um niemand einen Vorwand zu laßen, sagte sie zu der Marschallin, so bitte ich Sie, Madam, den andern mit einem guten Beispiel vorzugehen." Niemand konnte mit mehr Recht Anspruch darauf machen, bei der Niederkunft der Gräfin zugegen zu sein, als die Mutter. Allein aus Liebe zu ihrer Tochter unterwarf sie sich dem Verlangen, sich zu entfernen, und die übrige Gesellschaft folgte ihr nach. Es blieb niemand im Zimmer als die Hebamme, die Marquise und ihre beiden Kammerfrauen. Die leztern mußten die Stelle der beiden Kammerjungfern der Gräfin vertreten, die noch sehr jung waren, und aus Schaamhaftigkeit der Entbindung nicht beiwohnen wollten.

Inzwischen dauerten die Wehen zwei Stunden lang ununterbrochen fort, und schwächten zusehends die Kräften der Gräfin. Abends gegen sieben Uhr versicherte die Hebamme: sie werde die Anstrengung nicht aushalten können, wenn sie nicht, durch einige Ruhe gestärkt, neue Kräfte sammle; und zugleich reichte sie ihr etwas zu trinken. Kaum hatte die Gräfin den Trank zu sich genommen, als sie in einen wahren Todtenschlaf

tenschlaf fiel, der bis den andern Morgen anhielt. Während dieses Zustandes erschien alle Augenblick ein Abgesandter des Grafen, der Marschallin, oder der übrigen, die an der Entbindung Antheil nahmen, vor der Thüre des Zimmers, um sich nach dem Befinden der Gräfin zu erkundigen. Keiner von ihnen wurde ins Zimmer gelassen; sie kamen aber nie mit einer schlimmen Nachricht zurück, man ließ durch sie sagen: es gehe alles gut und man könne hoffen, die Wünsche bald erfüllt zu sehen. Der Marquis von Saint Maixant lief die ganze Nacht im Hause herum, und kam oft selbst vor das Zimmer der Gräfin, die Thüre wurde ihm ein wenig aufgemacht, und er sprach ganz leise, bald mit der Hebamme bald mit der Marquise von Bouillé. Beaulieu allein genoß den Vorzug, ganz in das Zimmer eingelassen zu werden.

Die Gräfin erwachte endlich wieder gegen Anbruch des Tages. Sie glaubte die deutlichsten Spuren einer Niederkunft gewahr zu werden, und ihre ersten Worte waren eine Frage nach ihrem Kinde. Die Umstehenden erwiederten: sie sei noch nicht entbunden worden; sie behauptete aber mit einem lebhaften Eifer das Gegentheil und bezeugte eine heftige Unruhe.

Um

Um sie zu beruhigen, versicherte die Hebamme: „die Entbindung müße gewiß noch vor Abend geschehen, und alle Zeichen, welche sie die Nacht über habe wahrnehmen können, kündigen einen Sohn an". Der Graf und die Marschallin wurden durch dieses Versprechen beruhiget; allein die Gräfin ließ sich dadurch gar nicht zufrieden stellen, sondern blieb fest auf ihrer Behauptung, daß ihre Entbindung schon geschehen sei.

Da die Niederkunft selbst am andern Morgen noch nicht geschehen war, äusserte die Gräfin den heftigsten Kummer. Mit Thränen und mit Seufzen bat sie: man solle ihr doch sagen, was mit ihrem Kinde geschehen sei. Die Hebamme wiederholte ihre Versicherungen, daß sie noch nicht entbunden worden sei; „der Neumond, sagte sie, hat ihre Niederkunft verhindert, haben Sie nur noch so lange Geduld, bis der abnehmende Mond eintritt, ihre Entbindung wird alsdenn um so leichter geschehen, da alle Wege so gut vorbereitet sind." Allein was für Gründe sie auch vorbringen mochte, sie verfehlten alle ihre Wirkung bei der Gräfin, welche unveränderlich bei ihrer Behauptung blieb.

Die-

Diese Beharrlichkeit, womit die Gräfin ihre Meinung unterhielt, verbunden mit einer Zuversicht, welche nur eine wahre Ueberzeugung begleitet, muste Aufmerksamkeit erregen, und würde ohne Zweifel auch endlich die andern allgemein überzeugt haben, daß die Gräfin in ihrer Behauptung wohl Recht haben könne. Allein die Marschallin — vermuthlich bloß um sich selbst noch länger eine Hoffnung zu erhalten, deren Erfüllung sie so sehnlich wünschte — führte eine ihrer eignen Schwangerschaften zum Beispiel an, in der sie auch, wie sie erzählte, am Ende des neunten Monats alle Anzeigen einer Niederkunft empfunden habe, die doch erst sechs Wochen nachher erfolgt sei. Ein Trostgrund, der den Wünschen aller so schmeichelhaft entgegen kam, fand leicht Eingang. Alle liessen sich durch die Erzählung täuschen. Der Marquis von Saint Maixant und die Marquise von Bouillé, welche am lebhaftesten von der Möglichkeit, hier eine ähnliche Erscheinung zu erwarten, überzeugt schienen, suchten auch den übrigen diese Gründe ihrer Hoffnungen noch einleuchtender zu machen; und man fieng an, allgemein zu glauben, daß die Niederkunft wohl noch einige Zeit sich verzögern könne.

Die

Die Gräfin war aber nicht so leichtgläubig, sie blieb noch immer unerschüttert bei ihrer Meinung. Die Hebamme versuchte also noch ein Mittel, sie von ihrem Eigensinn abzubringen und sie durch eine vorgespiegelte Hoffnung einer nahen Entbindung zu gewinnen. „Das Kind, sagte sie, hat zwar die ersten Bewegungen schon gemacht, allein es muß sich verwikelt haben, und zu hart an der Mutter anliegen, um aber die Ablösung zu befördern, wird es nöthig sein, daß die Mutter eine starke Leibesbewegung mache."

Die Gräfin widersezte sich schlechterdings diesem Vorschlag, der ihr um so gefährlicher scheinen mußte, je gewisser sie überzeugt war, daß sie eine ganz neue Kindbetterin sei. Allein der Graf und die Marschallin, bei welchen die Ueberredungskunst der Hebamme einen glüklichern Erfolg gehabt hatte, wendeten selbst alles an, die Einwilligung zu dieser Probe von der Gräfin zu erhalten. Ihren dringenden Bitten konnte sie endlich nicht länger wiederstehen; sie entschloß sich, ihren vereinten Wünschen das Opfer zu bringen, und ließ sich in eine Kutsche sezen, in der sie durch die schlimmsten Wege und neu geackerte Felder geschleppt wurde.

Die

Die Erschütterungen waren so heftig, daß ihr der Versuch ohne Zweifel das Leben gekostet haben würde, wenn sie eine weniger starke und gesunde Leibesbeschaffenheit von der Natur erhalten hätte. Nachdem endlich die Spazierfarth lange genug gedauert hatte, um den Rath der Hebamme erfüllt zu haben, brachte man die Gräfin wieder zu Bett. — Sie konnte nun wohl einsehen, daß es ihr nicht gelingen werde, von der Wahrheit ihrer Behauptung jemand zu überzeugen. Sie verschloß also ihren Kummer in sich, und überließ es der Zeit und den Umständen, die Wahrheit ans Licht zu bringen, während sie, im Vertrauen auf die göttliche Vorsehung, der Religion sich in die Arme warf, und in ihren Gründen Beruhigung suchte.

Sechs Wochen waren in leeren Erwartungen verschwunden. Man fieng endlich an, an der Schwangerschaft der Gräfin selbst zweifelhaft zu werden. Wie leicht, dachte man, konnte sie von ihrer Einbildungskraft getäuscht werden, eine Begebenheit zu glauben, welche längst das höchste Ziel aller ihrer Wünsche gewesen war? Und wie leicht mußte nicht ihre Meinung bei den übrigen Eingang finden, die an der frohen Erscheinung nicht weniger Antheil nahmen? Es war also ver-

vermuthlich nur ein Luftbild, das, von gespannten Erwartungen erzeugt, dieselben Erwartungen eine Zeit lang getäuscht und endlich betrogen hat. Es fehlt nicht an Beispielen von Frauen, die sich für schwanger hielten, und mehrere Monate in dieser falschen Einbildung lebten. Mit einem Wort, man glaubte endlich allgemein, die ganze Begebenheit sei ein bloßes Spiel der Natur gewesen, die sich wohl bisweilen eine kleine Abweichung von ihrem gewöhnlichen Wege erlaube. Die Vereinigung aller Stimmen gegen die ihrige, schien endlich die Gräfin gegen ihre eigne Ueberzeugung mißtrauisch zu machen. Ihr Leiden verbarg sich tief im Innersten ihrer Brust; nur selten sah man noch Spuren von dem geheimen Kummer, der an ihrem Herzen nagte. Die wohlthätige Hand der Zeit besänftigte endlich ihren Schmerz, und einige Jahre hätten vielleicht das Andenken an die ganze Begebenheit verlöscht, wenn nicht ein Zufall es aufs neue hervorgerufen hätte.

Beaulieu, der Haushofmeister des Grafen, hätte einen Bruder zu Paris, welcher Fechtmeister war, und die Tochter eines Schauspielers, Marie Pigoreau, geheirathet hatte. Dieser Bruder war im Junius 1639 erstochen worden ben, und hatte seine Frau mit einem Kinde, Namens Anton, und schwanger mit einem zweiten, von dem sie am 9 August folgenden Jahres entbunden wurde, hinterlassen. Zwei Jahre nach dieser Niederkunft brachte Marie ihr zweites Kind, dem sie den Namen Heinrich gegeben hatte, zu Beaulieu, dem Oheim und Pathen desselben, und bat ihn, sich des Kindes anzunehmen, dem sie in ihren traurigen Umständen gar keine Erziehung geben könne.

Beaulieu war sehr geneigt, die Vaterstelle bei seinem Neffen zu vertreten, und bat den Grafen und die Gräfin um Erlaubniß, ihn zu sich aufs Schloß nehmen zu dürfen. Sie wunderten sich beide, daß er bei seinen fünf Kindern diese neue Last sich auflegen wolle, und suchten ihn, um seines eignen Besten willen, von diesem Vorsaz abzubringen. Allein er hielt nur um so dringender an, und sie konnten ihm eine Bitte nicht abschlagen, die sie als Beweis einer edelmüthigen Gesinnung bewundern mußten. Der kleine Heinrich wurde also auf das Schloß gebracht.

Die Gräfin war eben im Begriff nach Moulins zu fahren, und gab Befehl, Beaulieu's kleinen Neffen in dem Wagen ihrer Kammerfrauen mit mitzunehmen. Da man ihr aber das Kind zeigte, fand sie den kleinen, blonden Gast, mit grossen blauen Augen, und feinen regelmäßigen Zügen so liebenswürdig, daß sie ihn in ihren eignen Wagen nahm. Er wußte sich bald in die Gunst der Gräfin so einzuschmeicheln, und gefiel auch dem Grafen sowohl, daß er in kurzem der ausgezeichnete Liebling von beiden war. Mit Wohlgefallen sah die Gräfin seine unschuldigen kindischen Spiele, mit innigem Vergnügen hielt sie ihn in ihren Armen. Oft wenn er an ihrem Halse hieng, drang sich tief aus ihrer Brust ein Seufzer hervor; lebhaft erwachte bei ihr das Andenken ihrer ehemaligen Hoffnungen. „So, dachte sie, würde jezt auch das Kind meines Herzens an meinem Halse hängen, so würde ich es jezt auch mit mütterlicher Zärtlichkeit an meine Brust drücken; eben so alt würde es jezt sein, vielleicht auch eben so schön" — Stunden lang verweilte sie bei diesen süßen Bildern von dem, wie es sein könnte, und mit Wehmuth erwachte sie dann aus ihrem Traume zur Wirklichkeit — „die Vorsehung hat's nicht haben wollen," tröstete sie sich dann, aber die Thränen traten ihr aus den Augen. Oft verlor sie sich beim Anblik des schönen Heinrichs in solch wehmüthig

an-

angenehme Schwärmereien, und gewann diesen dadurch nur um so lieber.

So waren einige Jahre schon verflossen, als im Jahr 1648 der Oheim des kleinen Lieblings der Gräfin plözlich von einer Krankheit befallen und vom Tod weggerafft wurde. Man hat nachher behauptet, daß Gift die Ursache davon gewesen sei. Beaulieus Tod veranlaßte den Grafen und die Gräfin, seinen Neffen zu sich zu nehmen. Sie liessen ihrem Pflegling eine standesmäßige Erziehung geben; ihre Zuneigung zu ihm wurde täglich größer, sie liebten ihn, wie ein eignes Kind. Kaum war er sieben Jahre alt, so kleideten sie ihn in Pagenhabit, und er diente ihnen unter diesem Namen, bis die Szene durch die Begebenheiten sich änderte, welche im August 1651 sich anfiengen zu entwikeln.

Ein heimliches Gemurmel von einer Verschwörung, welche das Kind der Gräfin unterdrükt haben sollte, verbreitete sich auf einmal durch die ganze Provinz und erregte selbst die Aufmerksamkeit des Gouverneurs. Der ehemalige Verdacht, welcher noch so tief in dem Herzen der Gräfin eingegraben lag, erwachte aufs neue. Sie beschlossen, mit dem angestrengtesten Eifer nach der Quelle des Gerüchts zu forschen, und jeden kleinsten Umstand aufzusuchen, der ihnen Licht in einer für sie so wichtigen Angelegenheit geben konnte.

Indeß reiste der Graf mit seiner Gemahlin und der Marquise von Bouillé nach Vichi, um da die Bäder zu gebrauchen. Wir haben schon oben bemerkt, daß die Hebamme, die der Gräfin bei ihrer vermeintlichen Niederkunft beigestanden hatte, aus Vichi war. Eines Tages überraschte die Gräfin ihre Schwägerin in einer geheimen Unterredung mit dieser Hebamme. Sie unterbrach sie, und erkundigte sich nach dem Inhalt ihrer Unterhaltung. „Frau Luise, sagte Madam Bouillé, lobt meinen Bruder, daß er keine Unzufriedenheit gegen sie gezeigt habe." — Was hatten Sie denn für einen Grund, eine unfreundliche Aufnahme von meinem Gemahl zu befürchten? — „Ich dachte, gnädige Frau, er möchte mir schlechten Dank wissen für das, was damals vorgieng, als wir uns einbildeten, Sie würden niederkommen." Die Verwirrung, welche die Gräfin auf den Gesichtern der Hebamme und ihrer Schwägerin bemerkte, machte sie aufmerksam auf die Zweideutigkeit dieser Antwort. Mit Gewalt wollte ihr Verdacht aus seinem Hinterhalt losbrechen; sie sah aber, daß jetzt alles

alles daran gelegen sei, sich nicht zu verrathen, weil sonst leicht neue Maßregeln der Verbündeten die Entdeckung ihres Geheimnisses ganz vereiteln könnten. Glüklich verbarg sie die Aufwallung, und, um ihre Fassung nicht zum zweitenmal der Gefahr auszusezen, brach sie das Gespräch ab und entfernte sich. Inzwischen verließ doch gleich darauf die Marquise von Bouille ihren Bruder und ihre Schwägerin, zog sich nach Savoire zurük, und kam nie wieder nach Saint Geran.

Der Graf und die Gräfin theilten alle diese Umstände nebst den Muthmaßungen, welche sie daraus zogen, der Marschallin mit, und alle drei hielten nun Rath, wie die Sache anzugreifen sei. Sie fanden es für das allerzweckmäßigste, sich der Hebamme zu versichern, und sie ganz in der Stille nach Saint Geran kommen zu lassen, um von ihr nähere Umstände zu erfahren. Die Hebamme kam, und wurde über verschiedne Begebenheiten befragt, die zur Entdekung der Wahrheit führen konnten. Sie bekannte zwar nichts, woraus man gerade zu einen Beweis hätte nehmen können; aber ihre Antworten waren sich so ungleich und selbst oft so widersprechend, so schwankend und unbestimmt,

stimmt, daß sie hinreichende Verdachtsgründe gegen sie gaben. Ob sie also schon noch nicht überwiesen war, so glaubte der Graf doch dadurch Anzeigen genug zu haben, um sie den Händen der Gerechtigkeit überliefern zu können.

Es war aber dabei die äusserste Klugheit nöthig. Ließ man sie auf dem Schloß selbst gefangen nehmen, so machte man sich dadurch einer Gewaltthätigkeit verdächtig, die auf die ganze Untersuchung ein nachtheiliges Licht werfen mußte. Ließ man sie aber loß, und sie hatte nur den geringsten Argwohn, daß man sie schuldig gefunden habe, so mußte man befürchten, daß sie die Flucht ergriff und dadurch den Faden auf einmal zerriß, der allein in dem Labyrinth sicher leiten konnte, das man jezt betreten wollte. Man fand endlich doch das leztere für rathsamer, und wagte es, sie ganz frei wieder abziehen zu lassen. Glüklicherweise waren alle Fragen, die man ihr vorgelegt hatte, so fein eingerichtet gewesen, daß sie die wahre Absicht derselben gar nicht ahndete; sie begab sich also mit der größten Sorglosigkeit wieder nach Hauß. — Sobald sie aber weggegangen war, übergab der Graf dem Vize-Landrichter zu Moulins eine Klage, auf welche sie sogleich eingezogen und verhört wurde. Schon

Schon im ersten Verhör gestand die Hebamme, daß die Gräfin wirklich entbunden worden sei, aber „nur von einer todtgebornen Tochter, sezte sie hinzu, welche ich gleich darauf unter der Treppe, nahe bei der Scheune im Hühnerhof, unter einen Stein verscharrt habe." — Die Gerichte begaben sich sogleich, begleitet von einem Arzt und einem Wundarzt, an den bezeichneten Ort, fanden aber weder den Stein noch irgend eine andere Anzeige, daß die Erde jemals dort aufgescharrt gewesen wäre. Sie ließen an mehreren Orten in der Nähe nachgraben, allein es war überall nichts zu finden.

In dem zweiten Verhör leugnete sie die Entbindung der Gräfin ganz. In dem dritten sagte sie: es sei bloß ein Gewächs gewesen, von dem die Gräfin entbunden worden sei; in dem vierten gestand sie aber, die Gräfin sei mit einem Sohn niedergekommen, den Beaulieu in einem Korbe weggetragen habe. Gleich nach diesem Verhör bestätigte sie ihre Aussage in einem Briefe, den sie durch eine gewisse Duvervier an die Gräfin schreiben ließ. Sie erkannte nachher den Brief, den sie mit einem Kreuz bezeichnet hatte, selbst vor Gericht für ächt. Demunerachtet leugnete sie wieder alles im fünften

ten Verhör, und widerrief alle ihre vorigen Aussagen. —

Bei allen diesen Widersprüchen entfiel ihr doch nicht ein einziges Wort, das einen Verdacht von Mitschuldigen hätte erwecken können, unerachtet alle Umstände darauf zu führen schienen. So sagte man zum Beispiel: unmittelbar nach ihrer Gefangennehmung habe die Hebamme ihren Sohn an die Marquise von Bouillé abgeschickt, die — so sezte man hinzu — die Zeichen der gewaltsamsten Bestürzung bei dieser Nachricht nicht verbergen konnte. Ferner bemerkte man, daß der Generallieutenant zu Moulins sich mit allen Merkmalen einer absichtlichen Behutsamkeit von der ganzen Untersuchung abgezogen habe. Er war ein Todtfeind des Grafen von Saint Geran, und hatte im Sinn, sagte man, der Marquise von Bouillé wider ihn beizustehen. Die Marquise schickte auch auf der Stelle — so erzählte man — ihren Stallmeister, den Herrn de la Forestiere, an diesen Richter, um von ihm einen Rath zu bekommen, wie sie der Hebamme zu Hülfe kommen könne, ohne sich selbst dabei bloß zu geben. Auf seinen Rath schrieb Madam Bouillé an ihren Sachwalter zu Paris und ließ durch diesen,

im

im Namen des Sohns der Hebamme, einen
Befehl bei dem Parlement auswirken, der den
Richtern zu Moulins alles weitere Verfahren
untersagte. Der Brief an den Sachwalter wurde mit aller Vorsicht abgefaßt, um ihn die wahre Absicht nicht ahnden zu lassen. Die Marquise stellte die Sache als eine ganz fremde Angelegenheit vor, in die sie sich nur in der Absicht
gemischt habe, ihn zum Sachwalter dabei vorzuschlagen, um ihm dadurch einen Beweis ihrer
Zufriedenheit zu ertheilen. Inzwischen um dem
Eifer ihres Beamten einen neuen Sporn zu geben, versah sie ihn unter der Hand zum voraus
mit dem nöthigen Gelde. — Der Parlementsbefehl erschien wirklich kurz darauf. Allein er
hatte bloß den Erfolg, die Untersuchung einige
Tage aufzuhalten. Sobald dem Parlement die
wahre Beschaffenheit der Sache berichtet wurde,
hob es sein Verbot sogleich wieder auf.

Der Prozeß gieng nun ungehindert fort. Eine Menge Zeugen wurden verhört, über ihre
Aussage noch einmal vernommen *) und mit
der

*) Récolés — Vor der Konfrontation mit dem Be-
klagten läßt der Richter die Zeugen noch einmal
vor sich kommen, und liest ihnen ihre Aussage zum
zweitenmal vor, um zu erfahren, ob sie darauf
beharren oder etwas daran ändern wollen. Dieser
Aktus heißt im französischen Prozeß recolément.

der Hebamme konfrontirt, welche endlich, der Unterdrükung des Kindes, das die Gräfin zur Welt gebracht hatte, überwiesen, und für schuldig erklärt von dem Richter, wegen dieses Verbrechens zum Strang verurtheilt wurde.

Die Untersuchungen wider die Hebamme hatten den Grafen und seine Gemahlin auf eine sehr wichtige Entdekung geleitet. Das Kind, das sie bisher als Pagen bei sich gehabt hatten, war nach allen Anzeigen ihr Sohn. Von der Zeit an behandelten sie ihn als ihr Kind auch, und nannten ihn den Grafen von Palisse.

Inzwischen appellirte die Hebamme wider das angeführte Urtheil an das Parlement, und wurde also nach Paris in das Parlamentsgefängniß gebracht. — Kaum war sie von Moulins abgeführt, als die Gräfin von Saint Geran durch einen gewissen Sequeville benachrichtigt wurde, daß im Jahr 1642 zu Paris ein Kind auf eine sehr geheimnißvolle Art zur Taufe gebracht worden sei, wobei sich Marie Pigoreau vorzüglich beschäftigt gezeigt habe.

Da der Graf von Palisse durch eben diese Pigoreau nach Saint Geran gebracht worden war, so erregte diese Nachricht um so stärkere Aufmerksamkeit auf diese Frau und ihr Betragen,

gen, und öffnete einen neuen Weg zu wichtigen Entdekungen. Man erfuhr, daß die Taufe in der Kirche Saint Jean-en-greve geschehen, und das Kind einer Amme zu Torcy übergeben worden sei. Auf diese Anzeige ließ man sich einen Taufschein geben, der folgendermaßen lautete: „Den siebenten März 1642 ist getauft „worden, Bernhard, der Sohn von „... und von ... Pathen sind gewesen „Maur Marmion, Taglöhner und „Aufwärter bei dieser Kirche, und „Johanne Chevalier, Peter Thibou's „hinterlassene Wittwe." Die leztere war ein Bettelweib.

Dieser Taufschein paßte nun zwar eben so gut auf jedes andre Kind, und traf nicht einmal mit der Zeit der Niederkunft der Gräfin überein, die am 17 August des vorhergehenden Jahres geschehen war. Demunerachtet erhielt der Graf durch einen Parlementsbefehl die Erlaubniß, vor dem Gericht zu Torcy eine Untersuchung anstellen und ein Monitorial *) von den Kanzeln verkünden zu lassen. — Die Anzeigen, welche

---

*) Monitoire, eine Ermahnung an die ganze Gemeinde, die jeden, der von einer untersuchten Sache etwas wußte, bei Strafe des Bannes zur Entdekung aufforderte.

welche durch diese Untersuchung herausgebracht wurden, waren zwar nicht stark genug, die Pigoreau von dem wider sie erregten Verdacht zu überführen; sie schienen aber dem Parlement hinreichend, um auf gerichtliche Verhaftnehmung wider sie zu erkennen.

Während der Graf von Saint Geran mit seinen Nachforschungen sich unabläßig beschäftigte, und jede Spur, die ihm nur einen kleinen Strahl von Hoffnung zeigte, mit unermüdetem Eifer verfolgte, schien die Natur selbst sich wider seine Bemühungen zu vereinigen; je anhaltender er strebte, sich der Entdekung des wichtigen Geheimnisses zu nähern, desto mehr sah er sich die Wege abgeschnitten, welche ihn dahin führen konnten. Die Marquise von Bouillé starb, und der Marquis von Saint Maixant überlebte sie nicht lange. Nachdem, was wir oben erzählt haben, würden diese beiden Personen eine sehr bedeutende Rolle bei diesem Prozeß gespielt haben, und ihr Verlust war jetzt um so mehr zu beklagen, da ihre zärtlichen Bande längst getrennt waren, und sie kein gemeinschaftliches Interesse mehr vereinigte, der Entdekung des Geheimnisses entgegen zu arbeiten. Man erfuhr sogar nachher, daß der Marquis nicht
weit

weit entfernt war, die Wahrheit zu entdeken, und verschiedne Schritte gethan hatte, die Spuren, welche dahin führten, offen zu erhalten.

Auch die Hebamme starb im Gefängniß. Es war also, die beiden Quinets ausgenommen, keine einzige Person mehr übrig, die von den Begebenheiten, welche während jener berühmten Nacht in dem Zimmer der Gräfin vorgefallen waren, als Augenzeuge sprechen konnte, und der ganze Prozeß selbst hätte nicht weiter fortgesezt werden können, wenn nicht die Verhaftnehmung zum gerichtlichen Verhör wider Marie Pigoreau schon erkannt gewesen wäre.

Ohne Geld und ohne Credit würde Marie dem Angriff des Grafen, den er mit dem vereinten Gewicht seines Geldes und seines Ansehens unterstüzte, nicht lange Widerstand geleistet haben. Allein auf einmal erschienen zwei neue Streiter auf dem Kampfplaz, welche alle ihre Kräfte aufboten, Marien bei dem peinlichen Prozeß, den der Graf gegen sie führte, in Schuz zu nehmen. Die Herzogin von Ventadour, die Schwester des Grafen, vereinigte sich mit der Gräfin von Lüde, der Tochter der Marquise von Bouillé, die Rechte, welche der Graf dem angenommenen Grafen von Pallise

lise ertheilen wollte, in Anspruch zu nehmen, und die Beweise: für die Aechtheit seiner Abstammung, welche ihnen die Hoffnung einer reichen Erbschaft entriß, unmöglich zu machen.

Eigentlich hatten sie damals gar kein Recht, sich in den Prozeß zu mischen. Es ist bekannt, daß nach den Grundsätzen des Rechts allein der Vater oder die Mutter die Aechtheit eines Kindes, das sie nicht für das ihrige erkennen wollen, anfechten und einen Prozeß deswegen anfangen dürfen. Wenn zum Beispiel eine Frau eine erdichtete Entbindung vorgiebt, um sich und ihrem Mann einen Erben dadurch zu verschaffen, so hat alsdenn der Mann das Recht, wegen diesen Verbrechen, das in der Rechtssprache Einschiebung eines Kindes heißt, zu klagen. Eben dies würde der Fall bei der Frau sein, wenn der Mann ihr ein Kind unterschieben wollte, das sie nicht geboren hätte. Blutsverwandte haben nur dann ein Recht zur Klage, wenn ihr Interesse gegenwärtig und geradezu darunter leidet, wenn sie zum Beispiel durch ein untergeschobenes Kind von einer schon wirklich offenen Erbschaft ausgeschlossen werden sollten. — Allein von jenen beiden Damen, welche hier die Rechtmäßigkeit des vorgeblich

untergeschobnen Grafen von Paliſe in Anſpruch
nahmen, war die eine nur Geſchwiſterkind, die
andere nur Tante des Kindes; der Graf von
Saint Geran, der den jungen Grafen öffentlich
als ſeinen Sohn erkannte, war noch am Leben,
die Erbfolge war alſo noch nicht offen: mithin
hatten ſie gar kein Recht, den Grafen und ſeine Gemahlin wegen Einſchiebung eines Kindes
zu belangen, das dieſe beide für das ihrige erklärten.*). — Allein dieſe Einwendung hob in der
Folge

*) Die römiſchen Geſeze, welche in dieſem Punkt
bei uns gelten, verbieten alle Verhandlungen und
alle Verträge wegen der Erbſchaft eines Lebenden,
aus dem Grunde, ſagen ſie, weil es den guten
Sitten nachtheilig iſt; denn diejenigen, welche ſol-
che Verträge ſuchen, ſind wahre Raben, die nach
Leichnamen lüſten. Pactum de haereditate viventis
non valet, quia haec conventio eſt contra bonos
mores, ſi quidem inducit corvinam ſollicitudinem
mortis alienae. L. ult. cod. de pact. L. 4. cod. de
inutilib. ſtipulat. — Aus demſelben Grunde ſpre-
chen dieſe Geſeze auch den Seitenverwandten das
Recht ab, die Einſchiebung eines Kindes in Anſpruch zu nehmen, ſo lange die Erbſchaft, die ihnen durch dieſes Verbrechen entriſſen werden ſoll,
noch nicht offen iſt. Nur ein Vater oder eine
Mutter, die ein fremdes Kind für das ihrige annehmen ſollen, haben ein gegründetes Recht ſich zu
widerſezen, denn es betrifft ihr gegenwärtiges und
wirkliches Intereſſe. Die Seitenverwandte hingegen haben dabei gar keines, und der einige Vorwand, den ſie mit einigem Schein anführen könnten, ihre Hoffnung auf die Erbſchaft, die ihnen dadurch geraubt werde — inducit corvinam ſollicitudinem mortis alienae. Stirbt aber der Vater, dem
ein

Folge der Tod des Grafen von Saint Gerän, durch welchen die Erbschaft wirklich offen, und das

ein fremdes Kind untergeschoben sein soll, dann ist die Erbschaft offen, und diejenigen, welche nach der gesetzlichen Erbfolge Ansprüche darauf machen können, haben ein wirkliches Interesse; und folglich auch das Recht, das fremde Kind, das sie verdrängen will, abzuhalten. Nun ist es ihnen also erlaubt, denjenigen, der sich des Verbrechens der Einschiebung schuldig gemacht hat, gerichtlich zu verfolgen. De partu supposito SOLI accusant PARENTES; aut hi ad quos ea res pertineat; non quilibet ex populo, ut publicam accusationem intendat. L. 30. §. 1. ff. de leg. Corn. de Falf. Eben deswegen haben auch die Nachkommen der nächsten Erben noch das Recht, den Proces gegen ein untergeschobenes Kind zu führen, ein Recht, das aus denselben Gründen der Verjährung überhaupt nicht unterworfen ist. Accusatio suppositi partus nulla temporis praescriptione depellitur; nec interest decesserit nec ne ea; quae partum subdidisse contenditur L. 19. §. 1. eod.

Dies Gesez macht eine Ausnahme von der, aus sehr billigen Grundsätzen festgesetzten, allgemeinen Regel, daß jedes Verbrechen, welches binnen zwanzig Jahren nicht zur Klage gebracht worden ist, sich so verjähret, daß der Verbrecher nach Verlauf dieser Zeit durchaus nicht mehr deswegen angefochten werden darf. Querela falsi temporalibus praescriptionibus non excluditur, nisi viginti annorum praescriptione; sicut caetera quoque fere crimina. L. 12. C. ad leg. Corn. de falf. Freilich verdient das Verbrechen immer dieselbe Verabscheuung und dieselbe Strafe, aber nicht weniger verdient die Unschuld Sicherheit. Wird eine Klage bald vor den Richter gebracht, wo der Kläger die Beweismittel und der Beklagte die Vertheidigungsmittel noch leicht herbeischaffen kann, so wird immer der Richter die Untersuchung mit Ruhe anstellen und die Strafe nach den

das Recht seiner nächsten Seitenverwandten geltend gemacht wurde, sich allem zu widersezen, was

Gesezen der Gerechtigkeit ausführen. Sind aber seit der Ausübung des Verbrechens, ohne daß eine Klage deshalb angebracht worden wäre, mehrere Jahre verflossen, so muß die Obrigkeit selbst den Angeklagten in Schuz nehmen; denn da die natürliche Stimme der Billigkeit die Voraussezung der Unschuld eines Beklagten fordert, so muß ihn das Gericht in einem solchen Fall als einen Menschen betrachten, dem die Länge der Zeit die Beweismittel seiner Unschuld entrissen hat. Mit einem Wort, der Zweck des Gesezes ist, jeden Menschen vor Anklagen sicher zu stellen, gegen welche leicht keine Rechtfertigung mehr möglich sein könnte, nachdem er die Hülfsmittel dazu durch die Länge der Zeit verloren hätte; und diese Zeit bestimmen die Geseze auf zwanzig Jahre. — Daß die Anklage wegen Einschiebung eines Kindes auch nach diesem Zeitraum noch gilt, geschieht nicht aus Haß gegen den Verbrecher, sondern die Ungerechtigkeit zu verhindern, die hier aus der Verjährung des Verbrechens entspringen, und sich selbst von einer Generation zur andern verjähren würde; denn ein Fremder, der in eine Familie eingeschoben wird, verpflanzt die Güter, welche Natur und Geseze den rechtmäßigen Erben bestimmen, durch alle folgende Generationen auf eine unrechtmäßige Nachkommenschaft. Ueberdies würde das Verjährungsrecht in diesem Fall es allen Eltern leicht machen, zum Nachtheil ihrer rechtmäßigen Erben ein fremdes Kind zu unterschleben, denn da die Geseze den Verwandten alles Klagen darüber während den Lebzeiten des Vaters untersagen, so würde das untergeschobene Kind in alle Rechte und Vortheile eines rechtmäßigen Nachkommen unwidersprechlich eintreten, wenn der Vater sein Verbrechen nur zwanzig Jahre überlebte. — Mehreres von diesem Gegenstand wird in dem Rechtshandel des Bettlers zu Vernon vorkommen.

was ihren tollen Ansprüchen auf ihr Erbe Eintrag thun konnte.

Wie dem auch sei, die beiden vermeintlichen Erbinnen des Grafen von Saint Geran beschlossen, in den Prozeß wider Marie Pigoreau selbst einzutreten, um sowohl diesem Weibe zu helfen, als auch der Gräfin zugleich einen furchtbareren Gegner entgegen zu stellen. In dieser Absicht wurde vor allen Dingen wider den Fortgang des peinlichen Verfahrens Apellation eingelegt, und gegen das ganze Verfahren, welches von dem Parlement wider die Pigoreau dekretirt worden war, protestirt.

Der Hauptzweck dieser Anstalten war, den Gang des Prozesses vor der Hand aufzuhalten, und Zeit zu gewinnen, in Hoffnung, daß indeß irgend ein Umstand eintreten würde, der die ganze Gestalt der Sache ändern könnte. Um inzwischen dem Grafen und seiner Gemahlin eine andere Schwierigkeit in den Weg zu werfen, und dem Eifer, mit dem er seinen Zweck verfolgte, eine andre Richtung zu geben, mußte Marie Pigoreau ihre Ansprüche an das Kind, das die Gräfin ihr entrissen hatte, durch eine gerichtliche Klage geltend zu machen suchen. So wurden beide Partheien wenigstens gleich. Alle
Gründe,

Gründe, die man aus den Empfindungen der Natur und einer gekränkten mütterlichen Zärtlichkeit herleiten konnte, sprachen nun eben so laut für Marien als für die Gräfin. Jene hatte nun sogar vielleicht noch mehr Gründe für sich, als diese. Sie traf kein Vorwurf der Unfruchtbarkeit, und ihre Entbindungen hatten bisher nie Veranlassung zu einem Zweifel, noch weniger zu einem Rechtsstreit, gegeben.

Während Marie durch ihre Ansprüche den Streit nach dieser Seite hinlenkte, traten auf einer andern Seite die Herzogin von Ventadour und die Gräfin von Lüde mit neuen Beschwerden gegen die Entbindung der Gräfin von Saint Geran auf den Kampfplatz, und setzten alles in Bewegung, um einen Betrug aufzudecken, der nur erfunden worden sei, sie aus ihrem rechtmäßigen Besitz zu verdrängen.

Dies waren also die furchtbaren Gegner, die mit vereinter Macht gegen den Grafen von Saint Geran und seine Gemahlin auftraten, und ihre Ansprüche gegen die seinigen geltend zu machen strebten. — Der Streit ist merkwürdig genug, um das Interesse unsrer Leser zu gewinnen. Wir werden aber hier uns nicht in das Einzelne desselben einlassen, sondern nur die vorzüglichsten Thatsachen und die einleuchtendsten Gründe anführen, welche den Kampf auf beiden Partheien lange mit gleichem Glück erhielten, und der Wahrheit ihren Sieg viele Jahre erschwerten.

Marie Pigoreau hatte für ihre Sache zwei Umstände zu beweisen. Erstlich daß die Gräfin von Saint Geran niemals niedergekommen sei; und zweitens, daß sie selbst das Kind, das die Gräfin jezt für das ihrige ausgebe, zur Welt gebracht habe. Folgendes waren ihre Gründe.

„Wenn man der Gräfin glauben will, so müßte sie ganz ohne Schmerzen entbunden worden sein, denn ihrem Vorgeben nach wäre die Niederkunft geschehen, während sie in einem tiefen Schlaf gelegen habe. Allein eine solche Entbindung ist schon nach den einfachsten Gesezen der Natur unmöglich, und ohne uns zum Beweis dieser Behauptung auf anatomische Untersuchungen einzulassen, dürfen wir uns bloß auf das Zeugniß des Hipokrates und seines gelehrten Kommentators Dürets berufen. Der erstere, dessen Stimme allgemein als entscheidend angenommen wird, ist so davon überzeugt, daß Schmerzen nothwendig die Entbindung einer Frau begleiten müssen, daß er sogar verlangt, man solle sie

sie zu erregen suchen, wenn sie sich nicht einstellen wollen, und Düret, den ganz seines grossen Meisters Geist belebte, sezt so gar hinzu: eine Entbindung ohne Schmerzen scheint mir unter die Wunderwerke zu gehören. Indolenter partu levari inter miracula ponendum mihi videtur.

Eine Entbindung ohne Schmerzen muß schon deswegen in der Natur unmöglich sein, weil der Urheber der Natur selbst das Gesez gemacht hat, als er zu dem gefallenen Weibe sprach: **Du sollst deine Kinder mit Schmerzen gebären.** So lange also die Welt steht, kann nie ein Weib ohne Schmerzen Mutter, wie ein Kind ohne Geburtsarbeit geboren werden; denn Gott selbst hat das Gesez in seinem gerechten Zorn über die ungehorsamen Menschen unwiderruflich festgesezt *) — Fast sollte man glauben, schon **Plautus** habe die Geschichte der Gräfin von Saint Geran vor Augen gehabt, als er schrieb: „**Ohne Schmerzen, durch die Arbeit einer andern hat diese Frau ein Kind geboren. Glükliches Kind! du hast zwei Mütter.**"

Haec

---

*) Ein Beispiel, wie viel die Juristen von der theologischen Fakultät Parthie ziehen können!

Haec labore alieno puerum peperit sine doloribus. Puer beate, matres duas habes.

Der Gräfin selbst schien eine solche Niederkunft dem natürlichen Lauf der Dinge nicht gemäß zu sein. Um das Wunder begreiflich zu machen, beschuldigt sie die Hebamme, ihr einen Zaubertrank beigebracht zu haben, durch welchen alle ihre Sinne so betäubt worden seien, daß sie die Empfindung für alle natürliche körperliche Verrichtungen, selbst für die allerschmerzhaftesten, ganz verloren habe. Und selbst Herr Bignon, der als Generaladvokat auch einmal bei diesem Prozeß das Wort führte, fand es nothwendig, zu Auflösung jener Schwierigkeit, Zauberei zu Hülfe zu rufen, und deshalb den Beweis dieser höllischen Kunst selbst in allem Ernst zu versuchen.

Von seinen Beweisen für die Wirklichkeit der Zauberkunst wollen wir nur einen einzigen anführen, der sich auf eine Geschichte aus dem Leben des heil. Cyprian gründet, nicht als Beweis der Zauberei, sondern nur als ein Beispiel, daß das ausgebreitetste Genie und die tieffste Gelehrsamkeit vor den unwahrscheinlichsten und verstandlosesten Vorurtheilen nicht immer bewahren. — Als der heilige Kirchenvater, sagt

Herr

Herr Bignon, noch in den Finsternissen des Heidenthums lebte, trieb er auch die Zauberei. Er kannte keine andern Götter als die bösen Geister, und hatte mit ihnen den Bund gemacht, daß sie für den Dienst, womit er sie verehrte, seine Befehle ausführen sollten. Einer seiner Freunde ersuchte ihn einst um seine Hülfe wider ein Mädchen, für welches dieser eine heftige Leidenschaft fühlte, das aber allen Künsten der Verführung widerstand; Cyprian sollte seine Angriffe auf ihre Tugend durch seine Zaubermacht unterstüzen, und ihm den Sieg erleichtern helfen. Cyprian forderte auf der Stelle den Teufel vor sich, und ertheilte ihm den Auftrag, alle Seelenkräfte dieses Mädchens zu fesseln, und sie seinem Freunde in diesem Zustand zu überliefern. Der Teufel versprach zu gehorchen. Allein in wenig Augenblicken erschien er wieder, und gestand demüthig, daß er keine Gewalt über dieses Mädchen habe, weil sie eine Christin seie, und unter dem unmittelbaren Schuz der Mutter Gottes stehe. Cyprian fragte: wer dieser Gott sei, von dem er nie etwas gehört habe? Satan sah sich gezwungen, Gott die Ehre zu geben, und antwortete: dieser Gott sei sein Herr, und alle höllische Geister müssen ihm gehorchen. „Bisher

Her, erwiederte Cyprian, habe ich den Satan für den obersten Herrn gehalten, da ich aber nun höre, daß er selbst einem Oberherrn unterworfen ist, so will ich lieber dem Herrn als dem Knechte dienen." Nun bekam Satan seinen Abschied und Cyprian wurde ein Heiliger.

Es ist in der That zu verwundern, daß ein so gelehrter Mann, wie Herr Bignon, auf eine so schlecht erfundene und ungereimte Fabel sich berufen konnte. Indeß ob es Zauberer gegeben habe und noch gebe, oder nicht, darauf kommt es hier nicht an. Die Frage wäre nur: war die Hebamme eine Zauberin, und hat sie bei der Niederkunft der Gräfin Zaubermittel angewendet?

Allein warum soll man überhaupt hier Zauberei zu Hülfe rufen, um eine Erscheinung zu erklären, die niemals geschehen ist? Ehe eine Frau niederkommen kann, muß sie erst schwanger gewesen sein: alle Umstände beweisen aber, daß die Gräfin von Saint Geran sich nie in diesem Zustand befunden hat. Nach ihrem Vorgeben soll sich ihre Schwangerschaft zu Anfang des Novembers 1640 angehoben haben, sie hätte also zu Ende des Junius oder zu Anfang des Julius entbunden werden müssen. Sie setzt aber

den

den Tag ihrer vorgeblichen Niederkunft auf den 17 August, sie muß also zehen Monate schwanger gewesen sein. — So übel ist der Roman dieser vorgegebenen Schwangerschaft erdacht, so sehr ist dabei überall gegen die Geseze der Natur verstoßen.

Untersucht man nun die Erscheinungen selbst, welche während jener zehen Monate vorgefallen sind, so finden sich Anzeigen genug, woraus man sehen kann, daß die Gräfin zwar jederman bereden wollte, daß sie schwanger sei; aber auch Beweise genug, daß sie es wirklich nicht war.

Auf die ersten Anzeigen ihrer Schwangerschaft verläßt sie sogleich Paris, den Ort, den alle Frauen in diesen Umständen suchen. Sie eilt aufs Land, zieht sich in ein einsames Schloß zurük, und überläßt sich unbedachtsamer weise den Händen einer Dorfhebamme. Zu Paris war sie freilich zu vielen Beobachtern ausgesezt; sie scheute die offenen Blicke ihrer ganzen Familie, ihrer Freunde und des ganzen Publikums. Ausserdem hatte sie einen Anschlag auf eine Bäuerin zu Saint Geran, welche schwanger war, und deren Kind sie als die Frucht ihrer vorgewendeten Schwangerschaft unterschieben wollte. Allein die Marschallin, welche diesen Vorsaz ent-

entdekte, ließ sie so genau beobachten, daß die Ausführung dieses Plans nicht gelingen konnte. Unter dem Vorwand der mütterlichen Sorgfalt für die Gesundheit ihrer Tochter in einem so bedeutenden Zeitpunkt, trug sie ihren Töchtern und ihren Kammerfrauen auf, beständig um die Gräfin zu sein, und auf alles, was ihr begegnen könnte, genau Acht zu haben. Diese Aufsicht wurde auch bis ans Ende des Jahres 1641 fortgesetzt.

Es ist zwar nicht zu leugnen, daß Dessessard, der Leibarzt der Gräfin, die Gefälligkeit hatte, ihr nach Gefallen zu reden, und ihre Schwangerschaft zu bestätigen. Allein sein Zeugniß wurde durch mehrere andre widerlegt. Chaurin, Lorme, und die berühmtesten Aerzte von Bourbonnois erhielten nebst Dupre dem Arzt von Cusset den Auftrag, die Anzeigen der vorgeblichen Schwangerschaft zu untersuchen. Sie hielten darüber gemeinschaftlichen Rath unter sich, ohne irgend einen fremden Zeugen, und entschieden, daß die Gräfin nicht schwanger sei. Sie wurde über diesen Ausspruch so empfindlich, daß sie Dupre, auf den sie am meisten gerechnet hatte, sogar mit Stockschlägen bedrohte. — Die Marschallin zog die erfahrensten Hebammen

zu

zu Moulins und zu St. Purni zu Rath, und auch diese bekräftigten das Urtheil der Aerzte.

Was aber die Niederkunft selbst betrifft, wer wird es glauben, daß man die Mutter aus dem Zimmer ihrer Tochter gehen heiße, eben wenn diese in Kindesnöthen liegt? — eine Mutter, die, aus eigner Erfahrung bekannt mit der Behandlungsart einer Frau in solchen Umständen, den besten Rath geben konnte; deren zärtliches Herz es gewiß nicht zugelassen hätte, ihre Tochter in einem so peinvollen und gefährlichen Zeitpunkt zu verlassen; die ausdrüklich deswegen von Paris nach Saint Geran gereist war, um ihrer Tochter bei ihrer Niederkunft beizustehen; die, ich wiederhole es, ausdrüklich deswegen gekommen war? — Wer begreift es, wie der Graf von Saint Geran zugeben konnte, daß man alle weibliche Bedienten seiner Gemahlin zu einer Zeit entfernte, wo die Hülfe kaum schleunig und oft genug geschehen kann? — Warum sollte die Marquise von Bouillé, die einige Dame, welche der Erzählung nach in dem Zimmer geblieben ist, ein größeres Recht dazu gehabt haben, als die Mutter der Gräfin? Kann man es glauben, daß diese Mutter, daß die Schwestern, daß die übrigen anwesenden Verwandten

des

der Gräfin sich mit den Antworten begnügt haben, die man ihnen an der Thüre gab, und daß sie nicht ein einzigesmal hätten einen Versuch machen sollen, selbst nach ihr zu sehen? eine Vorsicht, die ihnen selbst hier um so nöthiger scheinen mußte, da die Marschallin ihre Besorgnisse wegen der Schwangerschaft ihrer Tochter nicht verhehlt hatte. Wie sollte man die Gleichgültigkeit aller dabei interessirten Personen begreifen, bei Umständen, die ihnen allen höchstwichtig sein mußten und von welchen sie sich so leicht durch den Augenschein belehren konnten, sich mit Nachrichten vom bloßen Hörensagen zu befriedigen?

Wie konnte man sich einfallen lassen, der Gräfin, die von ihrer wirklichen Entbindung überzeugt war, zu einer zweiten Entbindung Hoffnung zu machen? Die Marschallin soll einmal sechs Wochen später, als sie vermuthet hatte, entbunden worden sein. Sollte sie aber so schwach gewesen sein, deswegen sich einzubilden, es werde ihrer Tochter eben so begegnen? Man sieht zwar oft, daß eine schwangere Frau sich in ihrer Rechnung irrt, und daran können vielerlei natürliche Ursachen schuld sein. Allein es ist unmöglich, daß die Gräfin nach so anhaltenden

und

und heftigen Wehen, als sie gehabt zu haben vorgiebt, noch glauben konnte, erst in sechs Wochen entbunden zu werden.

Ueberdies; wenn sie wirklich entbunden worden war, durch was für eine Zauberei müßte sie so verblendet gewesen sein, sich vom Gegentheil überzeugen zu lassen? Die Natur ist so reich an äusserlichen unzweideutigen Zeichen, welche eine geschehene Entbindung beweisen, daß eine wirklich entbundene Frau unmöglich glauben kann, es nicht zu sein.

Doch wir wollen annehmen, es sei durch eine gewisse Uebereinkunft möglich gewesen, die Augen der Gräfin so zu verblenden: konnte man auch die Marschallin und alle übrigen Frauen, welche um die Kindbetterin waren und keinen Antheil an dem Komplot hatten, so leicht betrügen? — Der Leib ist eingesunken, die Spuren des gewöhnlichen natürlichen Abflusses sind vorhanden, und doch kann die Gräfin ihrer Mutter die Augen nicht öffnen, und sie von ihrer Entbindung überzeugen? Gerade als wenn man sagen wollte: ein Blinder, dessen Gesicht wieder hergestellt worden sei, habe niemand überreden können, daß er sehe! — Allein dies ist noch nicht alles. Die Gräfin fühlt die Bürde ihres Leibes nicht mehr, sie untersucht und erkennt alle Merkmale der Entbindung an sich und man beredet sie, nicht nur daß sie nicht entbunden worden sei, sondern sogar, daß sie zu Beförderung der Geburt sich in einer Kutsche mit sechs Pferden im vollen Galopp über geackerte Felder und böse Wege schleppen läßt. Um sich zu einer solchen Probe zu entschliessen — wenn sie anders auch wirklich vorgefallen ist — mußte sie schlechterdings selbst glauben, daß sie nicht niedergekommen seie, wie hätte sie sonst ihr Leben so muthwillig der Gefahr aussezen können?

Endlich ist die Milch eine nothwendige Folge der Entbindung. Die Natur selbst hat diese Einrichtung gemacht, um dem neugebornen Kinde sogleich eine Nahrung anzuweisen, welche ihm zuträglich ist; ohne diese weise Ordnung würde sie ihr eignes Werk der Gefahr des Verderbens in dem Augenblick aussezen, da sie ihm einen Platz unter den lebenden Wesen eingeräumt hat. Die Gräfin von Saint Geran hingegen wird im Monat August entbunden, und ihrem eignen Geständniß nach fängt die Milch erst im folgenden November an einzutreten.

Um

Um nun dieser so übel zusammenhängenden Fabel wenigstens einigen Schein von Glaubwürdigkeit zu geben, muß die Natur selbst sich mit den Räubern des Kindes verbunden, und zur Beförderung ihres Verbrechens eine ganze Reihe von Wundern gethan haben. Man sieht hier eine Frau, welche mitten unter den heftigsten Geburtsschmerzen ruhig einschlummert, und in einen sanften Schlaf versunken ein Kind gebiert, das im Augenblick verschwindet, dessen Dasein den bezauberten Augen einer zahlreichen, im Hause versammelten Familie verborgen bleibt. Sie erwacht endlich wieder eben so ruhig, als sie eingeschlafen war, und fragt nach dem Kinde, das sie im Schlaf geboren haben will. Man versichert sie, daß sie nicht niedergekommen seie, und dieser bloßen Versicherung glaubt sie mehr als den sichtbarsten Kennzeichen ihrer Entbindung, die sich von allen Seiten ihr aufdrangen und mit Gewalt der Täuschung widerstritten, mit denen man sie hintergehen wollte, und die ihr um so auffallender sein mußten, da sie das erstemal in ihrem Leben sich in diesem Zustand befand. Man geht aber noch weiter. Die Verschwornen bereden sie sogar, daß das Kind sich in der Mutter verwickelt habe. Sie hat in

ihrem

ihrem ganzen Leben gehört und gesehen, daß eine gewaltsame Bewegung einer schwangern Frau tödtlich ist. Demunerachtet macht sie zur Ablösung ihres Kindes einen Versuch, den eine vollkommen gesunde Frau nicht wagen würde. Der Versuch schadet ihr aber gar nicht, denn gegen alle die Zufälle, welche bei einer kaum entbundenen Frau auf eine so fürchterliche Erschütterung unausbleiblich erfolgen müssen, hat die Gräfin von Saint Geran einen Freibrief.

Aber sie ist nicht die einzige, bei der so auffallende Umstände keine Bedenklichkeit erregen. Selbst die Klugheit und die zärtliche Sorgfalt ihrer Mutter ist eingeschläfert, sie nimmt alle Erfindungen der Verschwornen ganz treuherzig für Wahrheit an. Sie schreibt selbst ausdrüklich in zwei Briefen, vom 15 Oktober und vom 17 November 1642, daß ihre Tochter nicht niedergekommen sei. — Auch den hellsehenden Blicken ihres Gemahls entgeht der ganze Betrug, ihm, der schon seit zwanzig Jahren die Geburt eines Erben mit voller Sehnsucht erwartete!

Aber gesezt auch, der Körper der Gräfin habe Festigkeit genug gehabt, jene fürchterliche Spazierfahr auszuhalten, die nach dem gewöhnlichen Lauf der Natur ihr leicht das Leben kosten konn=

konnte; warum blieb dann ihr Herz bei allen
diesen Auftritten, die sie doch so nahe angiengen, so ganz unerschüttert? Sie ist überzeugt,
daß sie ein Kind zur Welt gebracht habe; sie
glaubt, daß es ihr entführt worden sei: und
demungeachtet ist sie so ruhig, als ob gar nichts
geschehen wäre. Alle mütterlichen Gefühle, die
Freude, einem Kinde das Dasein gegeben, der
Stolz, einen lang gewünschten Erben ihres berühmten Hauses geboren zu haben, der Schmerz,
sich dieses Kindes beraubt zu sehen, die Verzweiflung über die hoffnungsloße Zerstörung ihres Glückes, in dem Augenblick, da sie es empfieng: alle diese Empfindungen, welche wechselsweise das Herz einer zärtlichen Mutter unter ihren Umständen beleben und empören mußten, scheinen bei ihr in tiefem Schlaf versunken.
Keine Klage hört man aus ihrem Munde, keine
Frage mehr nach ihrem Kinde. Sie fordert es
nicht von der Hebamme, die es empfangen haben mußte; weder die Marquise von Bouillé,
noch eine von den andern Frauen, die bei der
Geburt zugegen gewesen waren, und die allein
etwas davon wissen konnten, stellt sie darüber
zu Rede. Ihr Gemahl hat die höchste Gewalt
in der Provinz, alles ist seinen Befehlen unter-
wor-

worfen, kein Umstand, den er wissen will, kann seinen Untersuchungen entgehen; allein, weit entfernt von seinem Einfluß zur Entdeckung der Kindsräuber Gebrauch zu machen, redet sie nicht einmal mit ihm von der Sache. Der Lerm, den sie im ersten Anfall erregt hatte, verwandelt sich in das tiefste Stillschweigen, die ganze Geschichte wird in Vergessenheit begraben, und man hört weder von der Niederkunft, noch von dem Kinde, noch von der Entführung weiter ein Wort sprechen. Die Gräfin fürchtet sich sogar, etwas davon erwähnen zu hören, sie bittet ihre Mutter und die Damen, die ihr bei der Geburt hatten beistehen wollen, nicht davon zu sprechen, um sie nicht zum Gespött zu machen, wenn es verbreitet würde, daß sie sich zehen Monate lang für schwanger gehalten habe, ohne es zu sein.

Indeß verliert sie ihren Anschlag darum nicht aus den Augen. Die Maschine, welche sie angelegt hatte, war zwar verunglückt, aber sie sucht die Trümmer derselben wieder zusammen, um durch einen neuen Plan mit aller Gewalt ihrem Gemahl einen Erben zu geben. Zum Glück ist sie nicht erfahren genug in der Kunst, Geschichten zu erfinden. — Auf einmal erwacht
sie

sie wieder aus ihrer unnatürlichen Gleichgültigkeit; und erneuert die Nachfrage um ihr Kind. Aber bei wem erkundigt sie sich darnach? Nicht bei der Hebamme, die sie entbunden hatte; nicht bei den Frauenspersonen, die der Geburt beigewohnt hatten: sondern bei Hebammen und Aerzten zu Paris, die nichts davon gesehen hatten, und denen alle die vorgefallenen Begebenheiten unbekannt waren. Inzwischen erhielt sie doch von diesen Leuten ein Gutachten, das ihren Wünschen entsprach. Allein auch nachdem sie schon dieses Zeugniß von so vielen Kunstverständigen in Händen hatte, that sie doch weiter keinen Schritt, der sie auf die Entdeckung ihres Kindes hätte führen können. — Im Grunde: wo sind diese Gutachten der Pariser Aerzte und Hebammen? Sind sie wirklich vorhanden, warum gebraucht man sie jetzt nicht? warum zeigt man sie nicht vor? Allein, wer sich eine Niederkunft eingebildet hat, kann wohl auch von einem medizinischen Gutachten träumen.

Wer sollen nun aber die Urheber dieses Verbrechens sein? und was für ein Vortheil hätte sie gereizt, es zu begehen? — Die Marquise von Bouillé und der Marquis von Saint Mairant sind es, welche die Gräfin beschuldigt.

Sie hatten die Absicht, sagt sie, sich zu heirathen und sich so in die Beute zu theilen, welche der Marquise als Erbschaft zugefallen wäre, wenn es ihr gelungen hätte, den rechtmäßigen Erben zu unterdrücken.

Allein, gesezt auch, die Marquise wäre frei gewesen und hätte ihre Hand vergeben können, würde sie wohl den Marquis gewählt haben, einen Menschen, der schon wegen begangner Verbrechen auf der Flucht war, als sie ihn kennen lernte? der in einem jedem Frauenzimmer fürchterlichen Ruf stand, der sein ganzes Vermögen verschwendet hatte und noch überdies in ungeheuren Schulden stekte?

Wollte man auch diese Bemerkung übersehen, und annehmen, ihre Leidenschaft habe sie gegen die Fehler und gegen die Umstände ihres Liebhabers verblendet: so war sie doch noch durch die Bande der Ehe gefesselt. War sie denn schon so gewiß, von diesen Banden so bald frei zu werden? und konnte wol die bloße Hoffnung eines ungewissen Erfolgs den Entschluß zu einem so ungeheuren Verbrechen erzeugen? Müßte man nicht zum wenigsten so weit gehen, ihr auch den Plan zu einem zweiten Verbrechen zu-

zuzuschreiben, das noch schreklicher ist, als das, weswegen sie angeklagt wird?

Wenn man aber auch alle diese Voraussezungen zugeben will, was erfolgt anders, als daß man noch eine ganze Reihe von ähnlichen Voraussezungen annehmen muß, die eben so empörend sind; denn nur durch eine fortlaufende Reihe von Ungereimtheiten ist es möglich, den Roman zu entwickeln, den die Gräfin erfunden hat. — Die Marquise von Bouillé und der Marquis von Saint Maixant müßten also dies abscheuliche Komplot gemacht haben? Welches von beiden würde es zuerst gewagt haben, dem andern den gefährlichen Plan mitzutheilen? Wenn auch der Marquis, mit dem Laster vertraut, verdorben genug gewesen wäre, jedes Verbrechen, das seinen Leidenschaften schmeichelte, zu erdenken und auszuführen, war denn dies auch der Fall bei der Marquise? Nie hat man sie auch nur des kleinsten Fehltritts in ihrer Aufführung beschuldigen können; nie hat sie einen Hang zum Geiz gezeigt, nie auch nur den geringsten Verdacht erregt, der die Möglichkeit eines so schwarzen Verbrechens bei ihr ahnden liesse. Man kann sie also auch nicht für fähig halten, zur Unterdrükung dieses Kindes, deren man sie beschuldigt, den Plan entweder entworfen oder doch sich dazu einverstanden zu haben. Man muß sogar glauben, daß sie selbst den Vorschlag dazu, wenn der Marquis wirklich verwegen genug gewesen wäre ihn zu wagen, mit Entsetzen würde angehört haben.

Aber auch angenommen, daß der abscheuliche Plan wirklich in den Köpfen der beiden Beschuldigten hätte entstehen können: mußte ihnen nicht das leichteste Nachdenken ihn als unausführbar zeigen? Sie konnten doch das Verbrechen nicht allein ausführen, sie mußten also Gehülfen haben, und diese Gehülfen mußten sie im Hause des Grafen selbst aufsuchen; ihrem ganzen Plan gemäß konnten sie dazu nur solche unter seinen Leuten wählen, welche durch das Vertrauen ihrer Herrschaft gesichert, in ihrer Verrichtung selbst einen gegründeten Vorwand hatten, überall im Schlosse frei umher zu gehen, und zu thun was sie wollten, ohne daß ihr Beginnen auffiel oder den Verdacht einer unlautern Absicht erregen konnte.

Je mehr aber solche Leute das Vertrauen ihrer Herrschaft besitzen, desto schwerer sind sie zu bestechen, desto gefährlicher ist es, ihnen auch nur einen solchen Vorschlag zu machen. Ein glän-

glänzender Preis allein, den man auf die Erreichung seines Zweckes sezt, kann Muth geben, einen solchen Antrag zu wagen, und Hoffnung, ihn erfüllt zu sehen. Was anders als ein reicher Gewinn könnte einen Menschen reizen, die Hand zu einem Verbrechen zu bieten, bei dem er alles wagt? Nur durch ansehnliche Geschenke geblendet, kann er sich einer solchen Gefahr entgegenwerfen. Ueberdies war es nicht genug einen Bedienten auf seine Seite gebracht zu haben, auch die Hebamme mußte gewonnen werden. Ein zweifacher Grund mußte diese abhalten, die Treue ihres Amtes zu verlezen, einmal war es die einige Quelle ihres Unterhalts, fürs andre würde sie durch die Verlezung ihrer Pflicht sich eine doppelt empfindliche Strafe zugezogen haben. Um sie zu bestechen, konnte der Preis nicht gering sein; ihr Leben, ihre Ehre, ihr Glück, das Wohl ihrer ganzen Familie sezte sie aufs Spiel, mehr als alles dies zusammen mußte sie hoffen können zu gewinnen, wenn es nicht Thorheit sein sollte den Vorschlag anzunehmen.

Woher hätten aber die beiden Verschwornen solche Summen nehmen sollen? Weder die Marquise von Bouillé, von ihrem Gemahl getrennt, noch der Marquis von Saint Maixant, in Schul-

Schulden tief versunken, konnten in der Lage sein, so viel Geld herbey zu schaffen, als zur Erkaufung ihrer Mitschuldigen nöthig war. Zudem, wie hätten sie selbst ihre Ehre und ihr Leben den Händen solcher Leute Preis geben sollen, die sich einmal hatten erkaufen lassen, und die sich also eben so leicht wider sie selbst wieder verkaufen konnten? War dies nicht um so leichter zu fürchten, da auf der einen Seite die ganze Qual eines unruhigen Gewissens, auf der andern die Hoffnung, durch ein freiwilliges Geständniß ihres Verbrechens der Strafe desselben zu entgehen, die Miethlinge von selbst antrieb, die ganze Verschwörung zu entdecken? Mit einem Wort, wie konnten sie sich so feilen Seelen anvertrauen?

Ueberdies, würden wohl der Marquis von Saint Maixant und die Marquise von Bouillé so große Kosten für einen abscheulichen Plan verwendet haben, der sehr leicht alle ihre Erwartungen täuschen konnte? Welchen Vortheil konnten sie dann von ihrem Verbrechen erwarten, wenn die Gräfin noch einmal niedergekommen wäre, oder wenn ihr Tod den Grafen in den Stand gesetzt hätte, durch eine zweite Gemahlin Kinder zu erhalten?

Laſ-

Lassen Sie uns immer diese Betrachtungen noch weiter verfolgen, um zu zeigen, welche Ungereimtheiten aus den Angaben unsrer Gegenparthei folgen. Der Marquis und die Marquise, die man eines so schweren Verbrechens fähig hält, sollten ihren Plan nur halb ausgeführt haben, während ihr ganzes Interesse forderte, den Schritt nicht halb zu thun? Ganz mußten sie ihr Werk vollenden, wenn sie nicht Gefahr laufen wollten, die Früchte davon zu verlieren, um nichts als Schande und Strafe dafür zu ärndten. So lange das Kind lebte, waren sie keinen Augenblik vor der Entdeckung ihres Geheimnisses sicher, nie im Besiz ihres Raubes ruhig, und dieser Gefahr sollten sie sich ausgesezt haben, da es ihnen sogar noch leichter war, den Zeugen ihres Frevels ganz zu vertilgen, als ihn zu verbergen? Wie leicht konnte Beaulieu das Kind erwürgen, es in einen Fluß werfen oder auf dem Felde des Nachts einscharren? Oder wenn man ihm auch nicht Grausamkeit genug zutrauen will, mit kaltem Blut ein unschuldiges Opfer für die eigennüzigen Absichten eines andern zu schlachten: würde es ihm nicht leicht gewesen sein, das Kind in einer Stadt auszusezen, wo er doch hoffen konnte,

daß

daß der verstoßene Fremdling Versorgung finden werde? — Aber weit entfernt, die Spuren ihres Verbrechens durch irgend eine Anstalt zu bedecken, die man von der gemeinsten Vorsicht erwarten konnte, scheinen die angeblichen Verbrecher, der Erzählung der Gräfin gemäß, vielmehr große Sorgfalt angewendet zu haben, diese Spuren zu erhalten.

Die Hebamme, erzählt man, wollte dem Kinde gleich bei der Geburt den Kopf eindrücken, aber die Marquise von Bouillé gab es nicht zu. Kann man wohl glauben, daß jenes Weib eine so abscheuliche That aus eignem Antrieb würde unternommen haben, wenn sie nicht in dem Rath der Verschwornen wäre beschlossen gewesen? Hätte sie aber wirklich Unmenschlichkeit genug besessen, eine Frevelthat zu begehen, die jene nicht einmal gewagt hatten ihr vorzuschlagen; wie blind hätten diese, für deren Vortheil sie arbeitete, sein müssen, selbst einen Schritt zu verhindern, durch welchen allein sie die guten Folgen ihres Planes zu erreichen, den schlimmen zu entgehen hoffen konnten?

Beaulieu war es, fährt die Erzählung fort, dem das Kind überliefert wurde, und der es gerade in den innern Theil von Auvergne brachte,

in das Dorf Descoutour auf den Gebirgen bei
Thiers und Lavoine, wo die Marquise von Bouillé ein Schloß hatte, auf dem sie sich bisweis
len aufhielt. Ist aber dies wohl glaublich; vers
sezt es nicht vielmehr alle Regeln der Wahrscheinlichkeit und selbst der Möglichkeit? Wir haben
schon gesehen, wie wenig es wahrscheinlich ist,
daß Beaulieu auch nur zu der Rolle gewählt
werden konnte, die man ihn spielen läßt. Aber
noch weit weniger kann man begreifen, wie er,
von so vielen Menschen umgeben, das Kind aus
dem Schloß bringen konnte? wie er ein Pferd
nehmen, und geraume Zeit ausbleiben konnte,
ohne daß man die Abwesenheit eines so noth-
wendigen Bedienten, eines Haushofmeisters,
der bei den damaligen Umständen im Schlosse
unentbehrlich war, bemerkt hätte? Hatte man
sie aber bemerkt, womit konnte er sich entschuldigen? Womit wollte er eine unerlaubte Entfernung rechtfertigen, welche doppelt strafwür-
dig war zu einer Zeit, wo eine Menge Fremder
im Schlosse war, und man die Niederkunft der
Gräfin erwartete, und wo ein Bedienter vom
Hause so wenig entlassen werden konnte, daß
man selbst noch fremde Personen zur Bedienung
zu Hülfe nehmen mußte?

Das

Das Kind soll ferner von dem Dorf Descoutour nach Paris gebracht worden ,sein. Wie kann man sich bereden lassen zu glauben, daß die Marquise von Bouillé ihren Raub aus einem sichern Verwahrungsort, wo sie durch eigne Vorsicht über sein Verbergen wachen konnte, habe entwischen und an einen Ort kommen lassen, wo sie in beständiger Gefahr schwebte, ihn entdekt zu sehen!

Aber noch mehr! Bei wem wird das Kind zu Paris abgesezt? Bei Marie Pigoreau, einem Weibe, die so oft nach Saint Geran kam, ihren Schwager Beaulieu zu besuchen, und die mit allen Bedienten im Briefwechsel stand. Was bürgte für ihre Verschwiegenheit? Wie konnte man sich auf ihre Treue verlassen? Wie konnte man so viel Klugheit von ihr erwarten, nie ein Wort entwischen zu lassen, das Verdacht erregen mußte? Sie erhielt zwei tausend Livres, sagt man, für die Erziehung des Kindes. Aber hebt das jenen Einwurf, oder veranlaßt es nicht vielmehr einen neuen? Beweist nicht eben dies Geschenk, daß Marie arm war, und ihre Verschwiegenheit also dem Meistbietenden feil? Mit einer Summe, die jene überstieg, konnte man also ihr Geheimniß leicht abkaufen.

Doch

Doch ungereimter als alles bisher angeführte ist die Erfindung, daß man das Kind nach Saint Geran bringen, und es durch Beaulieu selbst seiner Mutter in die Arme liefern läßt. Kann man wohl begreifen, daß der Entführer selbst das Kind seinen Eltern wieder zugeführt haben werde? Kann man glauben, daß der Marquis von Saint Maixant und die Marquise von Bouillé einen Schritt würden zugelassen haben, der recht vorsezlich den Weg zur Entdeckung zu bahnen schien? Und nun mit welchen Empfindungen müßte nicht Beaulieu durch den Anblick dieses Kindes in den Armen seiner Eltern gepeiniget worden sein? Mußte nicht jede Liebkosung der Mutter ihm ein quälender Vorwurf der grausamen Ungerechtigkeit sein, die er an dem Kinde begangen hatte? Mußte ihn nicht unaufhörlich der Gedanke beunruhigen, seinen Herrn zum Bedienten in seinem eigenen Hause herabgesezt zu haben? Mußte nicht jeder Blick auf das unglückliche Opfer seiner schändlichen Habsucht ein Dolchstich für ihn sein, der sein Gewissen durchbohrte und ihn zur Entdeckung seines Verbrechens aufforderte? Es sollen auch wirklich, sagt man, ihm bisweilen unwillkürliche Aeusserungen entwischt sein, die ganz deut-

deutlich errathen liessen, daß er ein Geheimniß von der höchsten Wichtigkeit auf dem Herzen haben müsse, das seine Herrschaft nahe angehe. Aber diese verrätherischen Winke bleiben ohne Folgen, man spürt seinem Geheimniß nicht nach. Endlich wird er vergiftet, und in den Armen des Todes legt er das Bekenntniß ab, daß er dem Grafen und der Gräfin einen grossen Schaden zugefügt habe. Alles dies weißt man, und doch wird nicht die geringste Bewegung gemacht, weder dies Geheimniß zu entdecken, noch die Urheber von Beaulieus Tod herauszubringen.

Wer muß nicht eine so unempfindliche Gleichgültigkeit unglaublich finden, vorzüglich bei einer Mutter, die noch jezt so vielen Eifer zeigt, ein Kind wiederzufinden, das sie vergessen hatte, und das sie mit ungestümer Hize solchen Personen abfordert, die davon keine Nachricht haben können, während sie diejenigen, die sie der Entführung desselben wirklich beschuldigt, ruhig sterben läßt, ohne nur mit einem Wort darnach gefragt zu haben. So lange die Marquise von Bouillé lebte, wagte man es nicht, auch nur den leisesten Verdacht eines Verbrechens zu äussern, mit dem man jezt ihr Andenſen beſchimpft. Und doch war ſie die einzige, die den Schlüſſel zu dem ſonderbaren Geheimniß hatte; ſie mußte man angreifen, ſie mußte man der obrigkeitlichen Unterſuchung überliefern, um Aufſchluß zu erhalten. Allein man wagte es nicht, mit dem Roman hervorzutreten, ſo lange ein ſo furchtbarer Zeuge vorhanden war, der ihn mit einem einzigen Wort in ſeiner ganzen Blöße darſtellen, und alle darauf gebauten Plane in ihrem Grunde zerſtören konnte.

Zwei Hauptbegebenheiten ſind es, worauf dieſer ganze Roman beruht: erſtlich, daß die Gräfin von einem Sohn entbunden worden iſt, und zweitens daß Marie Pigoreau nie mehr als zwei Kinder gehabt hat, wovon das jüngere, an deſſen Stelle das Kind der Gräfin eingeſchoben wurde, geſtorben iſt.

Die erſte dieſer Thatſachen hat die Gräfin auf folgende Art erwieſen. Durch die unumſchränkte Gewalt, die ſie über ihren Gemahl hat, wußte ſie dieſen dahin zu bringen, daß er die Hebamme durch die Gouvernementswache einziehen, ſie in ein finſtres Loch in ſeinem Schloſſe werfen und ſo lange mißhandeln ließ, bis er ihr das Bekenntniß auspreßte, daß ſie das Kind von der Gräfin heimlich entbunden habe durch Hülfe

Hülfe eines Zaubertranks, der die Geburtsschmerzen auf eine der Kammerfrauen übergetragen habe. Man wendete alles an, ihr solche Aussagen abzunöthigen, die man zu seinem Zweck bedurfte. Daher alsdenn die Verschiedenheit und die Widersprüche in ihren Antworten bei den Verhören. Ihre Aussagen sind wahr, so lange sie frei sprechen konnte; sobald man aber Zwangsmittel anwendete, mußte sie zu Erdichtungen ihre Zuflucht nehmen.

Dies wäre also eine Entbindung in der Einbildung, zu deren Beweis ein einziger Zeuge aufgestellt wird, dessen Aussagen sich durchkreuzen und widersprechen. Allein dieser Zeuge selbst hat noch in den lezten Augenblicken seines Lebens Beweise gegeben, daß alle die Antworten, die den ränkevollen Planen der Gräfin zu entsprechen scheinen, mit Gewalt und Zwang erpreßt worden sind. Das alte drei bis vier und achtzigjährige Weib wurde in dem Parlementsgefängniß von einer tödtlichen Krankheit befallen, eben da das Urtheil wider sie gesprochen werden sollte. Die Herzogin von Ventadour und die Gräfin von Lüde baten den Gerichtshof, sie durch zwei Räthe noch einmal verhören zu lassen. Aber die Lage, worin sich der

Pro=

Prozeß damal schon befand, erlaubte weiter kein Verhör. Die Hebamme wurde indeß immer schwächer, und war schon ihrem Ende nahe. Sie empfieng also die Sakramente, und erklärte noch bei dieser feierlichen Handlung in Gegenwart mehrerer Personen ganz freimüthig: daß die Gräfin nicht entbunden worden sei, und daß alle ihre Aussagen, welche das Gegentheil zu bekräftigen scheinen, mit Qualen und Drohungen ihr abgedrungen worden seien. Die beiden Damen baten also noch einmal, daß man wenigstens den Priester, der die Hebamme mit den Sakramenten versehen und jene Erklärung von ihr empfangen hatte, durch zwei Parlementsräthe abhören lassen möchte. Allein aus dem nämlichen Grunde, wie das erstere, wurde auch dieses Gesuch abgeschlagen.

Ein so bestimmtes Zeugniß, in der letzten Todesstunde gegeben, wo die Wahrheit über alle andre Betrachtungen siegt, macht dennoch die Gräfin gar nicht bedenklich, sie behauptet noch immer fort, daß ihre Niederkunft eine ganz gewisse Thatsache sei. Allein bloßes Behaupten ist hier nicht genug — auch das Kind muß da sein, dem diese Niederkunft das Leben gegeben hat.

Die Gräfin giebt sich also alle Mühe, eine Mutter zu finden, die sich gern ihres Kindes erledigen, und es ihr zu ihren Zwecken überlassen wollte. Allein die Wachsamkeit der Marschallin vereitelte diesen Anschlag. Man richtete also seine Absichten auf Marie Pigoreau. Man hielt es nicht für schwer, ein armes Weib mit Gelde zu erkaufen, und hoffte sie noch leichter durch den Einfluß ihres Schwagers Beaulieu, eines treuen Bedienten vom Hause, zu gewinnen. Sie widersteht standhaft jeder Verführung, man nimmt ihr also mit Gewalt, was sie nicht gutwillig geben will, und um das Verbrechen zu rechtfertigen, will man nun das Gericht selbst zum Mitschuldigen machen.

Es wird also hier nöthig sein, die wahre Geschichte von Mariens Familie zu erzälen. Sie hatte zwei Kinder von ihrem Manne, das eine war am Leben, als dieser starb, mit dem andern war sie schwanger, und brachte es zwei Monate nach ihres Mannes Tode, den 9 August 1639, zur Welt, und ließ ihm in der Taufe den Namen Heinrich geben. Sie hatte aber nachher noch ein drittes Kind, die Frucht eines unerlaubten Umgangs mit einem Tanzmeister, Namens Bernhard von Mantes, der mit ihr in einem Hause wohnte. Dieses Kind übergab
sie

sie einer Amme zu Torcy, und von diesem spricht der Taufschein aus den Büchern der Kirche zu Saint Jean-en-greve, den die Gräfin beigebracht hat. Es wurde am 7 März 1642, also beinahe drei Jahre nach Heinrichs Geburt, getauft, und erhielt den Namen Bernhard, den sein Vater führte. Daß die Namen des Vaters und der Mutter im Kirchenbuche nicht enthalten sind, hat den natürlichen Grund, weil beide nicht gerne ein solches Denkmal ihrer Unenthaltsamkeit wollten errichten lassen. Johanne Chevalier, eine gewöhnliche Wärterin, die auch Marien in ihren Wochen beistand, ließ das Kind taufen und brachte es hernach zu einer Amme im Dorfe Torcy. Nachdem es entwöhnt war, übergab man es einer Krämerin, Namens Magdalene Tripier, die ihre Bude in einer Ecke bei Saint Paul hatte. Frei und öffentlich wurde der Knabe bis ins Jahr 1648 bei dieser Frau erzogen und sobald er alt genug war, um Dienste zu nehmen, unter die Soldaten gebracht, und während dieses Prozesses befand er sich bei der Armee.

Dies ist also eigentlich das Kind, auf welches die Gräfin Ansprüche machen müßte. Aber um ihr Recht auf dasjenige zu behaupten, das sie einmal in Anspruch genommen hat, verdreht sie

sie nach Gefallen Mariens Familiengeschichte. Nach ihrer Behauptung ist Marie nur zweimal in ihrem Leben Mutter geworden, und beide Kinder waren Früchte ihrer rechtmäßigen Ehe; in ihrem Wittwenstand hat sie entweder so züchtig gelebt, oder doch so vorsichtig, daß ihre Ausschweifungen weiter keine Folgen hatten. Aber das zweite Kind, sagt die Gräfin, das Marie nach dem Tode ihres Mannes zur Welt brachte, starb bald nach seiner Geburt, und an seine Stelle wurde das Kind, das die Gräfin selbst auf eine so wundervolle Art geboren haben will, untergeschoben, und dieser Wechsel wurde so fein ausgeführt, daß niemand das Verschwinden des einen und die Ankunft des andern Kindes bemerkte.

Allein was ist diese ganze Geschichte anders, als eine bloß willkürliche Behauptung, ohne allen Beweis und selbst ohne alle Wahrscheinlichkeit? Man kann nie als eine rechtliche Vermuthung voraussezen, daß jemand, aus bloßem Muthwillen ohne den geringsten Nuzen dadurch zu erreichen, ein Verbrechen begangen habe. Was für Nuzen konnte aber Marie davon hoffen, die bürgerliche Fortdauer eines Kindes zu erhalten, das ihr der Tod geraubt hatte? Was für einen Gewinn konnte ihr die Entführung eines

nes Kindes aus dem vornehmsten und reichsten Hause des Königreiches versprechen, das sie an die Stelle des ihrigen sezte und bei sich in Niedrigkeit und Elend vergrub? Der Wunsch, einen Erben zu haben, konnte sie nicht dazu reizen, denn sie hatte noch einen lebenden Sohn; und es läßt sich überhaupt schwer begreifen, wie einer Frau von ihrem Stande so viel daran gelegen sein könnte, ihren unbekannten Namen auf die Nachwelt zu bringen und einen Erben ihrer Armuth zu hinterlassen.

Diese Gründe würden an sich schon hinreichend sein, die Erdichtungen zu widerlegen, welche die einzigen Beweismittel sind, auf welche die Gräfin von Saint Geran das Werk ihrer Phantasie und ihrer eigennüzigen Ränkesucht gründet. Aber sie werden noch durch den wichtigen Umstand unterstüzt, daß sich das Kind, worüber der Streit geführt wird, von seiner Geburt an in dem Besizstand eines Sohnes von Marie Pigoreau befunden hat. Dieses Kind, das die Gräfin von Saint Geran zum Enkel eines Marschalls von Frankreich erheben will, ist nichts mehr und nichts weniger als Heinrich Beaulieu, der Sohn eines bloßen Fechtmeisters. Unter diesem Namen und unter dieser

Eigenschaft hat er immer gelebt. Als solcher hat er an seine Mutter Pigoreau und an seinen ältern Bruder, Anton Beaulieu, mehrere Briefe geschrieben, die man auch vor Gericht vorgezeigt hat; als solcher wurde er zwei Jahre an den Brüsten seiner Mutter gesäugt; als solcher von der Obrigkeit selbst der Vormundschaft seiner Mutter übergeben; als solcher endlich sogar in dem Hause des Grafen und der Gräfin von Saint Geran bis auf den Augenblik anerkannt, da es der Gräfin einfiel, ihn zum Erben des Namens und der Güter ihres Gemahls zu machen. Eben dieß beweist auch ein Brief, den Boile, der Almosenier des Grafen, an Marien geschrieben hat, in welchem er ihr Nachricht von den Fortschritten ihres Sohnes giebt, und welchen er endlich mit folgenden Worten schließt: Heinrich steht noch in sehr großen Gnaden bei dem gnädigen Herrn, und die Gräfin hat ihn so lieb, daß sie nicht zärtlicher gegen ihn sein könnte, wenn er auch ihr eigner Sohn wäre. Sie läßt ihn jezt fechten und tanzen lernen.

Dieser Heinrich war demnach öffentlich im Besitz der Sohnschaft des Fechtmeisters Beaulieu, und diesen

diesen Rang haben ihm also Natur und Geseze angewiesen.

Es ist wahr, man hat ein Testament des Grafen von Saint Geran vorgebracht, in welchem er dieses Kind förmlich für seinen Sohn erkennt. Allein dieser Zeuge, den seine Gemahlin mit ihren Einbildungen angesteckt, und den sie durch Schmeicheleien und mißbrauchtes Zutrauen für ihre Erdichtungen eingenommen hat, der in dem Prozesse, der allein unter seinem Namen angefangen und fortgesezt wurde, selbst Parthei ist, verdient nicht mehr Glauben als seine Gemahlin, mit welcher er in dieser Rüksicht gleichsam nur Eine Person ausmacht.

Ueberdies wird dieses Zeugniß durch ein anderes entkräftet, das von den angesehensten Personen seiner Familie ausgestellt wurde. Die Grafen von Saligni, von Sevignon, von Aubepin, von Bousseuil, die Frau von Angouleme, die Frau von Schomberg, die Herrn von Gonneville, von Sobbeville, von St. Pierre und Bellefonds — alle diese Standespersonen weigerten sich, die Gräfin zur Vormünderin ihres vorgeblichen Sohnes vorzuschlagen. Sie wollten nicht durch ihre Unterschrift die Einschiebung eines Kindes bekräftigen, durch welche

der

der Sohn eines Fechtmeisters zum Erben des Hauses von Guiche erhoben werden sollte. — Es ist also in der Familie selbst nichts vorgegangen, wodurch die Verwandlung Heinrich Beaulieus in einen Grafen von Guiche, nur einigen Schein bekommen könnte.

In der Hiße, mit der die Gräfin ihren Vorsaz, für die Mutter dieses Kindes erklärt zu werden, verfolgte, ließ sie sich zwar durch diese Weigerung der ganzen Familie ihres Gemahls nicht irre machen. Sie nahm ihre Zuflucht zu den Gerichten zu Moulins, und ließ sich durch diese zur Vormünderin ihres vorgeblichen Sohnes bestätigen. Allein ausserdem daß diese Verhandlung, als erbettelt und durch den Einfluß des Ansehens der Gräfin den Gerichten abgedrungen, an sich ungültig ist, wird sie auch noch durch zwei andre gerichtliche Verhandlungen entkräftet. Die Herzogin von Ventadour und die Gräfin von Lüde haben eine Bestätigung ihrer Ansprüche auf die Erbschaft erhalten, indem man ihnen ein Inventarium darüber bewilligt hat; sie haben diese zuerkannten Ansprüche auch vor dem Chatelet zu Paris geltend gemacht, und wider die Vormundschaftsbestätigung der Gräfin eine Appellation übergeben. Noch einmal

mal also! Nichts hat dieses Kind aus dem Besizstand seiner Herkunft gebracht; es war, und ist also, und kann nichts anders sein, als Heinrich Beaulieu."

Auſſer diesen Gründen, die bloß aus der angegebnen Thatsache floßen, und sich nur auf die Vertheidigung Mariens, und der Hebamme gegen die peinliche Anklage der Gräfin bezogen, hatten die Damen von Ventadour und von Lüde, noch einige besondre Rechtsgründe, welche sie für sich anführen konnten, und welche vorzüglich ihre Angelegenheit von der Sache der vorgeblichen Verbrecher unterschied. Sie beriefen sich besonders auf zwei Säze. Erstlich: Durch den peinlichen Prozeß, der wider Marien und die Hebamme geführt wird, kann gegen die Damen von Ventadour und von Lüde nicht erwiesen werden, daß das Kind, welches die Gräfin unter dem Namen Bernhard von Guiche für ihren mit dem Grafen von Saint Geran erzeugten Sohn ausgibt, berechtigt sei, sich der Erbschaft anzumaßen, welche sie in Anspruch nehmen, und mithin muß gegen diese beide Damen im Wege des bürgerlichen Rechts verfahren werden. Zweitens: die Gräfin kann durch keinen einzigen bürgerlichen Beweis darthun, daß sie

die

die Mutter des vorgegebenen Kindes sei; dieses ist also untergeschoben, und folglich muß das Recht der Erbfolge, das durch die Bewilligung eines Inventariums den beiden Damen gerichtlich zuerkannt worden ist, bestätigt werden.

Der ganze Beweis, auf den die Ansprüche der Gräfin sich gründen, ist aus dem peinlichen Prozeß gegen Marie Pigoreau und die Hebamme genommen. Allein Beweise von dieser Art können nicht weiter als gegen den Angeklagten gelten. Das Resultat einer peinlichen Untersuchung kann kein anders sein, als die Verurtheilung oder die Freisprechung des Beschuldigten. Die Damen von Ventadour und von Lüde haben der Gräfin weder ein Kind entführt noch eins entführen lassen; sie kann also der ganze Prozeß wegen der Entführung nicht betreffen. Man hat freilich die Marquise von Bouillé als Mitschuldige bei der Unterdrückung des Kindes angegeben, und hat behauptet, daß die Gräfin von Lüde, ihre Tochter und Erbin, in ihre Stelle bei dem Prozeß eintrete. Allein die Gräfin von Saint Geran hat nicht den Muth gehabt, die Marquise anzuklagen, die noch zwei Jahre während des Prozesses lebte, mithin hatte weder diese noch ihre Tochter den mindesten

An-

Antheil an der peinlichen Untersuchung. Noch mehr; selbst da die Damen von Ventadour und von Lüde Antheil an dem Prozeß nehmen wollten, hat die Gräfin von Saint Geran alles aufgeboten, sie davon auszuschliessen, und hat selbst am 10 August 1657 einen gerichtlichen Bescheid ausgewirkt, der die Zwischenkunft der Damen bei dem Prozeß für unzuläßig erklärt. Wäre es nun gerecht, den Prozeß selbst gegen sie geltend zu machen, nachdem man ihre Zwischenkunft dabei für ungültig erklärt hat?

Freilich wendet die Gräfin ein, daß die beiden Damen, damals als sie in den Prozeß eintreten wollten, kein Interesse dabei gehabt haben, indem der Graf von Saint Geran noch nicht gestorben und seine Erbfolge also noch nicht offen gewesen sei. Aber hätten sie denn kein Interesse dabei, wenn man ihre ganze Familie beschimpft, indem man ihr den Sohn eines Tanzmeisters als rechtmäßigem Nachkommen aufbringen will? Hätten sie kein Interesse dabei, wenn sie in Gefahr waren, daß die Kabale die Anerkennung des untergeschobenen Kindes auswirkte, und sie auf immer eines rechtmäßigen Erbes beraubte? Jezt will freilich die Gräfin die Zwischenkunft der beiden Damen anerkennen, aber

aber jetzt stehen die Sachen nicht mehr wie vorher.

Mit einem Wort gegen die Damen von Ventadour und von Lüde kann der ganze peinliche Prozeß nichts gelten. Sie haben gar keinen Antheil an der vorgegebenen Entführung des Kindes. Sie sind hier nicht Beklagte, die sich vertheidigen müssen, sondern sie klagen selbst, daß man ihnen eine Erbschaft entziehen will, und fordern Gerechtigkeit vor dem bürgerlichen Richter. Die Gräfin muß beweisen, daß das Kind, das sie zum einzigen Erben ihres Gemahls einschieben will, wirklich ihr Sohn sei. Die Ausflucht, daß in keinem gemischten, sondern nur in einem bloß bürgerlichen Rechtshandel beide Partheien Beweise der Thatsachen führen dürfen, kann hier nichts gelten, indem erstlich dieser Unterschied zwischen einem bloß bürgerlichen und einem gemischten Rechtshandel ganz willkürlich ist und sich durchaus auf kein Gesetz gründet, fürs zweite aber die gegenwärtige Rechtssache der beiden Damen wirklich bloß bürgerlich ist. Hier muß es ihnen also eben so gut gelten, Gegenbeweise zu führen, als es der Gegenparthei vergönnt ist, Beweise zu geben. Wenn man die Aussagen der Hebamme als Beweise für die Gräfin

Gräfin annehmen will, so muß man diesen auch zugestehen zu beweisen, daß der Hebamme ihr Bekenntniß mit Gewalt abgedrungen worden sei, und daß sie in den lezten Stunden ihres Lebens alles widerrufen habe. Wenn man von den übrigen Zeugenaussagen für die Gräfin Gebrauch machen will, so muß man auch den beiden Damen dagegen erlauben zu beweisen, daß die Zeugen bestochen waren.

Gegen die Damen von Ventadour und von Lude gilt also kein andrer als der Weg des bürgerlichen Rechts. Vor dem bürgerlichen Richter muß die Gräfin beweisen, daß das Kind für dessen Mutter sie sich ausgibt, wirklich ihr Sohn sei. Diesen Beweis wird sie aber nie führen können.

Die Aechtheit der Abstammung eines Kindes läßt sich nicht physisch und demonstrativisch erweisen, man muß sich also dabei auf moralische Beweise, oft sogar auf bloße Vermuthungen einschränken. Der Beweis durch Zeugen würde oft unmöglich sein, indem entweder bei der Niederkunft gar keine Zeugen zugegen waren, oder zur Zeit der Untersuchung keiner mehr von ihnen am Leben ist. Ueberdies kann ein solches Zeugniß weiter nichts erweisen, als daß eine Frau

Frau zu einer gewissen Zeit ein Kind geboren habe; aber ob das Kind, wegen dessen rechtmäßiger Abstammung der Streit entstanden ist, auch das nämliche sei, das er damals sah geboren werden, kann jener Zeuge eben so wenig wissen als ein andrer, indem die Eltern leicht, durch ein gemeinschaftliches Interesse verbunden, ein fremdes Kind können untergeschoben haben.

Diese physische Unmöglichkeit, die Aechtheit der Abkunft eines Kindes zu erweisen, hat die Gesellschaft und die Richter gezwungen, sich mit Vermuthungen zu begnügen, die sie in einem solchen Fall, als die einigen bürgerlichen und politischen Beweismittel gelten lassen.

Das erste dieser Beweismittel sind die Taufbücher, in welche der Name und Zuname des Kindes und seiner Eltern, die Zeit und die Zeugen der Taufhandlung eingeschrieben werden. Allein wenn man diesen Beweis recht genau untersuchen will, so ist er nichts weniger als zuverlässig. Zwar schreibt der Priester, der die Taufe verrichtet hat, diese Handlung ins Kirchenbuch ein, und beglaubigt die Geburt und die Kindschaft des Getauften; er handelt dabei als öffentliche Person, und sein Zeugniß hat also gerichtliche Gültigkeit. Aber er war nicht bei der

der Geburt des Kindes, er hat es nicht von dem Augenblick an, da es seiner Mutter Schoos verließ, bis zur Taufe unter Augen gehabt. Er muß folglich den Aussagen der Personen glauben, die das Kind zur Taufe bringen, und was er also in dem Taufbuche bezeugt, ist nur Beglaubigung jener Erzählung. Ist aber diese Erzählung falsch, waren diese Personen einverstanden den Priester zu betrügen, was bleibt ihm für ein Mittel übrig, sich gegen den Betrug zu sichern, gesezt auch, daß es ihm weniger gleichgültig wäre, die Wahrheit jener Aussagen zu ergründen, als es gewiß gewöhnlich der Fall ist? Es ist unmöglich, allen diesen Schwierigkeiten vorzubeugen, und dadurch ist man genöthiget gewesen, sich auf die Treue des Priesters und der Zeugen, deren Aussagen dieser beglaubigt, zu verlassen, und diese Aussagen also den Rang bestimmen zu lassen, den das Kind in der Gesellschaft einnehmen soll.

Das zweite Beweismittel für die rechtmäßige Abstammung, welches die bürgerlichen Geseze für gültig erkennen, ist der Besiz des Standes, den ein Kind von seiner Geburt an unangefochten genossen hat. So spricht das Gesez *)

Wenn

---

*) Si vicinis vel aliis scientibus, uxorem liberorum pro-

Wenn es öffentlich bekannt ist, daß du mit einer Frau zusammen lebst um Kinder von ihr zu bekommen, und aus eurer Verbindung eine Tochter erzeugt wird: so soll deine Ehe und die Geburt deiner Tochter als rechtsgültig angesehen werden, wenn schon weder die eine noch die andre durch eine gerichtliche Urkunde bestätigt wird. Der Grund dieser Verordnung läßt sich aus einem andern Geseze erkennen, wo es heißt: *). Eine Urkunde zum Beweis einer geschlossenen Ehe beweist nichts, wenn die Wahrheit das Gegentheil enthält, d. i. wenn die Verehlichung nicht wirklich geschehen ist. Im Gegentheil hebt der Mangel einer gerichtlichen Urkunde die Rechtsgültigkeit

procreandorum causa domi habuisti, et ex eo matrimonio filia suscepta est; quamvis neque nuptiales tabulae, neque ad natam filiam pertinentes factae sunt, non ideo minus veritas matrimonii, aut susceptae filiae suam habet potestatem l. 9. Cod. de nuptiis.

*) Neque sine nuptiis instrumenta facta ad probationem matrimonii sunt idonea, diversum veritate continentre: neque, non interpositis instrumentis, iure constructum matrimonium irritum est, cum omissa quoque scriptura, caetera nuptiarum indicia non sunt irrita. l. 13. eod.

keit der Ehe nicht auf, indem der Mangel dieses Beweises das Vorhandensein andrer Beweise nicht ausschließt — Die Behandlung eines Kindes (tractatus, wie es in der Rechtssprache ausgedrükt wird) d. i. wenn es von seinen Eltern und von allen Verwandten als ein rechtmäßiges, ehliches Kind angenommen, erhalten und erzogen worden ist, muß also als der einige Beweis für die Aechtheit seiner Abstammung gelten, wenn kein Taufzeugniß vorhanden ist.

Allein keinen von diesen Beweisen hat der Bernhard für sich, den die Gräfin sich als ihr Kind anmaßt. Kein Kirchenbuch, keine öffentliche Urkunde beglaubigt seine Abkunft; und ganzer acht Jahre lang, von seiner Geburt an, wurde er weder für einen Sohn des Grafen und der Gräfin gehalten, noch als ein solcher behandelt. Erst nach dieser Zeit fiel es der Gräfin ein, ihren Pagen zum Sohn und Erben ihres Gemahls umzuschaffen.

Alle andere Beweise, wendet man ein, sind dadurch ersezt, wenn beide Eltern ein Kind als das ihrige anerkennen. — Allein die bloßen Erklärungen der Eltern können nicht die Stelle der Beweise für die Aechtheit ihres Kindes vertreten,

treten; ohne gesezmäßige Beweise seiner rechtmäßigen Geburt gelten jene bloßen Behauptungen gar nichts. Dies sagt das Gesez mit ganz unzweideutigen Worten *). — Was würde auch am Ende daraus entstehen, wenn das Schiksal eines Kindes von dem Eigensinn der Eltern abhienge, wenn es bloß einer solchen Erklärung bedürfte, um ein Kind anzunehmen oder zu verstoßen?

Aus diesem allem ergiebt sich also, daß das Kind, worüber dieser Streit geführt wird, kein anderes Mittel hat, seinen vorgegebenen Stand zu behaupten, als den peinlichen Prozeß. Es ist aber auch schon gezeigt daß dieser gegen die beiden Damen von Ventadour, und von Lüde gar nicht statt finde.

Doch wir wollen uns einen Augenblick auf diesen peinlichen Prozeß einlassen. Eine kurze Wiederholung der wichtigsten Umstände, welche die Gräfin zur Behauptung ihres so unglüklich erfundnen Romans angeführt hat, wird uns deutlich genug zeigen, daß daraus auch nicht ein

---

*) Parentes natales, non confessio adsignat. l. 22. C. de liberal. cauf. Non nudis adseverationibus, nec ementita professione, (licet utrique consentiant) sed matrimonio legitimo concepti vel adoptione solemni, filii civili iure patri constituuntur. l. 14. C. de probat.

ein einiger Beweis erfolgt, den die Gräfin für ihr System benutzen könnte.

1. Alles beruht darauf, daß die Gräfin zur Zeit ihrer vermeintlichen Niederkunft einen Tag und eine ganze Nacht, mit der Marquise von Bouillé, der Hebamme, und dem Haushofmeister, allein in einem Zimmer verschlossen gewesen sei. — Dieser Umstand, auf den die ganze Fabel sich gründet, ist mit nichts erwiesen; und kein einiger Zeuge ist vorhanden, der den Haushofmeister mit einem Kinde aus dem Zimmer der Gräfin hätte kommen gesehen.

2. Man hat vorgegeben, daß Heinrich Beaulieu, Mariens zweiter Sohn, gestorben sei, um desto wahrscheinlicher behaupten zu können, daß Marie nicht die Mutter des Kindes sei, das man gern zu einem Grafen von Saint Geran erheben wollte. — Aber man hat keinen Todtenschein vorgezeigt, und nicht ein einiger Zeuge bestätigt auch nur eine Krankheit, noch vielweniger den Tod des vorgeblich Verstorbenen. Unstatt alles Beweises führt man bloß an: Marie habe selbst gesagt, daß ihr Sohn gestorben sei. Allein, wenn jemand Ansprüche auf die Erbschaft eines Kindes machte, von dessen Tod er keinen andern Beweis anführen könnte, als:

er habe die Mutter sagen gehört, daß es gestorben sei: würde man darum seine Ansprüche sogleich für gültig erkennen?

3. Von den Gesetzen wird kein Beweismittel anerkannt, das sich nur auf Wunder gründet, auf Vorfälle, die dem gewöhnlichen Lauf der Natur widersprechen *). Es ist aber ganz wider alle Regeln der Natur, daß eine Frau im tiefen Schlaf ohne alle Schmerzen entbunden werden könnte. Geburtsschmerzen können durch keinen Schlaf überwunden werden, und die stärkste Zauberei selbst, wenn sie auch möglich wäre, würde doch ein Gesez, das durch den Ausspruch des allmächtigen und unwandelbaren Gottes festgesezt ist, nicht aufheben können; das Weib muß ihre Kinder mit Schmerzen gebären. Eine solche Hypothese verdient also gar kein Gehör vor dem Richter.

4. Einige bei dem Prozeß vorgelegte Briefe der Marschallin von Saint Geran sind sogar schrift-

---

*) Iura constitui oportet, ut dixit Theophrastus, in his, quae ἐπὶ τὸ πλᾶςον, id est, ut plurimum accidunt, non quae ἐκ παραλόγȣ, id est, ex inopinato. L. 3. ff. de legibus Ex his, quae forte uno aliquo casu accidere possunt, iura non constituuntur. L. 4. eod. Nam ad ea potius debet aptari ius, quae frequenter et facile, quam quae perraro eveniunt. L. 5. eod.

schriftliche, sehr bestimmte und bündige Beweise, daß die Gräfin nicht entbunden worden ist. Ueberdies hatte sich diese Dame schon im Julius 1641 ausdrücklich deswegen nach Saint Geran begeben, um ihrer Tochter bei der Niederkunft beizustehen, und blieb bis zum Januar des folgenden Jahres. Auch war die Tante der Gräfin, die Frau von Saligni, bis ans Ende des Oktobers auf dem Schlosse. Welche magische Kunst wäre denn im Stande gewesen, den Augen dieser Damen eine Begebenheit unbemerkt zu entziehen, auf welche ihre ganze Aufmerksamkeit geheftet war, bei welcher jeder kleine Umstand ihrer zärtlichen Sorgfalt wichtig scheinen mußte? Alle äusserlichen Kennzeichen der Schwangerschaft verschwinden bei der Gräfin, ihr Leib tritt in seine natürliche Gestalt zurük, das Eintreten der Milch, die Mittel, die man zur Vertreibung derselben anwenden muß, die Bettücher, die bei der Geburt gebraucht worden waren: mit einem Wort alles bleibt unsichtbar vor den Augen einer sorgsamen Mutter und einer zärtlichen Tante? Wären ihnen aber alle diese Umstände nicht verborgen geblieben (und wie hätten sie ihnen verborgen bleiben können, wenn die Entbindung wirklich geschehen wäre?

re?): Warum haben sie nicht im Angesicht der ganzen Welt behauptet, die Gräfin sei entbunden worden? Warum schreibt denn die Marschallin ausdruklich das Gegentheil in ihren Briefen? Man hat sie also wohl bezaubert, um ihnen die Entdekung dieser untrüglichen Kennzeichen der Entbindung unmöglich zu machen?

5. Man behauptet, Beaulieu und die Hebamme seien von dem Marquis von Saint Mairant und der Marquise von Bouillé bestochen worden. — Aber man giebt keinen einzigen Beweis von dieser Behauptung; die Hebamme hat nie ein Wort davon verlauten lassen; man weiß sogar, daß die Umstände selbst die Bestechung unmöglich machten: und doch ist dieser Umstand ein Grundpfeiler des ganzen Luftgebäudes!

6. Die Gräfin will von allen Wegen, die man bei der Entführung Bernhards, ihres vorgeblichen Sohnes, genommen hat, genau unterrichtet sein. Gleichwohl verliert sich schon vom Anfang der Reise an die Spur. Indem er von dem Dorfe Descoutour weggebracht wird, verschwindet er den Blicken der Kundschafter, welche die Gräfin anführt, und nichts füllt die Lücke zwischen dem Verschwinden des Kindes zu

Descoutoux und der Erscheinung desselben bei Marie Piggreau zu Paris. Worauf gründet man denn die Behauptung, daß das Kind, das dort den Augen der Spionen entgeht, eben dasselbe sei, das um diese Zeit bei Marien erscheint? Dieser Sprung allein muß schon der romanhaften Erzälung der Gräfin von Saint Geran alles gerichtliche Ansehen entziehen.

7. Die Damen von Ventadour und von Lübe haben im Gegentheil vor Gericht behauptet, sie seien im Stande zu beweisen, daß eben der Bernhard, der zu Saint Jean-en-greve getauft und zu Torcy gesäugt worden, der Sohn des Tanzmeister Bernhards sei; sie haben sich sogar erboten, den Vater und den Sohn dem Richter vorzustellen. Sowohl die Zeitpunkte der Taufe und des Säugens, als die übrigen Umstände aus dem Leben dieses Sohnes von dem Tanzmeister Bernhard treffen vollkommen mit dem überein, was die Gräfin angiebt, und dieser Bernhard ist es also, von dem man bereit ist zu beweisen, daß er von seiner Taufe an bis auf den gegenwärtigen Augenblick der nämliche ist, der sich noch jetzt bei seinem Vater Bernhard von Mantes befindet.

8. Die

8. Die Damen haben sich auch erboten, ganz unverdächtige Zeugen zum Verhör zu bringen, die zu der Zeit, da die Gräfin ihre Entbindungsrolle spielte, auf dem Schlosse zu Saint Geran gewesen sind, die mit Beaulieu gegessen, getrunken und gesprochen haben, und also wissen, daß er damals nicht einen einzigen Tag abwesend war, und welche die Marschallin vom Julius 1641 bis zum folgenden Januar auf dem Schlosse gesehen haben; andre, welche das Kind, das Marie nach dem Tode ihres Mannes geboren hat, zu Saint Jean-en-greve taufen und zu Torcy erziehen sahen, und die es immer überall, wo es nachher hingekommen ist, vor Augen gehabt haben.

Der Vortheil, den die Gräfin dadurch zu haben glaubte, daß Marie auf die Nachricht von einer wider sie dekretirten gefänglichen Haft die Flucht ergriff, kann ihr wenigstens wider die Damen von Ventadour und von Lüde nichts helfen, auf welche das Betragen dieses Weibes keinen Einfluß haben kann, da der peinliche Prozeß nicht wider sie gerichtet ist, und sie daran nicht den geringsten Antheil nehmen.

Sollte aber endlich auch entschieden werden, daß das Kind, worüber der Streit geführt wird,
nicht

nicht Heinrich Beaulieu sei: so wäre darum der Hauptpunkt, nämlich die bestrittene Kindschaft, noch keineswegs entschieden; denn daraus, daß Heinrich nicht Mariens Kind ist, folgt noch gar nicht, daß er der Gräfin Kind sein müsse. Eine solche Folgerung würde hier um so weniger Statt finden, da man sich erbietet, durch einen vollständigen Zeugenbeweis die ganze Grundloßigkeit dieser eingebildeten Kindschaft zu erweisen." — — —

Dies waren also die Gründe, womit die Gegner die Klage der Gräfin, wegen Unterdrükkung ihres Kindes, als ungegründet darzustellen suchten. In der That, hätte die Gräfin zur Vertheidigung ihrer Sache keine andere Waffen gehabt, als die, womit ihre Gegner sie hier haben auftreten lassen, der Richter hätte beim ersten Anblick gleich ihre Anklage, als eine ganz ungereimte, auf bloße Verleumdung gestüzte Erdichtung, verwerfen müssen. Allein diese scheinbare Ungereimtheit verschwindet ganz, sobald man die Thatsachen vollständig hört, welche die Gräfin von Saint Geran angegeben und bewiesen hat.

Die

Die Hauptpunkte, welche sie zu erweisen hatte, sind 1) ihre Schwangerschaft, 2) ihre Niederkunft, 3) die Entführung ihres Kindes, und 4) daß das Kind, welches sie in Anspruch nehme, wirklich eben dasselbe sei, das sie geboren habe und das ihr entführt worden sei.

Daß die Gräfin wirklich schwanger war, beweisen die unverwerflichsten Zeugnisse nicht nur der Aerzte und Wundärzte, welche nach dem Fall in ihrer Schwangerschaft herbeigerufen wurden, sondern auch aller der Damen aus der Provinz, welche sämtlich bei dem Besuch, den sie der Gräfin nach ihrer Ankunft auf dem Schlosse machten, die gewöhnlichen Zeichen einer nahen Entbindung, das Anschwellen des Busens und der Seiten, an ihr bemerkt, ihren Leib selbst angefühlt und die Bewegungen des Kindes wahrgenommen haben. Eben so urtheilte auch die Frau von Saligni, die bei ihrer Ankunft die nämlichen Kennzeichen bemerkte, die nämlichen Symptome erkannte, und ihre Meinung darüber ganz unzweideutig äusserte. Auch die Marschallin, eine Dame, die aus eigner Erfahrung sprechen konnte, erklärte diese Merkmale der Schwangerschaft bei ihrer Tochter, als unfehlbare Vorboten einer herannahenden Niederberkunft, und nahm ihre Maßregeln dieser Ueberzeugung gemäß. Es ist also nie eine Schwangerschaft allgemeiner anerkannt und unverwerflicher erwiesen worden, als eben diese. Wie hätte auch die Gräfin, neun Monate lang, die Augen ihrer ganzen Familie und aller Personen, die sie sowohl zu Paris als nachher während ihres Aufenthalts in der Provinz umgaben, so sehr verblenden können?

Aber was ist denn aus dieser Schwangerschaft geworden? — Die vorgegebne Entbindung, sagen die Gegner, ist eine bloße Erdichtung; die Gräfin selbst widerlegt sich durch ihre Aussage, indem sie ohne Schmerzen niedergekommen sein will: eine Behauptung, welche der Einrichtung, die der ewige Gesezgeber der Natur in seinem gerechten Zorn über die ungehorsamen Menschen mit eignem Munde festgesezt hat, geradezu widerspricht. — Allein diese Behauptung ist unrichtig vorgestellt. Die Gräfin hat nie gesagt, daß sie ohne Schmerzen geboren habe, vielmehr hat sie immer versichert, daß sie neun ganzer Stunden lang die allerempfindlichsten Schmerzen ausgestanden habe. Sie hat nur behauptet, das Kind sei während einer so heftigen Betäubung aller ihrer Sinne zur Welt gekommen, daß auch

auch selbst diese schmerzhafte Erschütterung sie nicht habe erwecken können. Man hat aber nicht nöthig, seine Zuflucht zur Zauberei zu nehmen, um zu erklären, wie die Gräfin entbunden werden konnte, ohne es zu fühlen, oder, wenn sie auch die Schmerzen, welche gewöhnlich diese Begebenheit begleiten, empfand, ohne zu wissen, was ihre Wirkung gewesen sei. Ein starker Schlaftrunk oder eine Ohnmacht, verbunden mit der Vorsicht schlauer Verbündeten und einer geschikten Behandlung der Hebamme sind zur Erklärung vollkommen hinreichend.

Vielleicht ist aber auch die Geburt während der letzten Schmerzen, welche die Gräfin noch gefühlt hat, geschehen, und man hat das Kind mit taschenspielerischer Geschwindigkeit weggeschaft. Dieser Betrug war um so leichter möglich, da man unter dem Vorwand, für ihre Gesundheit zu sorgen, Anstalten genug getroffen hatte, alles, was um sie vorgieng, ihrem Blick zu entziehen. Ein Bote stand schon bereit, den Raub wegzubringen, man unterdrückte das Schreien des Kindes, und überlieferte es schnell seinen Händen. Die Mutter beredet man, sie sei noch nicht entbunden worden. Unerfahren in Vorfällen dieser Art, und ohne Mißtrauen gegen die Versicherungen von Menschen, denen sie

sie nicht einmal den Schein einer solchen
Schandthat zutrauen konnte, glaubt sie gutmü-
thig ihrer treulosen Behauptung. Indeß, da
sie wirklich entbunden ist, lassen die Schmerzen
nach; plötzlich fällt sie, ermüdet von einer peinlichen Anstrengung, die über neun Stunden an-
gehalten hatte, in einen tiefen Schlaf, und erst
nachdem sie daraus wieder erwacht, und ihre
Besonnenheit wieder erlangt, erkundigt sie sich
nach ihrer Entbindung, der sie sich noch bewußt
ist. — Man sieht ja täglich Weiber die, überwäl-
tigt von der Heftigkeit der Geburtsschmerzen und
erschöpft durch den damit natürlich verbundnen
Verlust körperlicher Kräfte, in so tiefe Ohn-
machten fallen, daß sie alle Empfindung und
alle Besonnenheit verlieren, und selbst ihre Entbindung nicht eher, als nach der Befreiung von
der Ohnmacht, die oft eine ganze Stunde an-
hält, gewahr werden.

Uebrigens ist es bekannt, daß es Schlafmittel gibt, die nicht bloß einen tiefen Schlaf, sondern einen dem Tode ähnlichen Zustand bewirken. Ihr Gebrauch ist gefährlich, indem sie
durch das kleinste Versehen im Maaße derselben ein wahres Gift werden, und deswegen bedient man sich ihrer nicht leicht, wenn es nicht,

wie hier der Fall war, darauf ankommt, alles für einen gewissen Zweck zu wagen.

Ueberdies ist eine Entbindung ohne Geburtsschmerzen zwar ein seltnerer Fall, aber ohne Beispiel ist sie doch nicht. Man könnte unter mehrern andern die Mutter des Cicero anführen. So ist ja auch von den Abyssinischen Weibern bekannt, daß sie ohne alle Schmerzen entbunden werden; wenn das Kind seine Ankunft ankündigt, lassen sie sich auf die Knie nieder, und im Augenblick ist die Entbindung vorbei.

Es ist also möglich, daß die Gräfin von Saint Geran entweder noch wachend, während ihrer heftigen Schmerzen, entbunden worden ist, ohne es zu bemerken, oder daß sie, entweder durch eine tiefe Ohnmacht fühllos gemacht oder durch ein heftiges Schlafmittel betäubt, geboren hat, ohne das geringste davon zu empfinden. — Aber ist sie auch wirklich entbunden worden? und was ist mit ihrem Kinde vorgegangen?

Wenn sie wirklich schwanger war, so muß sie auch wirklich entbunden worden sein. Ihre Schwangerschaft ist aber ausser allem Zweifel. Die ganze Welt hat den Anfang und den Fortgang derselben bemerkt, und die ganze Welt hat auch

auch gesehen, daß sie sich nach der von der Natur vorgeschriebenen Zeit endigte: eine Veränderung, die nur durch eine wirkliche Niederkunft geschehen konnte.

Aber auch die Niederkunft selbst ist durch die unverwerflichsten Zeugnisse erwiesen. Mehrere Personen, besonders die beiden Quinets, die mit in dem Zimmer der Gräfin eingeschlossen waren, haben die Geburt mit angesehen. Die Hebamme hat das Kind empfangen. Die Gräfin selbst fand sich bei ihrem Erwachen im Blute gebadet, ihre Kräfte erschöpft, sie fühlte nicht mehr die Bürde in ihrem Schoos, die ihr so viel Leiden verursacht hatte; ängstlich fragt sie nach ihrem Kinde, und mit Thränen und Wehklagen jammert sie unaufhörlich über ihren Verlust.

Es sind ferner Zeugen vorhanden, welche die Hebamme Bettücher auswaschen sahen, an denen sie nicht nur sichtbare Merkmale ihres Gebrauches bei einer Entbindung wahrgenommen haben, sondern auch deutliche Spuren einer ungewöhnlich starken Milchausleerung, die, ihrer Angabe nach, nur die Wirkung eines sehr gewaltsamen Mittels sein konnte. Dieses Zeugniß bestätigen folgende Umstände, welche ein anderes

deres Mädchen auf dem Schlosse bei dem Verhör angegeben hat. Früh Morgens nämlich, nach der Nacht, welche die Gräfin unter Geburtsschmerzen zugebracht hatte, begegnete dieses Mädchen der Hebamme, die eben mit einem Bündel Wäsche nach dem Schloßgraben zugieng, und fragte sie: was sie denn trage? — „Es ist nichts," gab ihr die Hebamme zur Antwort. Das Mädchen befriedigte sich aber nicht mit dieser Ausflucht, sondern drang in sie, ihr zu zeigen, was es sei. Beim ersten Anblick der Tücher erkannte sie sogleich die Merkmale ihres Gebrauches, und sagte deswegen zu der Hebamme: die gnädige Frau ist also entbunden worden? „Nein, antwortete diese ganz hastig, sie ist es nicht." — Wie? erwiederte das Mädchen, das mit dieser Antwort unzufrieden war, sie wäre nicht niedergekommen, und doch hat die Marquise von Bouillé, die bei der Niederkunft gewesen ist, es gesagt? — „Wenn sie das gesagt hat, antwortete die Hebamme bestürzt, so hat sie warlich eine lange Zunge.

Ferner ist eine Aussage von andern Zeugen vorhanden, welche den Haushofmeister Beaulieu aus

aus dem Zimmer der Gräfin gehen, und ein
Kind in einem kleinen Korbe wegtragen sahen;
ein Umstand, der ganz genau mit der Aussage
der Hebamme übereinstimmt, die in ihrem vierten Verhör gestand, daß die Gräfin wirklich von
einem Sohn entbunden worden sei, den Beaulieu in einem Korbe weggetragen habe. — Eben
so gestand auch Wilhelm, der Sohn der Hebamme: seine Mutter habe oft gesagt, die Gräfin sei wirklich mit einem Sohn niedergekommen,
den Beaulieu auf die Seite geschafft, nachher
aber wieder zu sich in das Schloß von Saint
Geran aufgenommen habe. Ueberdies bekannte
er, daß die Damen von Ventadour und von
Lüde seine Mutter mit Geld und mit Anschlä-
gen unterstüzt haben. Diese Umstände, sezte
Wilhelm hinzu, entdecke er Obrigkeit, weil er
es für seine Pflicht halte, und weil seiner Mutter, jezt nach ihrem Tode, die Entdeckung nicht
mehr schade. — Zu diesem kommt noch die Aussage andrer Zeugen hinzu, denen Beaulieu und
die Hebamme selbst die Geschichte von der Niederkunft der Gräfin vertraut hatten.

Sollte es nun noch nöthig sein, diese Zeu-
genbeweise durch Vermuthungen zu unterstüzen,
so finden sich Betrachtungen genug, die den

stärk-

stärksten Beweisen für diesen Gegenstand gleichgesezt zu werden verdienen. Wenn die Schwangerschaft der Gräfin nicht eine allgemein ausgemachte Thatsache, ihre nahe Entbindung nicht eine einstimmig angenommene Wahrheit gewesen wäre: würde wohl alles so hastig in das Zimmer der Gräfin geeilt sein, als die Nachricht von den Vorbothen der Niederkunft im Sch'oß erschallte? Würde wohl die Hebamme durch verstellte Wehen hintergangen worden sein, würde sie nicht sogleich die vorgegebne Schwangerschaft für eine Einbildung und folglich die erwartete Niederkunft für eine Unmöglichkeit die ganze Begebenheit entweder für eine Erdichtung oder für einen Irrthum erklärt haben? Und, wenn sie so viele Mittel hatte, ganz augenscheinlich zu beweisen, daß die Gräfin nicht entbunden worden sei, hätte sie nicht alles anwenden müssen, um sich von dem Verdacht zu reinigen, daß sie das Kind des Gouverneurs von der Provinz unterdrückt habe? Allein sie macht auch nicht den geringsten Versuch, sich dagegen zu rechtfertigen; sie erkennt selbst die Schwangerschaft der Gräfin für eine so allgemein ausgemachte Thatsache, daß sie sich nicht getraut, die Entbindung zu leugnen. Und nach der Entbindung selbst, bei allen Klagen und Behauptungen der Gräfin, wagt sie es nicht, zu ihrer Rechtfertigung eine Untersuchung vorzuschlagen, durch welche es sogleich entdeckt werden könnte, ob Spuren einer Niederkunft vorhanden seien oder nicht. Sie überläßt es der Zeit, das Andenken an eine Thatsache zu verlöschen, welche die ganze Welt als ausgemacht angenommen hat. Um aber eine Untersuchung abzuwehren, bei welcher die Entbindung durch die deutlichsten Merkmale entdeckt, sie selbst ihres Betrugs durch den Augenschein überwiesen werden müßte, sucht sie durch allerlei Ausflüchte die Erwartung als in Spannung zu erhalten. In dieser Absicht sagt sie bald: alle Wege zur Entbindung seien geöffnet, nur der Neumond halte die Erscheinung des Kindes noch auf; bald die Versuche, die das Kind zum Durchbruch gemacht habe, seien ohne Erfolg, weil es sich zu fest an der Mutter anliege. Um diesem leztern Vorwand mehr Schein zu geben, ist sie sogar grausam genug, jene fürchterliche Spazierfarth vorzuschlagen, die das unglückliche Opfer ihrer boshaften Intrike der augenscheinlichsten Todesgefahr aussezte. — Ist denn nun dieses Betragen nicht das gerade Gegentheil von dem, was die Hebamme

amme würde gethan haben, wenn die Gräfin wirklich nicht entbunden worden wäre, oder sie nicht die Absicht gehabt hätte, die Entbindung zu verheimlichen? Nichts konnte leichter, nichts einleuchtender sie von allem Verdacht befreien, als wenn sie jedermann durch den Augenschein überzeugte, daß keine Merkmale einer Entbindung vorhanden seien.

Wer soll aber ein Interesse gehabt haben, dieses Kind zu unterdrücken? Wer hat es wirklich unterdrückt? und was ist mit dem Kinde vorgenommen worden? — Um diese Fragen befriedigend zu beantworten, müssen wir unsere Leser mit dem Charakter und den Umständen des Marquis von Saint Maixant und der Marquise von Bouillé bekannt machen, welche man als die Haupturheber dieses Verbrechens angeklagt hat.

Der Marquis war zu Auvergne wegen Falschmünzen, Zauberei und Blutschande angeklagt und zugleich beschuldigt, er habe seine Gemahlin erwürgt, um eine andre zu heirathen, deren Mann er erstechen wollte. Er entwischte aber den Händen der Justiz und flüchtete sich auf das Schloß des Grafen von Saint Geran, mit dem er verwandt war, und der als Gou-
vers

verneur der Provinz ihn in Schutz nahm und seinen ganzen Einfluß zu seiner Rettung verwendete. Uebrigens war er hübsch gewachsen, einnehmend durch sein Betragen, in Schmeicheleien geübt, und in der Kunst zu verführen — der gewöhnlichen Tochter verderbter Herzen — vorzüglich erfahren.

Mit solchen Vorzügen konnte es ihm nicht schwer werden, sich in die Zuneigung einer jungen Frau einzuschleichen, die, überdrüssig der mürrischen Laune und der Kränklichkeit ihres betagten Mannes, ihr Haus verlassen hatte. Hatten die Vorzüge des Geistes und die hübsche Figur des Marquis das Herz der Marquise gewonnen, so war es seiner Verführungskunst um so leichter, auch ihren Verstand einzunehmen, und sich eines entschiedenen Uebergewichts über sie zu bemächtigen, das dem geliebten Gegenstand, vorzüglich bei einiger Ueberlegenheit der Talente so leicht wird, über ein zärtliches Herz zu erlangen.

Der erste Schritt zu seinem Zwecke war, dieser Dame, die er zum Opfer seiner unreinen Begierden und seiner ehrgeizigen Absichten bestimmt hatte, das Versprechen abzudringen, daß sie ihn nach dem Tode ihres Gemahls heirathen

rathen wolle. Bei einem Manne, den Alter und Krankheit schon lange schwer gedrückt hatten, konnte dieser Zeitpunkt nicht fern sein, und im Nothfall wußte der Marquis der Natur zu Hülfe zu kommen, wenn sie ihm für seine Zwecke zu langsam wirkte.

Es ist wahr, der Marquis stand in einem äusserst nachtheiligen Rufe, er war mit Beschuldigungen überhäuft, die ihn jedem Frauenzimmer fürchterlich machen mußten. Allein, wo ist ein Verbrecher, der sich nicht zu entschuldigen wüßte, wo ihm nicht widersprochen wird, und wo er die Anklage als Verfolgungen und verleumderische Angriffe boshafter Feinde darstellen kann? Wenn aber eine Rechtfertigung dieser Art, mit aller Feinheit der Verstellung vorgebracht, die der Marquis so ganz in seiner Gewalt hatte, öfters selbst solche Menschen täuschen kann, die an dem Beschuldigten kein anderes als ein ganz allgemeines Interesse nehmen: wie weit stärker muß sie auf ein Herz wirken, bei dem die Liebe selbst schon die erste Fürsprache übernommen hat?

Das Vermögen des Marquis war freilich in sehr zerrüttetem Umständen; allein man weiß längst, daß diese Schwierigkeit die Verbindung zweier

zweier Personen nicht hindert, deren Herzen sich lieben und die beide unabhängig sind. Zudem bot sich hier ein sehr leichtes Mittel an, diese Glücksumstände zu verbessern. Die Marquise war die einzige Erbin ihres Bruders, des Grafen von Saint Geran, und dieser besaß ein sehr großes Vermögen. — Ein Kind war freilich eben jetzt auf dem Wege, ihr die Hoffnung auf diese Erbschaft zu entreißen, welche sie durch eine zwanzigjährige Unfruchtbarkeit ihrer Schwägerin schon gleichsam als verjährt angesehen hatte. Allein, was könnte es übels sein, dieses Kind auf die Seite zu schaffen? Es wird nie seinen Verlust fühlen, weil es ihn nie erfahren wird; und es wird so wenig unglücklich gemacht, daß man ihm vielmehr ein sehr glückliches Schicksal bereitet. Indem man das Kind gemeinen und armseligen Menschen übergibt, und es gleichsam auf der niedrigsten Stufe des menschlichen Glücks geboren werden läßt, schenkt man ihm einen zweifachen Genuß seines bessern Daseins, indem man es nachher zu bessern Umständen erhebt, auf die es seinem vermeinten Rang nach nie hätte hoffen können.

Durch solche Scheingründe gelang es der arglistigen Ueberredungskunst des Marquis, die Mar-

Marquise von Bouillé in seine Plane zu verstricken, und sie zum Antheil an der Ausführung seines schändlichen Entwurfs zu bereden. Ohne Zweifel war bis auf diesen Augenblick ihr Leben ganz schuldloß gewesen. Aber zu welchen Ausschweifungen hat nicht schon oft die Liebe verleitet, zumal wenn sie aus dem Munde eines Menschen spricht, der gleich geübt ist in Schmeicheleien, als erfahren in der Kunst Verbrechen zu beschönigen?

Daß der Zweck des Verbrechens leicht verfehlt werden konnte, ist auch wahr. Aber die Gegner behaupten mit Unrecht, daß die Marquise diese Betrachtung hätte machen müssen; sie hat in der That diesen bloß möglichen Fall nicht vorausgesehen. Es war nicht zu vermuthen, daß eine Frau, die schon zwanzig Jahre ohne Kinder in der Ehe gelebt hat und folglich dem Alter, wo das Kindergebären aufhört, ziemlich nahe sein mußte, zum zweitenmal niederkommen würde. Freilich konnte sie auch sterben, und der Graf alsdenn Erben von einer zweiten Gemahlin erhalten. Allein auf so weit entlegene Bedenklichkeiten wird selten bei einem Plan gesehen, der noch dringender in Rüksicht auf die Ausführung als ungewiß in Rüksicht auf den Erfolg

ist,

ist, und bei dem alles darauf ankommt, daß alle Mittel auf den Augenblick bereit sind. Ueberdies war im Gegentheil eine zweite Vermählung des Grafen, welche die Marquise hätte fürchten sollen, noch weit ungewisser und weitaussehender; und man konnte überhaupt darauf rechnen, daß Zeit und Umstände auch dagegen Hindernisse an die Hand geben würden.

War einmal der Entschluß gefaßt und der Bund geschlossen, so mußten nun Gehülfen angeworben werden. Am unentbehrlichsten war die Hebamme. Ihr erster Plan gieng also nun auf Louise Goillard von Vichi, welche die Marquise entweder vorgeschlagen, oder die Gräfin selbst gewählt hatte. Was sich von dem Charakter dieses schändlichen Weibes erwarten ließe, mußte freilich der Marquis von Saint Mairant am besten wissen, der sich ihrer, wie man aus dem Zeugenverhöre sehen kann, vorher schon bei einigen niederträchtigen Planen bedient hatte.

Daß auch der Haushofmeister Beaulieu der Verführungskunst des Marquis unterlag, wird weniger auffallend scheinen, wenn man bedenkt, wie viele Blößen die Verführung überhaupt bei sklavischen Seelen findet. Es ist wahr, er konnte von dem

Gras

Grafen große Belohnungen erwarten; aber man ließ ihn von Seiten der Verbundnen noch größere hoffen; je größer die Dienste waren, die er leisten sollte, desto größer waren auch die Versprechungen, die man ihm machte; und wirklich hatte er nichts geringeres zu hoffen, als einen, seinem Stand nach, sehr beträchtlichen Antheil an der Erbschaft, die durch seine Hülfe in die Hände der Marquise von Bouillé fallen sollte. Die Erfüllung der versprochenen Belohnung verbürgte ihm das Verbrechen selbst, welches die Bedingung des Preises war. Das Interesse der Urheber des Komplots, welche ihn gedungen hatten, war innig mit dem seinigen verknüpft, sie mußten ihm den Vertrag erfüllen, indem es immer in seiner Gewalt war, durch Entdeckung des begangnen Verbrechens sie aller Vortheile auf einmal zu berauben, und mit unübersehbarer Schande zu überhäufen.

Die nämlichen Gründe gewannen auch die Hebamme und die beiden Quinets. Diesen feilen Seelen waren Versprechungen hinreichend, deren Erfüllung ihnen die Natur des Verbrechens selbst verbürgte. Man hatte also nicht große Summen Geldes nöthig, um Gehülfen zu erkaufen, und folglich waren die dürftigen Umstänstände des Marquis und die damals eingeschränkte Lage der Marquise kein Hinderniß in der Ausführung ihres Planes. Es ist also nichts leichter zu begreifen, als die Entstehung dieses Komplots, und die Anwerbung seiner Mitschuldigen. — Wir führen hier die Beweise aus den Zeugenverhören an.

Ein gewisser J a b e l o n, Herr von Barbe Sange, hat ausgesagt: der Marquis von Saint Maixant habe ihm einst, als sie zusammen von Paris auf sein Landgut gefahren seien, vertraut, daß die Gräfin von Saint Geran wirklich entbunden worden sei, und er das Kind in seiner Gewalt habe.

Ein Page des Marquis, Namens P r u d e n t B e r g e r, ein junger Edelmann, der viel über ihn vermochte, bekannte nach dem Tode seines Herrn: der Marquis habe ihm damals, als er seiner übrigen schweren Verbrechen wegen in dem Parlementsgefängniß gesessen habe, die ganze Geschichte des Kindes mit den kleinsten Umständen erzählt. „Ich wundre mich, gnädiger Herr," habe er darauf gesagt, „daß Sie sich nicht von dieser Sache los machen, da Sie ohnehin schon mit so schweren Beschuldigungen verfolgt werden." Ich bin auch gesonnen, habe ihm der Marquis zur Antwort gegeben, das Kind seinem Vater wieder überliefern zu lassen; es ist mir auch von meinem Beichtvater auferlegt worden, das Kind zurük zu schaffen. — Eben dieser junge Edelmann erzählte auch: der Marquis habe eines Tages die Erlaubniß, einen Spaziergang aus dem Gefängniß zu machen, dazu benuzt, ihn zu einem Kind zu führen, das ungefähr sieben Jahre alt, blond und sehr schön gewesen sei. „Page, habe er ihm dabei gesagt, fasse dieses Kind wohl in die Augen, damit du es wieder erkennen kannst, wenn ich dich schicke, es zu besuchen und mir Nachricht von seinem Befinden zu bringen." Nachher habe ihm der Marquis noch gestanden, daß dies eben das Kind des Grafen von Saint Geran gewesen sei. — Der Page erkannte auch sogleich das Kind, welches die Gräfin in Anspruch nahm, bei der Konfrontation vor dem Richter für dasselbe, das ihm der Marquis gezeigt hatte.

Hiezu kommt nun noch die Aussage mehrerer Zeugen, daß der Marquis in den lezten Augenblicken seines Lebens zu dem Priester, der ihn mit den Sakramenten versah, gesagt habe:

er

er müsse noch dem Grafen und der Gräfin von Saint Geran ein Geheimniß entdeken. Die lezten Zuckungen, welche ihn in diesem Augenblick befielen, hinderten ihn zwar, sein Bekenntniß zu vollenden; allein nach dem, was bereits angeführt worden ist, läßt sich leicht einsehen, was er noch zu bekennen hatte.

Eben so zuverlässig ist auch erwiesen, daß die Marquise von Bouillé Antheil an diesem schändlichen Komplot ihres Liebhabers hatte. Ihre plözliche Abreise von Vichi, nach jener Unterredung mit der Hebamme, bei welcher sie von der Gräfin überrascht worden war; der Eifer, womit sie sich dieses Weibes gegen ihren Bruder und seine Gemahlin annahm; die Mühe, die sie sich gab, und das Geld, das sie anwendete, den Lauf eines Prozesses aufzuhalten, der ihr unter andern Umständen wenigstens ganz gleichgültig gewesen sein würde: alles dies sind Thatsachen genug, um einen Verdacht zu erregen, den andere Thatsachen, die wir jezt anführen werden, nur zu sehr bestätigt haben.

Unmittelbar nachdem sie jene Maßregeln zu Hemmung des Prozesses gegen die Hebamme getroffen hatte, schikte die Marquise ihren Stallmeister, la Forestiere, zu den beiden Quinets, die

X sie

sie vor einiger Zeit aus ihrem Dienst entlassen hatte, nach Riom, und ließ ihnen Geld bringen. Beide waren über ihre Entlassung äusserst aufgebracht gewesen, so daß die ältere in ihrer Vermessenheit so weit gieng, der Marquise mit geballter Faust unter die Augen zu treten und ihr im Ton der höchsten Erbitterung zu sagen: sie bereue jeden Antheil, den sie an dem schändlichen Geheimniß genommen habe, sie wolle alles entdecken, und sollte sie auch dafür gehangen werden. La Forestiere machte ihnen jezt von Seiten der Marquise das Anerbieten, unter den vortheilhaftesten Bedingungen wieder in ihre Dienste zu treten. Die Mädchen erzählten nun gleich dem Stallmeister: der Kapuzinergardian habe ihnen durch große Belohnungen, die er ihnen von der Gräfin von Saint Geran versprochen habe, ihr Geheimniß ablocken wollen, aber ihre Verbindlichkeit gegen die Marquise erlaube ihnen nicht, Dinge zu verrathen, welche ihr Verdruß zuziehen könnten. Zugleich übergaben sie ihm einen Aufsatz von fünf und zwanzig Artikeln, auf welche der Gardian Antwort von ihnen verlangt habe. Sie hätten diese Fragen, sagten sie, nicht auf der Stelle beantworten wollen, und sich deswegen diesen Aufsatz von dem Gar-

dian

dian geben lassen, um bei der Marquise noch vorher Verhaltungsregeln einzuholen.

Forestiere verließ, einige Zeit nach diesem Vorfall, die Dienste der Marquise. Bei dem Abschiede warnte sie ihn, von seiner Verrichtung bei den Quinets sich nichts verlauten zu lassen; hundert Dolchstiche, sezte sie hinzu, die sie ihm durch ihren Haushofmeister Lisle geben lassen wollte, würden der Lohn einer solchen Unbesonnenheit sein. — Alle diese Umstände entdeckte la Forestiere erst nach dem Tode der Marquise, bei dem Zeugenverhör vor dem Parlement.

Die Marquise nahm indeß die beiden Mädchen wieder in ihre Dienste, verheirathete die älteste an ihren Haushofmeister Lisle mit einem Brautgeschenk von 12000 Livres, und behielt die jüngere bei sich. Aber alle ihre Geschenke konnten doch die Verschwiegenheit der Mädchen nicht erkaufen. Nachdem ein Monitorial wegen dieser Angelegenheit bekannt gemacht worden war, sagte die ältere Quinet zu dem Marquis von Canillac: der Graf sucht sehr weit, was er ganz nahe bei sich hat.

Bei so ganz deutlichen Anzeigen, welche auf eine sichere Spur zur Entdeckung der Warheit führen konnten, würde gewiß schon der erste Rich-

Richter wider die Marquise erkannt, und sie in die Untersuchung gezogen haben. Allein der Graf von Saint Geran selbst wendete es ab, weil er glaubte, daß der Schimpf eines wider seine Schwester verhängten peinlichen Prozesses auch ihn treffen würde.

Eben so beweisen auch eine Menge von Zeugenaussagen, daß Beaulieu in dem Komplot mit verwikelt war.

Schon die sichtbare Unruhe, von welcher er lange Zeit umhergetrieben wurde, mußte Verdacht gegen ihn erregen. Bisweilen entfielen ihm sogar Reden, welche deutliche Winke von dem Geheimniß gaben, das ihn so schwer drükte. Oefters, wenn er Zeuge war von der Zärtlichkeit, mit welcher der Graf und seine Gemahlin das angenommene Kind behandelten, äusserte er: sie hätten mehr Ursache das Kind zu lieben, als sie selbst glaubten. Ein andermal sagte er: Ehre und Leben der Marquise von Bouillé sei in seiner Gewalt, sie müsse zittern bei seinem Anblick. Einem Steuerrath zu Moulins, der ihm einst wegen der Vorzüge Glück wünschte, die sein Neffe bei dem Grafen und der Gräfin genoß, antwortete er: sie können ihn wohl lieb haben, er geht sie sehr nahe an. — Einst legte

legte er auch einem Mönch die Gewissensfrage vor: ob das Gewissen eines Menschen, der an der Unterdrückung eines Kindes Antheil genommen, schon für befreit gelten könne, wenn er das Kind seinen Eltern wieder in die Hände geliefert habe, ohne doch ihnen zu sagen, daß es ihr Kind sei? Es scheint aber, daß die Entscheidung des Mönchs, welche unbekannt geblieben ist, ihn nicht befriedigt habe, denn alle diese unbedachtsamen Aeusserungen, sichtbare Folgen seines beunruhigten Gewissens, sind erst nachher vorgefallen.

Ohne Zweifel hielt er diese ihm zufällig entfallene Reden für ganz unbedeutend, vermuthlich weil er dachte, die Zeit habe längst sein Verbrechen mit einem dichten Schleier umhüllt. Aber die Hauptanführer der Verschwörung dachten anders. Ihnen schien es gefährlich, ihr Geheimniß in den Händen eines Mannes zu wissen, der so unvorsichtig damit umgieng; sie wollten sich lieber eines Menschen entledigen, dessen drückende Gewissensangst sie alle Augenblicke die Entdeckung ihres Verbrechens fürchten ließ. Er wurde vergiftet. Schon ringend mit dem Tode, verlangte er noch den Grafen und die Gräfin zu sprechen: um seiner gnädigen Herr-

Herrschaft, sagte er, noch Abbitte zu thun, wegen eines großen Schadens, den er ihnen zugefügt habe. Man hinterbrachte diesen seine Aeusserung; allein sie hatten damals noch keinen Verdacht von seinem wirklichen Verbrechen, und muthmaßten also etwas ganz anders. Sie glaubten, er habe sich etwa einer Untreue in seinem Amte schuldig gemacht, und wollten dem Unglücklichen ein beschämendes Bekenntniß ersparen, das ihn leicht zu sehr erschüttern und seinen Tod beschleunigen konnte. Wie sehr bedauerten sie es aber bald darauf, daß sie nicht sein Bekenntniß angehört hatten, das ihnen so viel Licht in den dunkeln Muthmaßungen hätte geben können, die sich kurz nachher anfiengen bei ihnen zu erheben!

So wäre es also vollständig erwiesen, daß der Marquis von Saint Maixant und die Marquise von Bouillé den Plan zur Entführung des Kindes, mit welchem die Gräfin entbunden werden sollte, entworfen, Beaulieu den Anschlag ausgeführt, und die beiden Quinets alles mit angesehen haben.

Nun fragt sich also nur: was ist aus diesem Kinde geworden? War es das nämliche, das die Gräfin jetzt in Anspruch nimmt? und
durch

durch was für Verbindungen der Umstände kam es wieder in ihre Hände? — Die Beantwortung dieser Fragen ist in einer Reihe von Zeugenaussagen enthalten, die das Kind gleichsam von Hand zu Hand geben, und durch alle Abwege bis in sein väterliches Haus zurük begleiten.

Aus dem Schoose seiner Mutter empfieng die Hebamme das Kind, und, aus Vorsicht für seine Erhaltung, oder aus Gewohnheit, band sie ihm die Nabelschnur. Einen Augenblick darauf aber beschloß sie doch, es zu ermorden; schon hatte sie ihre mörderischen Klauen angelegt, ihm den Hirnschädel einzudrücken, als die Herzueilenden es ihren blutgierigen Händen entrissen. Noch jezt sieht man an seinem Kopfe die Spuren von diesem entsezlichen Beginnen jenes abscheulichen Weibes.

Die Damen von Ventadour und von Lüde finden es sehr wunderbar, daß man sich bemüht haben sollte, das Leben eines Kindes zu fristen, dessen Unterdrückung man beschlossen hatte. Es scheint ihnen unglaublich, daß die Verbündeten die immerwährende Gefahr der Entdeckung selbst in den Plan eines so großen Verbrechens mit aufgenommen haben könnten. Allein, wenn

anders

anders rechtschaffene Menschen die Beweggründe errathen können, welche die Verbrecher öfters von ihrer geraden Bahn ableiten, so kann man wohl muthmaßen, daß entweder die Marquise von Bouillé nicht grausam genug war, um eine Erbschaft durch den Mord ihres Neffen zu erkaufen; oder daß Beaulieu nicht Mitschuldiger eines Kindermords sein wollte. Der Marquis selbst konnte diesmal besondre Ursachen haben, sein Verbrechen nicht ganz zu vollenden. Das natürliche Mißtrauen jedes Bösewichts mußte ihn selbst antreiben, ein Mittel zu ergreifen, das ihm seinen Antheil an dem Raube sicherte. Die Marquise mußte die Erbschaft mit ihm theilen, sobald es in seiner Gewalt war, sie ihr ganz zu entziehen, indem er den rechtmäßigen Erben entdeckte.

Was aber auch immer für Gründe die Ermordung des Kindes verhindert haben mögen — genug, es ist erwiesen, daß es nicht umgebracht wurde. Eingewickelt, in einen kleinen Korb gelegt, nahm es Beaulieu unter seinen Mantel, und trug es aus dem Zimmer. Er gieng durch die Pforte am Schloßgraben, über eine Terasse auf die Brücke, die zum Park führte. Vor dem Park, zu dessen Ausgängen Beaulieu

alle

alle Schlüssel besaß, stand schon eines der besten Pferde bereit, das er dahin bestellt hatte. Eilends ritt er nach Escherolles, einem Dorfe, das eine Meile von Saint Geran liegt. Hier stieg er bei der Frau eines gewissen Claudius Gautier ab, welche dem Kinde an ihrer Brust die erste Nahrung gab.

Zu furchtsam, um in einem dem Schlosse noch so nahe liegenden Ort sich lange zu verweilen, ritt er durch den Fluß Allier nach Port de la Chaise, kehrte hier bei einem gewissen Bouchaud ein, ließ dem Kinde von der Wirthin zu trinken geben, und verfolgte sodann seinen Weg an der Seite von Auvergne. Die Hitze war ausserordentlich drückend, das Pferd ermüdet, und das Kind sehr unruhig. Es begegnete ihm ein Fuhrmann, Namens Paul Boition aus der Stadt Aigueperce, der eben nach Riom fuhr. Er setzte sich also, mit dem Kinde im Arm, auf den Wagen, und ließ sein Pferd hinten nachgehen. Unterwegs erzählte er dem Fuhrmann: er würde nicht so viele Sorge für dieses Kind tragen, wenn es nicht aus einem der vornehmsten Häuser in Bourbonnois abstammte. Gegen Mittag kamen sie auf das Dorf Ehé. Er kehrte wieder bei einer Wirthin ein, die dem Kinde an ihrer Brust zu trinken gab und Wasser wärmen ließ, um es von den blutigen Spuren seines Eintritts in die Welt zu reinigen, die es noch am ganzen Leibe an sich hatte. Der Fuhrmann brachte sie darauf bis nahe bei Riom. Hier verließ Beaulieu seinen Begleiter, und um ihn irre zu führen, nannte er ihm einen falschen Ort, wo sie sich wieder treffen wollten. Er setzte aber seinen Weg an der Seite der Abtei von Lavoine fort, und langte endlich in Descoutour, einem Dorfe zwischen den Gebirgen bei Thiers und Lavoine, glücklich an. Hier übergab er das Kind einer Frau, Namens Gabriele Moiniot, die es säugen sollte, und zahlte ihr einen monatlichen Lohn voraus. Sie behielt aber das Kind nicht länger als sieben oder acht Tage, weil man ihr weder den Namen der Eltern sagen, noch einen Ort benennen wollte, wo sie von dem Befinden ihres Säuglings Nachricht geben könnte. Dieser sonderbare Einfall verbreitete sich in der ganzen Gegend, und machte einen so allgemeinen Eindruck, daß weiter keine Amme das Kind aufnehmen wollte; man mußte es also von dem Dorfe wegbringen. Diejenigen, die es abholten, nahmen ihren Weg zuerst auf der Landstraße von

Bour-

Bourgogne, und von da queer durch einen großen Wald. Aber hier verliert sich ihre Spur.

Alle diese einzelnen Umstände sind erwiesen durch das Zeugniß der Weiber, die das Kind gesäugt haben, des Fuhrmanns, und einer großen Anzahl anderer Leute.

Was von da an mit dem Kinde weiter vorgegangen ist, weiß man freilich nicht. Aber der Faden der Geschichte findet sich wieder bei seiner Ankunft zu Paris, wo es Marien Pigoreau, der Schwägerin des Beaulieu, übergeben wurde. Sehr bereitwillig nahm diese den kleinen Säugling auf, da man ihr zugleich zu seiner Erziehung zwei tausend Livres bei einem Gewürzhändler zu Paris, Namens Raguenet, anwies.

Die Furcht, den wahren Ursprung des Kindes und seine Entführung zu verrathen, hatte bisher die Anstalten zur Taufe verzögert. Marie fand aber nun Gelegenheit, das Kind in der Kirche zu Saint Jean-en-greve heimlich taufen zu lassen, ohne den Namen der Eltern angeben zu müssen. Sie veranstaltete also jetzt die Taufhandlung, von der schon oben die Rede war.

Es ist durch Zeugen erwiesen, daß Marie dieser Taufe in Person beigewohnt hat, daß sie während der Handlung im Beichtstuhl verborgen war, und daß sie dem Pathen zehn Sous für seine Mühe gab. Sie kann also die Mutter des getauften Kindes nicht sein. Schon das Datum des Taufscheins beweißt, daß sie damals schon zu lang Wittwe war, um noch ein Kind von ihrem Manne zu gebären. Ihre bis dahin noch unverdächtige Sittsamkeit läßt aber nicht voraussetzen, daß sie mit einem Kinde entbunden worden sei, zu einer Zeit, wo dies nur auf Kosten ihrer Tugend hätte geschehen können. Fürs andre aber ist es ganz gegen alle Gewohnheit, daß eine Mutter unmittelbar nach ihrer Niederkunft in die Kirche geht, und der Taufe ihres Kindes selbst mit beiwohnt — eine Unvorsichtigkeit, die noch überdies unter solchen Umständen die fürchterlichsten Folgen haben könnte. Wenn aber die Gesetze der Gewohnheit und der Natur dieses Beiwohnen der Taufe selbst bei einem ehlichen Kinde versagen; wie kann man glauben, daß sie ohne alle Nothwendigkeit sich öffentlich bei der Taufe eines Kindes ausgestellt habe, dessen Dasein ein Beweis ihrer Unenthaltsamkeit war?

Es ist also erwiesen, daß Marie nicht die Mutter des Kindes ist, das den 7 März 1642 zu Saint Jeans

Jean-en-grève getauft wurde. Gleichwohl ist es ganz unverkennbar, daß sie ein sehr lebhaftes Interesse dabei hatte. Worinn muß nun dies Interesse bestanden haben?

Der Gewürzkrämer Raguenet bekannte bei dem Zeugenverhör: er habe Marien 2000 Livres eingehändigt, mit dem Versprechen, ihr künftig noch mehr zu geben, wenn sie dies Kind erzöge, sie habe aber nichts weiter durch ihn erhalten, weil das Kind nicht mehr bei ihr gewesen sei. Ausser dem ist es erwiesen, daß diese Frau, die bis auf jenen Zeitpunct immer in Dürftigkeit gelebt hatte, auf einmal, ohne einen erklärbaren Uebergang, sich im Ueberfluß befand.

Noch deutlicher entwickelt sich Mariens Interesse bei dieser Sache, wenn man ihren Schritten weiter folgt, und zugleich einige Aeusserungen in Erwägung zieht, die ihr seit jenem siebenten März 1642 entfallen sind. — Die Wäsche, womit sie das Kind versah, war so fein und reich, daß sein Stand ihm nicht einmal erlaubte sie zu tragen, wenn es auch das Vermögen seiner Mutter zugelassen hätte, einen solchen Aufwand zu machen. — Als sie es zu Torcy einer Amme übergab, welche Paillard hieß

und

und ihre Gevatterin war, sagte sie zu ihr: das Kind, das sie ihr anvertraue, gehöre vornehmen Eltern, und sein Leben sei ihr so theuer, als ihr eignes. — Die Gesundheit dieser Amme erlaubte ihr nicht, den Säugling lange zu behalten; Marie mußte ihn also wieder abholen. Sie sagte dabei ihrer Gevatterin: es sei ihr leid für sie, daß sie das Säugen des Kindes nicht habe vollenden können, die Belohnung würde sie vermuthlich von allen Nahrungssorgen auf immer befreit haben. — Marie übergab nun das Kind einer andern Amme in dem nämlichen Dorfe, der Wittwe eines gewissen Seguin, welcher sie auch zu verstehen gab: der Vater des Kindes sei ein vornehmer Herr, der gewiß ihr Glück machen werde, wenn sie das Kind wohl in Acht nehme. — Ueberhaupt wurde der Säugling auch wie ein Kind von Stans de behandelt, und der Lohn der Amme jeden Monat pünktlich bezahlt.

Sobald er achtzehn Monat alt war, ließ Marie ihn entwöhnen, und nahm ihn zu sich. Nun gab sie ihn auf einmal für ihren zweiten Sohn Heinrich aus, der indeß gestorben war. Weil sie aber einsah, daß sie ihren Betrug vor den Augen ihrer Nachbarn nicht würde verbergen

gen können: so verließ sie ihre Wohnung, und bezog eine andere in einem sehr entfernten Theil der Stadt, wo sie niemand kannte. Dies war der lezte entscheidende Schritt, den Erben des Grafen von Saint Geran zu unterdrücken.

Als der Knabe zwei und ein halb Jahr alt war, suchte Marie sich seiner zu entledigen, weil die Urheber des Komplots, des großen Aufwands müde, sich nicht mehr darum bekümmerten, die Kosten seines Unterhalts zu entrichten. Sie brachte ihn also zu Beaulieu, unter dem Namen ihres Sohnes Heinrich, mit dem Vorwand, daß er als Pathe und Oheim des Kindes, das sie nicht mehr zu erhalten im Stande wäre, verbunden sei für seine Erziehung zu sorgen. Eine abschlägige Antwort durfte dieser nicht wagen, weil er sonst fürchten mußte, durch seine Schwägerin ein Geheimniß verrathen zu sehen, an dessen tiefer Verheimlichung ihm so viel gelegen war.

Durch solche Umwege führte das Schicksal den jungen Grafen von Saint Geran wieder in die Arme seiner Eltern.

So wäre es also erwiesen, daß Marie ein Kind habe taufen und durch eine Amme säugen lassen, dessen Mutter sie nicht war; daß das

näm-

nämliche Kind auf das Schloß zu Saint Geran gebracht worden ist, und daß es eben dasselbe sei, das die Gräfin jezt als ihren Sohn zurück fordert. Aber ist es denn auch eben dasselbe, das die Gräfin geboren hat, und das bei seiner Abreise aus Descoutour ganz aus den Augen seiner Beobachter verschwunden ist?

Die unüberlegten Aeusserungen, welche Marien entfielen, zusammengehalten mit dem übermäßigen Aufwand, den sie für das Kind machte, lassen wohl schliessen, daß es der Sohn eines vornehmen und reichen Herrn sei. Allein, wer ist dieser Herr? — Wenn man sich nur ein wenig der sichtbaren Gewissensangst erinnert, die sich an Beaulieu äusserte; der bedenklichen Reden, die ihm entfuhren; der Gewissensfrage, die er an den Mönch machte; wenn man dabei bedenkt, wie oft er dieses Kind in Torcy besuchte, das wie der Erbe eines großen Hauses erzogen wurde, das er gleichwohl seinen Neffen nannte und unter dieser Eigenschaft in das Schloß zu Saint Geran einführte; wenn man damit das räthselhafte Geständniß vergleicht, das die ältere Quinet, bei Gelegenheit des öffentlichen Monitorials wegen dieser Angelegenheit des Grafen von Saint Geran, ableyte: so geben alle

alle diese Umstände zusammengenommen, einen so hohen Grad einer wahrscheinlichen Vermuthung, der bei jedem Vernünftigen für einen vollkommenen Beweis gelten muß.

Man könnte diesen Umständen noch viele andere beifügen. So hatte man zum Beispiel mehrmals gehört, daß Marie sagte: sie sei wegen dem Schicksal ihres ältern Sohnes ganz unbekümmert, weil das Glück ihres zweiten schon entschieden sei. — Als sie im Begriff war, eins von ihren Kindern von sich zu geben, stellte man ihr vor, sie sollte lieber das jüngere bei sich behalten, das so liebenswürdig sei; sie gab aber zur Antwort: es hängt nicht von mir ab, es zu ändern. — Einige andre Zeugen erzählten, Marie habe bei den Besuchen, die sie gewöhnlich in Begleitung eines dem Ansehen nach nicht gemeinen Mannes bei dem Kinde gemacht habe, immer gesagt: es sei das Kind eines großen Herrn, der es ihr anvertrauet habe; und sie hoffe, daß sie und alle, die an der Erziehung des Kindes Antheil nehmen, einst noch ihr Glück dadurch machen würden. — Maur Marmion, der Pathe des Kindes, der Gewürzkrämer Raguenet, der die 2000 Livres auszuzahten hatte, und die Magd Mariens haben sie oft sagen gehört: der Graf von Saint Geran sei verbunden sich des Kindes anzunehmen. — Andere Zeugen versichern, sie habe mehrmal zu ihnen gesagt: das Kind sei viel zu vornehm, um Pagenlivree zu tragen.

Am stärksten wird das Gewicht dieser Muthmaßungen vermehrt durch das Betragen Mariens bei dem Prozesse selbst. Durch einen Befehl vom 18 August 1657 wurde ihr verboten, sich aus der Stadt und den Vorstädten von Paris zu entfernen, mit der Bedrohung, sie sonst für überwiesen anzusehen. Die Herzogin von Ventadour und die Gräfin von Lüde gaben ihr hierauf den Rath, bei dem Parlement um eine Konfrontation mit den Zeugen zu bitten, die wegen der Schwangerschaft und Entbindung der Gräfin abgehört und mit der Hebamme schon konfrontirt worden waren. Vermuthlich versprachen sich die Damen von Mariens Gewandtheit in Winkelzügen und von ihrer Dreistigkeit, daß es ihr gelingen werde, die Zeugen aus der Fassung zu bringen. Durch einen Befehl vom 21 August 1658, wurde die Konfrontation bewilligt, zugleich aber Marien auferlegt, daß sie, um dazu gelassen

gelassen zu werden, sich auf drei Tage in das
Parlementsgefängniß stellen solle. Ihrer Frech-
heit unerachtet wagte sie es aber doch nicht, sich
der Gefahr auszusetzen, welche sie zu bedrohen
schien, wenn sie sich gefangen stellte. Die Konfrontation, welche sie mit so großer Zuversichtlichkeit verlangt hatte, fand also nicht Statt,
und Marie, ohne darauf zu achten, daß sie der
Drohung des Befehls gemäß für überwiesen erklärt werden würde, flüchtete sich aus Paris und
kam nicht wieder zum Vorschein.

Noch einmal! — Muß nicht die Vereinigung
so vieler bedeutender Umstände das Gewicht eines vollständigen Beweises erhalten? — Allein wir wollen nicht bloß zu Vermuthungen
unsre Zuflucht nehmen; wir können Thatsachen
genug anführen, die einen förmlichen Beweis
geben.

Es ist schon gezeigt worden, daß der Marquis von Saint Maixant den Sohn eines vornehmen Herrn in seiner Gewalt hatte; daß er
endlich geradezu gestand, das Kind, das er in
seiner Gewalt habe, sei der Sohn des Grafen
von Saint Geran. Aber noch mehr! Marie
war die Person, zu welcher er seinen Pagen führte,

te, um ihm das Kind zu zeigen, das er seiner Aufmerksamkeit so angelegentlich empfahl; und dieses nämliche Kind ist es, das durch Beaulieu nachher in das Schloß des Grafen von Saint Geran eingeführt wurde, und das von Zeit zu Zeit Besuche bei Marien, als seiner vermeinten Mutter, machte.

Der Marquis von Saint Maixant ist zwar niemals darüber gerichtlich verhört worden. Allein alle diese Erklärungen und Thatsachen sind durch Zeugenaussagen gerichtlich bestätigt. Sollten sie also zusammengenommen nicht einen eben so nachdrücklichen und überzeugenden Beweis geben, als wenn der Marquis selbst sie in Person vor Gericht gestanden hätte? — Knüpfen nun nicht diese Thatsachen den Faden wieder an, der sich bei der Abreise des Kinds von Descoutoux verloren hatte?

Doch wir wollen noch Marien selbst hören; ihre Erklärungen werden uns nicht weniger Aufschluß geben, als die des Marquis von Saint Maixant.

Fürs erste ist es ausser allem Zweifel, und sie selbst hat es niemals geleugnet, daß sie von ihrem Mann nur zwei Kinder hatte, deren jüngstes

stes erst nach seines Vaters Tode geboren wurde. Aber das hat sie nie zugestehen wollen, daß dieser jüngste Knabe gestorben sei, vielmehr hat sie immer im Gegentheil behauptet, dieser zweite Sohn sei eben das Kind, das die Gräfin von Saint Geran in Anspruch nehme.

Einer der stärksten Gründe, worauf sie die Behauptung stützt, daß ihr Kind noch lebe, ist die Einwendung: daß diejenigen, denen daran gelegen sei, seinen Tod zu beweisen, einen Todtenschein beibringen müßten, indem nach den Regeln der Rechte die Verbindlichkeit des Beweisens dem auferlegt sei, der eine Thatsache behaupte: Actori probandi onus incumbit. — Allein es liesse sich, wie auch der Generalprokurator Bignon bemerkt hat, leicht vermuthen, daß diese eben so schlaue als verwegene Person, sobald sie einmal den Vorsatz hatte, den jungen Grafen von Pallise für ihren zweiten Sohn zu unterschieben, auch alle mögliche Vorsicht angewendet haben werde, den Tod des letztern zu verbergen, und jeden schriftlichen Beweis dieses zweiten Verbrechens zu unterdrücken. — Indeß reicht diese Bemerkung doch nicht weiter, als die Einwendung zu widerlegen, welche Marie

rie vorgebracht hat. Allein Zeugnisse aus Mariens eignem Munde beweisen, was sie leugnen will.

Margot, eine Tochter der Hebamme, die Marien bei ihrer zweiten Niederkunft beygestanden hat, bezeugte bei dem Verhör: sie sei nicht nur Zeuge gewesen, als Marie ihrer verstorbenen Mutter vertraut habe, daß dieses Kind wieder gestorben sei; sondern Marie selbst habe ihr auch dieses Bekenntniß mitgetheilt. — Eine Frau von Morangis versicherte, aus Mariens eigenem Munde die Erklärung gehört zu haben: sie habe nur noch Ein Kind. Ohne Zweifel kam diese Aussage Marien sehr ungelegen, sie bemühte sich also, sie ganz ungültig zu machen. Bei der Konfrontation *) fragte sie daher die Frau von Morangis: Wann sie diese Erklärung von ihr gehört habe? Die Zeugin hatte sich um nichts weniger bekümmert, als den eigentlichen Zeitpunkt

---

*) Mit den Zeugen, welche Umstände aussagten, die sie geradezu angiengen, war Marie allerdings konfrontirt worden. Die Konfrontation, von der wir oben gesprochen haben, welche Marie vermuthlich nur in der Absicht den Prozeß zu verzögern, oder in der Hoffnung durch neue Erfindungen die Wahrheit zu verdrehen, selbst verlangt, und nachher durch ihre Entweichung selbst verhindert hatte, sollte mit den Zeugen vorgenommen werden, die bloß von der Niederkunft der Gräfin und der Entführung des Kindes Umstände angegeben hatten.

punkt einer ihr damals ganz gleichgültigen Unterhaltung im Gedächtniß zu behalten: sie konnte also die Zeit nicht bestimmt angeben. Marie ergriff sogleich diesen Umstand, und versicherte: diese Unterredung sei vorgefallen, ehe sie ein zweites Kind gehabt habe, und sie habe bloß gesagt: sie habe nur Ein Kind, aber keineswegs: sie habe nur no ch Ein Kind. Allein die Frau von Morangis blieb dabei, daß sie bei Marien schon vorher, ehe sie diese Unterredung mit ihr gehalten, zwei Kinder gesehen habe, und daß sie wirklich den Ausdruck gebraucht habe: sie habe nur no ch Ein Kind.

Dies wären also zwei Zeugen, welche den Tod des Kindes bestätigen, an dessen Stelle Marie den Grafen von Palisse einschieben wollte. Wir fügen diesen zwei andere bei, die geradezu bezeugen, daß das nämliche Kind, für dessen Mutter sie sich ausgiebt, wirklich dieser Graf von Palisse selbst ist. Jadelon, Herr von Barbe Sange, setzte zu der Aussage, von welcher wir oben gesprochen haben, noch hinzu: er habe aus Mariens eignem Munde gehört: das Kind, das sie zu ihrem Schwager gebracht habe, sei nicht ihr Sohn, sondern der Sohn des Grafen und der Gräfin von Saint Geran, und zu seiner Zeit wolle

wolle sie dieses schon beweisen. — Mariens Mutter selbst hat die ganze Geschichte nach ihren kleinsten Umständen, von der Entführung des Kindes bis zu seiner Zurückkunft auf das Schloß zu Saint Geran, der Gräfin von Montabilan erzählt. Diese ganze Erzählung wurde von der Gräfin bei dem Zeugenverhör wieder ausgesagt, und traf mit den übrigen Aussagen sowohl als mit den Muthmaßungen, auf die man schon während des Prozesses gekommen war, vollkommen überein.

Aber noch mehr! Es war ganz unmöglich das Kind, worauf Marie jetzt Ansprüche macht, mit dem zu verwechseln, das sie wirklich geboren hatte. Es ist nämlich in den Akten erwiesen, daß Heinrich Scaulié von dunkler Gesichtsfarbe war, und braune Augen hatte, da im Gegentheil das Kind, worüber der Streit geführt wird, blond ist, und große blaue Augen hat.

Eben so wenig kann es aber Bernhards von Mantes unehlich erzeugtes Kind sein, da dieses schwarze Haare und eine ganz schwarzbraune Gesichtsfarbe hatte, und folglich unter diesen beiden Kindern ein Unterschied ist, wie zwischen weiß und schwarz. Ueberdies ist Bernhards
Man-

Mantes Sohn zu Croix-Fourbain von Magdalene Tripier gesäugt, und bei seinem Vater auferzogen worden.

Allein Marie, sagt man, will doch die Mutter dieses unehlichen Kindes sein, und behauptet, der Taufschein, den man auf den Sohn der Gräfin von Saint Geran deuten will, rede von jenem Kinde.

Mag sie immer ihr Verbrechen mit der Schande eines unzüchtigen Lebenswandels zu beflecken suchen; immer wird doch das System, das sie auf Kosten ihrer eigenen Ehre errichten will, durch die Thatsachen widerlegt werden, welche in den Akten erwiesen sind. Es ist ausgemacht, daß das Kind, das zu Saint Jean-en-greve getauft wurde, zu Torcy gesäugt, von Marien darauf geradezu in ihr Haus aufgenommen, und von da in das Schloß zu Saint Geran gebracht worden ist. Allein an keinem einzigen dieser Orte ist der Sohn Bernhards von Mantes gewesen; wo dieser sich aufgehalten habe, ist oben, den Akten gemäß, angeführt worden. Der Ort ihres Aufenthalts stimmt also eben so wenig überein, als ihre Gestalt. Wie konnte denn Marie sich einbilden, durch die Verwirrung, in welche sie die ganze Sache zu verhüllen strebte, die Obrigkeit sowohl als das Publikum zu hintergehen?

Folgender Hauptumstand vollendet den Beweis. Ein Parlementsrath erhielt den Auftrag, den Ammen und den übrigen Zeugen zu Torcy das Kind vorzustellen. Alle diese Personen erkannten es für dasselbe Kind, das in ihrem Dorfe gesäugt worden, das Marie dahin gebracht, in dessen Namen sie denen, die seine Versorgung übernommen hatten, so vielerlei versprochen, das sie so oft mit einem Mann von Stande besucht habe; sie erkannten ihn, an seiner weissen Haut, an seinen blonden Haaren, und an seinen blauen Augen, und besonders an den Spuren von der mörderischen Hand der Hebamme, welche noch an seinem Kopf zu sehen sind, jenen unvertilgbaren Merkmalen von dem abscheulichen Vorhaben der Hebamme, das den jungen Grafen auf immer unverkennbar gemacht hat.

Es ist also vollkommen entschieden, daß die Gräfin von Saint Geran schwanger gewesen, und daß sie entbunden worden ist; daß der Marquis von Saint Maixant und die Marquise von Bouillé das Kind unterdrückt haben; daß die

Hebam-

Hebamme, das Werkzeug dieses Verbrechens, es Beaulieu überliefert, und dieser es fortgeschafft habe. Man ist dem Entführer bis auf den Augenblick, wo es Marien übergeben wurde, auf dem Fuß nachgefolgt; man hat gezeigt, wie es von Hand zu Hand gieng, bis es endlich an Beaulieu wieder überliefert wurde, der es im Schlosse zu Saint Geran erziehen ließ. Mit einem Wort, man hat das Kind gleichsam aus dem Schoose seiner Mutter empfangen, und es durch alle die Orte seiner Wallfahrt begleitet, die es durchwandern mußte, bis es in die Arme seiner Mutter wieder zurück kam.

Die Damen von Ventadour und von Lüde konnten ihre Behauptungen auf nichts als auf bloße Vermuthungen gründen. Dies sind die Waffen, mit welchen sie Verbrechern zu Hülfe geeilt sind, die ihren ganzen Abscheu erregen müßten, wenn nicht Leidenschaft ihre Augen verblendet hätte, wenn sie gleichgültige Zuschauerinnen dieses sie entehrenden Streites sein könnten. Wie empfindlich muß es sie jetzt kränken, ihre Muthmaßungen durch unumstößliche gerichtlich erwiesene Thatsachen widerlegt zu sehen? Wie sehr müssen sie es jetzt bereuen, ihre Einbildungskraft ganz fruchtlos zur Erfindung von

von Vermuthungen angestrengt zu haben, die wie Schattenbilder vor dem Licht der Wahrheit verschwinden? Wie beschämend muß es nun für sie sein, daß sie es gewagt haben, mit so ungegründeten Behauptungen im Angesicht des Publikums vor dem Richter aufzutreten?

Hätte übrigens die Gräfin von Saint Geran noch andre Gründe als die Unverwerflichkeit der Thatsachen nöthig, die sie so einleuchtend dargestellt hat; so könnte sie mit eben so viel Recht, als ihre Gegnerinnen, sich auf Empfindungen und Gefühle berufen, und Folgerungen daraus, mit aller Stärke der Kunst dargestellt, zu ihrer Vertheidigung zu Hülfe nehmen. Sie würde die edeln Gesinnungen und die Rechtschaffenheit ihres Gemahls, seine Anhänglichkeit und seine Achtung für den berühmten Namen seines Hauses, mit dem Pinsel der Wahrheit geschildert, ihren Gegnerinnen entgegenhalten, und ihnen zu bedenken geben: ob ein solcher Mann sich mit einer so niederträchtigen That entehren könne, die Frucht eines ausschweifenden verworfenen Geschöpfs aus dem niedrigsten Pöbel aufzusuchen, um ihm die Güter und den Adel seines glänzenden Hauses zu übertragen, und mitten unter die großen Männer seiner berühmten Voreltern

einen

einen Bastard zu erheben? Und wer beschuldigt ihn denn dieser Niederträchtigkeit? Seine eigne Schwester und seine leibliche Nichte sind es, welche die entehrende Behauptung vorgebracht haben, welche ihm Schuld geben, er habe ihnen durch diesen schändlichen Kunstgriff seine Erbschaft entziehen wollen. Allein hatte er denn Grund zu einem solchen Haß, oder konnte jemals der Groll in seinem Herzen bis zu einem solchen Grad steigen, daß er sein eignes Blut lieber einem fremden durch eine niedrige und ehrlose Geburt gebrandmarkten Kinde aufopfern wollte?

Aber, wenn wir auch sein Andenken auf einen Augenblick mit diesem Verdacht entehren, wenn wir ihn auch dieses unnatürlichen Hasses beschuldigen wollen — ein Vorwurf, den doch selbst seine Feinde unter der zahllosen Reihe ihrer Muthmaßungen nicht zu machen wagten — würde denn diese Leidenschaft auch den Schrecken des Todes getrotzt haben? Würde diese Verblendung, die den Grafen zu der Ungerechtigkeit verleitet haben soll, in einem so edlen und großmüthigen Herzen, der Stimme der Wahrheit selbst in jenen kritischen Augenblicken widerstanden haben, die sonst immer der Triumph der

Wahr-

Wahrheit über die Leidenschaft sind? Würde er eben diese Augenblicke gewählt haben, ein Denkmal seiner Erdichtung und seiner Ungerechtigkeit durch ein Testament zu errichten, das er als Gesez für seine Familie und seine ganze Nachkommenschaft aufstellte?

Durch Thatsachen sind also die Muthmaßungen zerstreut, die den ganzen Beweis der Herzogin von Ventadour und der Gräfin von Lüde ausmachen. Aber auch selbst wenn keine Thatsachen wider ihre Vermuthungen sprächen, würden andere Vermuthungen sie widerlegen, die man ihnen entgegen halten könnte, und die zum wenigsten gleich stark wären.

Es ist ausgemacht, daß Kindschaft sich in allen Fällen bloß auf Vermuthungen gründet; sie kann also eben darum auch in allen Fällen nur durch Vermuthungen bestritten, und aus dem nämlichen Grunde auch nur durch diese Waffen vertheidigt werden. Die Rechtsgelehrten zählen nämlich *) zu den Beweisen für die Kindschaft,

---

*) Praeter fidem inſtrumentorum et aſſeverationem parentum, tria recenſentur: tractatus, teſtes et fama; et ſupplent, deficientibus probationibus certioribus, filiationem omnem tam probari, quam praeſumi. Si is, de cuius ſtatu agitur, pro filio habitus ſit, ſi teſtes et vicini idem deponunt, ſi fama popularis idem aſſeverer. Covarruvias, de matr. Part. II. cap. 8. §. 30. de filiationis probatione. Vid. Egidius Baſſus, de ſuppoſito partu.

schaft, ausser den schriftlichen Dokumenten und dem Zeugnisse der Eltern, vorzüglich folgende drei Stücke: das Behandeln eines Kindes seiner angenommenen Geburt gemäß, den Beweis durch Zeugen, und den allgemeinen Ruf. Wenn also derjenige, dessen Kindschaft bezweifelt wird, immer für den Sohn desjenigen Vaters gehalten worden ist, den er angiebt; wenn Zeugen vorhanden sind, die es versichern; und wenn der allgemeine Ruf diese Meinung bestätigt: so bewirkt dieses eine Vermuthung für seine Kindschaft, die für einen Beweis gilt.

Daß das Zeugniß der Eltern wegen dem Stand ihrer Kinder in keinem Fall rechtsgültig sei, ist ein Grundsaz, welcher der Menschlichkeit, den guten Sitten, und den Gesezen gerade zu widerstreiten würde, und den also niemand so allgemein hin annehmen kann. Man muß dabei folgenden Unterschied machen. Wenn die Aussage der Eltern ihrem Kinde den Stand seiner Kindschaft abspricht, so kann man sie nicht für untrüglich gelten lassen, sondern das Kind darf sie bestreiten, und sich dagegen vertheidigen, weil es möglich ist, daß das Herz eines Vaters oder einer Mutter mit einem so bittern Haß gegen ein Kind erfüllt werde, der sie sogar verleiten

leiten kann, es zu verleugnen. Aber im Gegentheil läßt sich nicht behaupten, daß jemand für ein fremdes Kind eine so blinde Liebe fassen könne, um es für sein eigenes zu erkennen und aufzunehmen. Wenn also Vater und Mutter sich zu Gunsten eines Kindes erklären, das sich für das ihrige ausgibt, so sind sie hierin nicht nur unverwerfliche Zeugen, sondern sogar auch die einzigen und höchsten Richter. Das Gesetz gestattet in solchen Fällen niemand ein Recht zu widersprechen, als den Eltern *). Wenn also dieser einzige, der ein Recht hat zu widersprechen, ein Kind gerichtlich für das seinige anerkannt hat, so ist darüber kein Streit mehr möglich; weil dieser durch das Anerkennen gleichsam selbst einen gerichtlichen Vertrag mit dem Kinde errichtet hat, den Punkt nie wieder zu berühren; und niemand anders befugt ist, den Streit in Bewegung zu bringen.

Diesen Grundsäzen gemäß hat das Gesez bestimmt: daß solche öffentlich vor Gericht abgelegte Erklärungen der Eltern als unumstößliche Beweise für die Rechtmäßigkeit der Geburt eines Kindes gelten sollen **). Der Rechtsgelehrte

---

*) §. 7. Inst. de leg. agn. succ. L. si plures ff. de accus. et inscript.

**) L. 1. §. 12. ff. de agnosc. et alend. lib.

lehrte, der dieses Gesez abgefaßt hat, giebt dabei einen Fall an, in welchem das Kind einer Frau, die einen sehr unordentlichen Lebenswandel führte, von ihrem Mann vor Gericht für das seinige erklärt wurde, ungeachtet er wirklich nicht Vater desselben war. So verdächtig auch diese Erklärung an sich sein mochte, so wurde sie doch von den Richtern als eine sehr gültige Vermuthung zum Besten des Kindes erkannt. Quandoque enim coepit agi causa, grande praeiudicium offert pro filio confessio patris. — Cujas, jenes Orakel der römischen Rechtsgelahrtheit, sagt: man müsse einen großen Unterschied machen, ob eine solche Erklärung vor Gericht, oder nur privatim, etwa in einem Briefe, geschehen sei; indem sie im erstern Fall für die Anerkennung des Kindes gültig sei, im zweiten aber sehr wenig in Betrachtung komme *).

Würde die Klage der Damen von Ventadour und von Lüde für gegründet angesehen werden, welchem Bürger könnte man dann nicht eben so gut seinen Stand streitig machen? Bald würden dann Schikanen eigennüziger und arglistiger

Ver-

---

*) Sup. tit. 16; 7. lib. cap. de lib. cauſ.

Verwandten alles in Aufruhr bringen, die heiligsten Bande des Bluts würde schändlicher Geiz zertrümmern, die Ruhe der ganzen Gesellschaft würde zerstört, niemand mehr einen Augenblick seiner gegründetsten Rechte gewiß sein.

Noch sonderbarer erscheint aber das Unternehmen dieser Damen dadurch, daß sie — wir müssen es noch einmal wiederholen — gar nichts anführen, das zu einem solchen Verdacht gegen den Grafen und seine Gemahlin berechtigen könnte. Lebten sie denn in einer so tödtlichen Feindschaft mit ihm? Oder hat die Aussicht einer glänzenden Nachkommenschaft den Grafen und die Gräfin verführt? Oder war ihr Leben schon so mit Schandthaten bezeichnet? Waren sie schon mit dem Laster so vertraut? Oder war der Name ihres Hauses so unbedeutend, daß sie ganz gleichgültig einen Bastard aus der Hefe des Volks aufgreifen und ihren Ahnen an die Seite stellen konnten?

Gesezt aber auch, sie hätten sich über alle diese Rücksichten wegsezen können; weder die Ehre ihrer Familie, noch die Sorge für die Reinheit ihres Stammes hätte sie zurükgehalten: würde denn der Graf noch in den Armen des Todes selbst diesen Betrug bestätigt, würde seine Gemahlin nach seinem Tode noch einen Streit fort-

fortgeſezt haben, der ihre ganze Ruhe zerſtört?

Wenn man aber auch wirklich einen ſo hohen Grad von Verdorbenheit des menſchlichen Herzens zugeben wollte, bei dem es allein möglich wäre, einen ſo plözlichen Uebergang von den reinſten Geſinnungen der Unſchuld und Rechtſchaffenheit zu einem überlegten Verbrechen zu begreifen, als man bei dieſer Beſchuldigung des Grafen und der Gräfin von Saint Geran annimmt: ſo bleibt doch die Beſchuldigung einer ſolchen Niederträchtigkeit noch aus andern Rückſichten unwahrſcheinlich. Iſt es wohl glaublich, daß die Gräfin, erzogen im Schooſe einer nie getrübten Ruhe und in allen Gemächlichkeiten des Lebens, welche ihr Stand eines Theils ihr zum Geſez, und die Gewohnheit gleichſam zur Nothwendigkeit gemacht hat, aus bloßem Muthwillen ſich in alle Gefahren und Unruhen eines langwierigen Prozeſſes werde geſtürzt haben? Wie konnte die Gräfin ihre ganze Ruhe, das Glück ihres Lebens, aufopfern, bloß zum Beſten eines Baſtards aus dem niedrigſten Pöbel, bloß um der Familie ihres Gemahls, von der auch ſie den Namen führte, einen Schandfleck anzuhängen?

Alle diese Umstände rechtfertigen die Ansprüche des Grafen und seiner Gemahlin so vollkommen, daß wider sie weder Vermuthungen noch Gründe weiter statt finden. — Noch weit einleuchtender aber erscheinen sie durch jene Menge von Zeugen; durch jene Reihe von Beweisen, die alle Erdichtungen mit entschiednem Uebergewicht widerlegen; durch jene Kette von Thatsachen, die so genau in einander greifen, und ein Ganzes ausmachen, aus dem die Wahrheit in vollem Glanze hervorbricht.

Die Rechtsgelehrten haben vier Umstände festgesezt, durch welche der Richter bei Fragen dieser Art die Wahrheit entdecken könne, nämlich: wenn das Kind von Vater und Mutter anerkannt worden ist; wenn man keine Ursache und keinen vernünftigen Vorwand der Einschiebung angeben kann; wenn die Eltern den Ruhm einer vollkommnen Rechtschaffenheit haben; und endlich, wenn die Schwangerschaft erwiesen ist.

Diese vier Umstände treffen aber bei der Gräfin von Saint Geran vollkommen zusammen. Man findet hier kein einziges von den Anzeigen, die gewöhnlich den Verdacht der Einschiebung eines fremden Kindes erwecken; wenn nämlich entweder die Frau, die sich als Mutter ausgiebt, schon sehr alt ist; oder wenn man

ver-

verdächtige Aeusserungen von ihr gehört hat, die auf ein solches Verbrechen schliessen lassen; wenn sie ohne Beistand einer Hebamme entbunden worden ist; wenn sie ihre Schwangerschaft vor den Verwandten verheimlicht, und sich an einen abgesonderten, zu ihrem Vorhaben bequemen Ort begeben hat. — Von allen diesen Verdachtsgründen trifft bei der Gräfin kein einziger ein; vielmehr beweisen hier alle Vermuthungen das gerade Gegentheil. Das Alter der Gräfin ist noch jetzt nicht in die Jahre der Unfruchtbarkeit vorgerückt, und war also bei der Geburt ihres Sohnes noch viel weiter davon entfernt. Keine einzige Aeusserung konnten ihre Feinde, bei aller Aufmerksamkeit, mit der sie alle ihre Reden und Schritte beobachteten, zur Bestätigung ihres Systems anführen; niemals ist ihr etwas entfallen, das auch nur den Schatten eines Verdachts hätte erwecken können. Bei ihrer Niederkunft war eine Hebamme zugegen, und ihre Schwangerschaft machte sie, länger als sechs Monate vorher, bekannt. In der Mitte ihrer ganzen Familie und vor den Augen ihres Gemahls ist die Entbindung geschehen, die man ihr abstreiten will, weil man das Kind entführt hat. Ihr Leben ist makelloß und unbescholten, die Verleumdung selbst hat an ihr keinen Tadel gefunden, und ihre Unschuld durch dieses ehrfurchtsvolles Stillschweigen anerkannt.

Diese aus bloßen Vermuthungen entspringende Wahrscheinlichkeit, verbunden mit der überzeugenden Gewißheit, welche die unwidersprechlich erwiesenen Thatsachen hervorbringen, zeigen nun die Wahrheit in ihrem höchsten Triumph.

Auch die Damen von Ventabour und von Lude fühlen dieses Gewicht der Wahrheit und der unumstößlichen Beweise. Aber um noch einmal dem Streich auszuweichen, der sie jetzt gerade trifft, nehmen sie eine Wendung, die eben so sonderbar scheint, als sie scharfsinnig ausgeführt ist. — Die Beweise für die Kindschaft des jungen Grafen, sagen sie, welche durch den peinlichen Prozeß erhalten worden sind, können nicht gegen uns gebraucht werden, um den Streit über seinen Stand zu entscheiden, denn das bürgerliche Verfahren ist von dem peinlichen ganz verschieden; und da uns, schliessen sie weiter, der ganze peinliche Prozeß über die Entführung des Kindes gar nichts angeht, so muß es uns erlaubt sein, die Einschiebung des Kindes vor dem bürgerlichen Richter zu beweisen.

Wie

Wie läßt sich aber diese Sprache mit ihrem Betragen bei dem Prozeß selbst zusammenreimen? Wenn der peinliche Prozeß sie nichts angeht, warum verlangten sie denn so dringend, als Zwischenkläger angesehen zu werden? Führen sie nicht selbst, zur Begründung ihrer Zwischenklage, an, daß sie ein sehr angelegentliches Interesse bei der Sache haben, indem man ihnen einen Blutsverwandten, einen künftigen Erben, aufdringen wolle? Sie mußten also doch glauben, daß die Frage über den Stand des Kindes, auch in Rücksicht auf sie, durch den peinlichen Prozeß entschieden werden könne? Sie mußten also doch wirklich vollkommen überzeugt sein, daß die Verurtheilung Mariens und der Hebamme auch zugleich den Streit über den Stand des Kindes entscheide, warum hätten sie sonst ihren ganzen Einfluß aufgeboten, diese Verbrecher zu retten? Nun haben sie freilich ihren Angriff geändert, weil sie sahen, daß weder für die eine noch für die andre weiter etwas zu thun sei, nachdem der Tod die eine der verdienten Strafe entzogen, und die andere ihr Urtheil, vermöge jener Drohung des Parlements, durch ihre Flucht, das einige Mittel — der Strafe zu entgehen, die unfehlbar ihrer wartete — selbst entschieden hat.

Schon diese Betrachtung könnte vielleicht hinlänglich darthun, daß diese neue Einwendung der beiden Damen gar nicht Statt finde. Aber wir wollen sie doch selbst untersuchen.

Worauf gründet sich denn der ganze peinliche Proceß, der bisher geführt wurde? Ist es nicht die Unterdrückung des Kindes durch die Hebamme auf der einen, und der Streit über die ächte Mutterschaft Mariens auf der andern Seite, worauf dabei alles ankommt? Ist nun aber durch das Endurtheil entschieden, daß jene das Kind wirklich unterdrückt, und diese sich fälschlich für die Mutter desselben ausgegeben habe, und die Gräfin hingegen die rechte Mutter sei: wie könnte man eine vollständigere und deutlichere Entscheidung über den Stand des Kindes geben? Nachdem durch den Generalprokurator die Verurtheilung der unächten Mutter, dem schon oben angeführten Dekret des Parlements gemäß, öffentlich bekannt gemacht, und dadurch dieser Stand des Kindes feierlich bestätigt worden ist: kann man den Damen von Ventadour und von Lüde noch Gehör geben, wenn sie vorgeben, es sei bloß über das Verbrechen ein Urtheil gesprochen, aber in Rücksicht auf sie müsse die Sache durch

durch einen bürgerlichen Proceß entschieden werden?

Es ist ein unverlezlicher Grundsaz, daß eine und dieselbe Frage über den Stand eines Menschen nie zweimal gerichtlich untersucht werden kann, und daß die Entscheidung, welche einmal darüber gefällt ist, immer und in Rücksicht aller Personen ohne Ausnahme gelten muß. Der Stand eines Bürgers ist ein zu kostbares Eigenthum, als daß man ihn mehr als Einmal dem Ungefähr eines Prozesses Preis geben könnte. Wenn also die Aechtheit, der Mutterschaft sowohl als der Kindschaft, einmal entschieden ist, unter welchem Vorwand will man den Rechtsstreit über diese Fragen erneuern?

Gesezt ein Vater hätte wegen Entführung und Entehrung seiner Tochter eine peinliche Klage erhoben, hätte aber den Proceß verloren, und die Kinder, welche seine Tochter während jener vorgeblichen Entführung geboren hatte, wären für Früchte einer rechtmäßigen Verbindung erklärt worden: würden nun wohl die Geschwister dieser Tochter, nach einer solchen Entscheidung, Gehör finden, wenn sie diesen Kindern nachher ihren Stand aufs neue streitig machen wollten, unter dem Vorwand, daß sie ein besonderes Interesse dabei haben, und bei jenem Prozesse des Vaters nur über das Verbrechen entschieden worden sei?

Es ist bekannt, daß diese Art von Anklagen wegen Entführung einer Frauensperson, und wegen Unterdrückung eines Kindes, gemischt, theils peinlich, theils bürgerlich sind, daß aber die Entscheidung des peinlichen, die Person betreffenden, Theils auch zugleich den damit verbundnen bürgerlichen Theil des Streites entscheide. Welche unabsehbare Verwirrung würde nicht entstehen, wenn man die Entscheidung über den Stand eines Menschen, welche einmal festgesetzt ist, den immerwährenden Angriffen aller, die dabei ein Interesse haben, aussetzen wollte? Auf diese Art würden oft darüber so viele Prozesse entstehen, als einzelne Glieder in einer Familie sind; es würde vielleicht unter ihnen allen nicht ein einziger sein, der nicht mit eben dem Grund anführen könnte, daß man ihm eine Erbschaft dadurch entziehe, daß man seinen Namen, seine Rechte, seinen Adel, seine Familienwappen einem Fremden ertheile. — Es ist ausgemacht, daß man diesen Einwendungen solcher Verwandten kein Gehör geben wird. Wie viel mehr sind aber nicht Gründe vorhanden, die Da-

men

men von Ventadour und von Lüde mit den ihrigen abzuweisen, da sie bei dem peinlichen Prozeß selbst schon eine Zwischenklage angestellt und gegen die Verurtheilung jener Beklagten appellirt oder Protestationen eingereicht haben? — Durch erkaufte Zeugen hätten sie vielleicht der Sache eine andere Gestalt gegeben, und die Beklagten, welche durch den Prozeß selbst überwiesen und verurtheilt waren, frei gemacht. Ein Betrug hätte also hier das gerechteste Verfahren des Richters umgestoßen!

Ueberdies kann das Recht sich durch neue Thatsachen zu rechtfertigen einem schon verurtheilten Verbrecher weder mittelbar noch unmittelbar zugestanden werden. Was hieße das anders, als die Aussprüche der Gerechtigkeit dem öffentlichen Gespött Preis geben, mit den ernsthaftesten Angelegenheiten der Gesellschaft spielen, die heiligsten und unverlezlichsten Geseze umstürzen, und den größesten Verbrechern, selbst nachdem sie vollständig überwiesen sind, einen Weg zum Entwischen öffnen?

Man sieht aus diesen Betrachtungen, daß die Entscheidung über den Stand einer Person von der Entscheidung über seine bürgerlichen Rechte unzertrennbar ist; und daß das Urtheil

über

über den Stand zugleich auch das Urtheil über das Vermögen enthalte.

Verschiedene Gesetze sagen ausdrücklich, daß die Frage über den Stand eines Menschen vor allen Dingen, vor allen andern Nebenfragen, selbst wenn ihr Gegenstand peinlich seyn sollte, entschieden werden müsse *). Da nun die Frage über den Stand eines Menschen mit der Frage über den Besitz seines Vermögens so unzertrennlich vereinigt ist; so kann hier, wo die erstere Frage unumstößlich entschieden ist, weder wegen der erstern noch wegen der leztern Frage ein neuer Streit erhoben werden, da die leztere durch das Urtheil über die erstere bereits auch ausgemacht ist.

Die andere Einwendung, daß die Beweise eines peinlichen Prozesses gegen niemand als gegen den Angeklagten gebraucht werden können, ist eine bloße Spitzfindigkeit. Freilich in Rücksicht

---

*) Prius de nativitatis veritate, secundum iuris formam quaeri, idem vir clarissimus (praeses provinciae) curae habebit L. 2. C. de ordin. iudic. Cum et ipse confessus es, status te controversiam pati; qua ratione postulas, prius quam de conditione constaret tua, accusandi tibi tribui potestatem contra eum, qui te servum esse contendit? Cum igitur, sicut allegas, statu tui generis fretus es, iuxta ius ordinarium praesidem petes, qui cognita prius liberali causa, ex eventu iudicji, quid de crimine statuere debeat, non dubitabit L. 1. C. de ordin. cognit.

sicht auf die Ueberweisung von einem Verbrechen und auf das Verhängen der Strafe über den Verbrecher können sie niemand anders als den Beklagten betreffen. Allein wenn bei einem solchen Prozeß auch bürgerliche Fragen vorkommen, so gelten die gegen den Angeklagten geführte Beweise auch gegen alle Personen ohne Unterschied, die wegen bürgerlicher Ansprüche in die Sache mit verwickelt sind. Wenn bei einer Untersuchung, die gegen einen Beamten ungerechter Erpressungen halber verhängt würde, auch seine Gläubiger mit einträten, um ihre Ansprüche auf sein Vermögen geltend zu machen; so würden zwar die bei dem Proceß vorhandenen Beweise, inwiefern sie das Verbrechen selbst und die Bestrafung desselben betreffen, den Verbrecher allein zum Gegenstand haben, ohne im mindesten die Rechte dieser Gläubiger zu beschränken; demunerachtet werden diese Beweise, wenn er dadurch zur Strafe der Konfiskation seines Vermögens verurtheilt würde, gegen die Ansprüche der Gläubiger gelten.

Doch ohne uns länger mit der Prüfung solcher Spitzfindigkeiten aufzuhalten, wollen wir hier ein ganz ungekünsteltes Räsonnement beifügen, das durch alle die feinen Wendungen, die

die man für die Herzogin von Ventadour und die Gräfin von Lüde so verschwenderisch angebracht hat, nicht im geringsten aufgehoben werden kann. Ist Marie als schuldig verurtheilt worden, so geschah dies, weil es dem Richter so klar wie der Tag bewiesen war, daß sie nicht die wahre Mutter des Kindes sei, worüber der Streit geführt wird, und daß sie es der Gräfin von Saint Geran habe entreißen wollen, deren rechtmäßiger Sohn es ist. Ist aber diese Kindschaft erwiesen, so ist das Kind auch der Erbe des Grafen von Saint Geran, seines Vaters, und schließt also eben darum seine Tante und seine Cousine, als bloße Seitenverwandte, von der Erbfolge aus. Was könnten also diese Damen bei einer weiteren Untersuchung, worauf sie bestehen, nun noch beweisen wollen? Ich sehe nichts anders, als, daß das Kind, das auf die Aussagen einer ganzen Reihe gerichtlich verhörter und unverwerflicher Zeugen von den Richtern für einen rechtmäßigen Sohn des Grafen von Saint Geran erklärt worden ist, dennoch sein Erbe nicht sei. Ohnmöglich kann der Beweis, den sie ganz unabhängig von dem peinlichen Prozeß führen wollen, einen andern Gegenstand haben. Allein ich frage, ob sie bei ir-

gend

gend einem Gerichtshofe mit einem solchen Sa-
tze Gehör finden können?

Indeß kann man wirklich, so wie die Sache
jetzt beschaffen ist, ihre Ansprüche aus keinem
andern Geschichtspunkt ansehen. Kraft des
Dekrets vom 18 August 1657 ist Marie überführt, daß sie das Kind der Gräfin von Saint
Geran unterdrückt habe, denn eben dieses Dekret sagte ausdrücklich, indem es ihr den Stadt-
verhaft in der Stadt und den Vorstädten von
Paris ankündigte: sobald sie diese Gränzen
überschreite, sollte sie für überwiesen des beschuldigten Kinderraubes erklärt sein. Sie hat aber
nicht nur Paris verlassen, sie hat sich sogar in
fremde Länder geflüchtet, um sich ganz der Gerichtsbarkeit des Parlements zu entziehen. Dadurch hat sie sich aber nicht bloß eines strafwür-
digen Ungehorsams schuldig gemacht, sondern
dieser Schritt, von welchem sie selbst alle die
glänzenden Aussichten nicht abhalten konnten,
welche sie als gewissen Lohn von ihren Beschü-
tzerinnen erwarten durfte, beweist auch deutlich
genug, daß sie selbst schon das Schwerdt über
ihrem Haupte schweben sah, von dem sie unfehlbar befürchtete getroffen zu werden, und daß sie
es deswegen für rathsam gehalten habe, durch
eine

eine schleunige Entfernung den Händen der Gerechtigkeit zu entweichen. Dieser Schritt gibt also nicht etwa eine bloße Vermuthung, daß sie schuldig sei, sondern sie ist des Verbrechens vollständig dadurch überwiesen, und das Parlementsdekret vom 18 August 1657 kann nicht mehr als ein bloßer vorläufiger Ausspruch angesehen werden, sondern ist durch jenen Schritt in ein vollständiges unwiderrufliches Endurtheil verwandelt. Gegen sie ist also Alles weitere Verfahren, alle weitere Formalitäten überflüssig; sie ist verurtheilt, und das Parlement hat nichts weiter nöthig, als Befehle zur Vollstreckung des Urtheils zu ertheilen, sobald man ihrer Person habhaft werden kann. Ist es aber durch ein Endurtheil entschieden, daß Marie das Verbrechen begangen hat, sich fälschlich für die Mutter des Kindes ausgegeben zu haben, worüber dieser Streit geführt wird: so ist dieses Kind der Sohn der Gräfin von Saint Geran, und der Erbe des Grafen seines Vaters. Es ist also nicht bloß ein anderes Urtheil, das die Damen von Ventadour und von Lüde verlangen, sondern die Aufhebung eines unwiderruflichen Ausspruchs."

Doch

Doch wir brechen hier ab, um unsre Leser sogleich an das Ende des Streites zu bringen.

Nach einem Prozeß, der länger als sechzehn Jahre gedauert hatte, worinnen mehr als fünfzehn Arrets von dem Parlement erlassen worden waren, wurde endlich den 5 Junius 1666 das Endurtheil gesprochen. Nach dem Inhalt desselben, war „Bernhard von Guiche für „einen leiblichen und rechtmaßigen Sohn des „Claudius von Guiche und der Susan„ne von Longaunay erklärt, und deswe„gen in den Besitz des Namens und Wappens „des Hauses Guiche und des ganzen von seinem „Vater hinterlassenen Vermögens eingesezt, mit „dem Versprechen, ihn in diesen Rechten zu schü„zen. Marien von Guiche hingegen, der „Herzogin von Ventadour, und Eleonoren „von Bouillé, der Gräfin von Lüde, wurde „es aufs strengste untersagt, ihn auf irgend eine „Art in dem Besitz desselben zu stören, und ih„nen zugleich auferlegt, die sämmtlichen Kosten „des Prozesses zu bezahlen. Marie Pigo„reau, die Wittwe des Fechtmeisters Beaulieu, „wurde, als überzeugt und überführt des Verbre„chens, dessen sie angeklagt worden war, verurtheilt, „sobald man ihrer habhaft werden könnte, auf

Aa „dem

„dem Greve-Plaz zu Paris gehangen zu werden;
„im Fall sie aber nicht zu erreichen wäre, so
„solle ihr Bild auf demselben Plaz an einen Gal-
„gen angeschlagen werden; alle ihre Güter, die in
„solchen Gegenden lägen, wo die Konfiskation
„statt fände, sollen von der Behörde eingezogen,
„davon aber zum voraus 800 Livres als eine
„Geldbuße, für den König abgegeben werden,
„die zu Bestreitung der Unkosten, und zum Un-
„terhalt der Gefangenen im Parlamentsgefäng-
„niß verwendet werden sollen."

Dieser Zweig des Hauses von Guiche, dessen
Fortdauer der Graf und die Gräfin von Saint
Geran mit so großen Aufopferungen zu erhalten
gesucht hatten, verlosch doch in der Person eben dieses Bernhards von Guiche, der erst nach so langen
unruhvollen Kämpfen endlich in die Rechte ihrer
Nachkommenschaft wieder eingesezt wurde, welche ihm die feinsten Kunstgriffe der Kabale zu
entreissen gedroht hatten. Er vermählte sich zwar
im Jahr 1667 mit Magdalenen von Va-
rignies, der einzigen Tochter von Franz von
Monfreville und von Margarethe Jourdain von
Carbonel von Canisi. Allein seine Gemahlin
blieb eben so lange unfruchtbar, als seine Mutter es gewesen war. Erst im Jahr 1688 wurde
sie

sie von einer Tochter entbunden, welche aber nachher in ein Kloster gieng. Im Jahr 1670 machte ihn der König zum Generallieutenant von der Armee, und am 1 Januar 1689 zum Ritter der Königlichen Orden. Den 18 März 1696 starb er plözlich zu Paris, in einem Alter von fünf und fünfzig Jahren, ohne einen Nachkommen zu hinterlassen.

Geschichte
der
Marquise von Gange.

Die Marquise von Gange, das einzige Kind des Herrn von Rossan, der in Avignon als Privatmann lebte, kam nach dem frühen Tode ihres Vaters in das Haus und unter die Aufsicht des Herrn von Rocheres, ihres mütterlichen Großvaters, der ein Vermögen von beinahe 500,000 Livres besaß. Seine Enkelin war die einzige Erbin dieses Vermögens, und hieß, nach einem seiner Landgüter, bis zu ihrer Heirath, Fräulein von Chateaublanc. Ihre täglich zunehmenden Reize, ihr sanfter Charakter und ihre einnehmenden Geistesfähigkeiten, gewannen ihr bald die ganze Zärtlichkeit des ehrwürdigen Alten. Er kannte keine süßere Hoffnung, als seine schöne Enkelin einst in dem Besitz seines Vermögens an der Hand eines würdigen Gatten glücklich zu sehen. In der
Absicht

Absicht, seine Wünsche bald erfüllt zu sehen, vermählte er sie schon in ihrem dreizehnten Jahre, mit dem Marquis **von Castellane**, einem Manne, der mit den äussern Vorzügen einer alten und vornehmen Abkunft und einer schönen Gestalt die schäzbarsten Eigenschaften des Geistes und Herzens verband.

Die Marquise war eine der ersten Schönheiten ihrer Zeit. Ihr Bildniß, von dem berühmten Mahler Mignard gemahlt, wird unter die vorzüglichsten Meisterstücke dieses großen Künstlers gerechnet; und alle Zeugnisse ihrer Zeitgenossen stimmen in Lobeserhebungen ihrer ausserordentlichen Schönheit überein. In einem zu Rouen 1667 erschienenen Buche, das den Titel führt: **Die wahrhaften und merkwürdigen Umstände des kläglichen Todes der Frau Marquise von Gange**, wird sie als eine vollkommne Schönheit geschildert. Selbst Ludwig der Vierzehnte ward von ihren Reizen bezaubert, und ertheilte ihr die schmeichelhaftesten Lobsprüche. Zweimal tanzte er mit ihr bei öffentlichen Hoffesten, in deren Anordnung Galanterie mit der höchsten Pracht verbunden war, und jedesmal erhielt ihre Schönheit und ihre

Anmuth den Preis der allgemeinen Bewunderung. Die berühmte Königinn Christine von Schweden, welche damals an dem französischen Hof sich aufhielt, gestand, daß sie in allen Reichen, welche sie durchreist, nichts gesehen habe, das der schönen Provençalin (so nennte man die Frau von Castellanne) gleich komme, die ihr Herz erobern würde, wenn sie von einem andern Geschlecht wäre.

Diese allgemeine Bewunderung ihrer Schönheit erregte natürlich Neid und Eifersucht, und reizte die Verleumdungssucht aller, die sich durch sie verdunkelt fühlten. Die Läster-Chronik sprengte allerlei nachtheilige Gerüchte von verliebten Abenteuern über sie aus, die aber nicht einmal mit einem scheinbaren Verdacht begründet werden konnten. Die Güte ihres Karakters entsprach der Schönheit ihres Körpers. Sie war gesellig, und theilnehmend bei dem Unglück anderer. Ihr Verstand war mehr gründlich als lebhaft, ihr Urtheil weniger glänzend als treffend.

Mitten im Genuß des Glücks, das Schönheit mit Reichthum und Ueberfluß gepaart, zu gewähren vermag, erhielt sie die traurige Nachricht, daß ihr Gemahl, der als Befehlshaber der französischen Galeeren unter Seegel gegangen war,

war, bei Sizilien Schiffbruch gelitten, und sein Grab in den Wellen gefunden habe. — Einige Spötter, die der Marquise längst, um sich für ihre Verachtung zu rächen, den Verstand abgesprochen, und sie nur die schöne Bildsäule genannt hatten, verbreiteten bei dieser Gelegenheit die Anekdote: Sie habe bei der Nachricht von ihres Gemahls Tode gesagt. „Ach, er wird „nicht ertrunken sein; Junge Leute kommen von „den weitesten Reisen wieder."

Ihre Geschäfte riefen sie bald daraufnach Avignon zurück. — Reichthum und Schönheit waren zwei zu reizende Vorzüge, um nicht bald eine Menge Anbeter herbeizuziehen, die sich zu ihren Füßen warfen. Die Liebe entschied für den Herrn von Lenide, Marquis von Gange, einen jungen Mann von 20 Jahren, aus einem der ersten Häuser in der Provinz, mit allen Vorzügen eines vortheilhaften Wuchses, männlicher Schönheit, und einer sanften Gesichtsbildung ausgezeichnet. Nie schien eine Verbindung zweier Personen besser gewählt worden zusein, als eben diese, welche zwei der schönsten und reichsten Leute des Landes, von gleichem Alter, von gleichem Adel des Geschlechts und von gleichen Eigenschaften, vereinigte. Er war ein Freiherr aus

Languedok, und Gouverneur von St. André in Niederlanguedok. Die Hochzeit wurde 1658 vollzogen, als die Marquise eben das 22ste Jahr erreicht hatte. —

Der Anfang dieser Ehe war sehr glücklich; der Marquis, von seiner Gemahlin bezaubert verließ sie nie, und mehr war nicht nöthig zum Glück eines Weibes, welches ausser der Wonne das Herz eines liebenswürdigen Gemahls zu besizen, kein anderes Glück kannte. Zwei Kinder, ein Knabe und ein Mädchen, waren die Pfänder ihrer Zärtlichkeit.

Nach einiger Zeit fieng der Marquis an, häufiger Gesellschaft zu suchen. Seine Frau glaubte sich nicht verpflichtet in der Einsamkeit zu leben, während ihr Mann Zerstreuung suchte, sie gab Besuche, und nahm andre bei sich an. Doch suchte sie nur Gesellschaft, um der Langenweile zu entgehen, und dachte nie daran, mit den Männern, welche sie bei sich sahe, in eine Bekanntschaft zu treten, welche die Gränzen des gesellschaftlichen Vergnügens überschritte, und ihrer Tugend ward es leicht, sie in diesen Gesinnungen zu erhalten. Bemerkte sie, daß ihre Reize irgend einen ihrer Gesellschafter zu einer gefährlicheren Neigung hinrissen, so zog sie sich zurük,

und

und wendete sich an andere, die durch keine Leidenschaft versucht waren, die Schranken des bloß geselligen Umgangs zu überschreiten. Indessen konnte die Ordnung und Zurückhaltung mit welcher sie lebte, sie doch nicht gegen die Eifersucht ihres Gemahls schützen.

Anfangs zwar schämte er sich einer Leidenschaft, welche immer den der sich von ihr beherrchen läßt, lächerlich macht; und da er sich selbst gestehen mußte, daß das Betragen seiner Gemahlinn ihm keine gegründete Veranlassung zum Argwohn gebe, so unterdrückte er so viel er konnte die Gemüthsbewegung welche ihm ein Verdacht verursachte, den er doch selbst für nichtig erklären mußte. Allein der Mißmuth, der ihn quälte, zerstörte seine heitre Gemüthsstimmung. Der sonst so zärtliche Gatte, der seine geliebte Gemahlin nie anders als mit dem Ausdruk des innigsten Vergnügens sah, war jezt düster, niedergeschlagen und mürrisch. An die Stelle der liebreichen zärtlichen Versicherungen, welche bisher ihre Unterhaltung ausmachten, trat jezt Kälte und Zurückhaltung, die gewöhnlichen Vorboten eines gänzlichen Bruchs. So wurde jede Erholung, welche die Marquise in einer unschuldigen Zerstreuung suchte, durch den häuslichen Verdruß vergiftet, den sie immer dafür von dem Unmuth ihres Gemahls zu erwarten hatte. — Eine Begebenheit, welche der Marquise das Ende dieser Leiden, oder doch Erleichterung ihrer schlimmen Lage zu versprechen schien, stürzte sie in den Abgrund ihres Unglücks.

Der Marquis von Gange hatte drei Brüder der eine **Graf von Gange**, Oberster des Dragoner-Regiments von Languedok, hatte keine Rolle bei der Haupthandlung dieser Geschichte, kommt aber gleichwol in der Folge wieder vor.

Der zweite, **Abbé von Gange**, verlangt, der Rolle wegen, die er in dieser Geschichte spielt, eine eigne Charakterschilderung. Es fehlte ihm nicht an Verstand, den er aber nur anwendete die schändlichen Früchte seines verdorbenen Herzens zu verschleiern. Bosheit und Zügellosigkeit, Lasterhaftigkeit und Ausschweifung waren die Grundzüge seines Charakters, und nur deswegen hatte er, ohne einen besondern Orden zu bekleiden, das geistliche Kleid gewählt, weil es ihm geschickter dünkte, seine Zügellosigkeit zu begünstigen und zu bedeken. Er war herrschsüchtig, alles sollte seinen Einfällen seinem Willen folgen; heftig, von Leidenschaften beherrscht, der größesten Laster fähig. Diese bösen Eigenschaften,

ten, mit List, Verschlagenheit und unglaublicher Verstellungskunst vereint, machten ihn zum gefährlichsten aller Menschen. Niemand war sanfter, liebenswürdiger, gefälliger, dienstfertiger als er, sobald er es scheinen wollte.

Der Ritter von Gange, der dritte Bruder des Marquis, war ein mittelmäßiger Mensch; geboren um beherrscht zu werden, gieng er, je nach dem man ihn leitete, den Pfad des Lasters oder den Weg der Tugend. Der Abbé hatte sich seiner ganz bemächtigt, und leitete ihn so nach seinem Willen, daß er sich nicht einmal die Mühe gab, ihm den Beweggrund der Vorschriften zu erklären, die er ihm ertheilte. Er besaß aber die Kunst, dem Ritter seine Herrschaft über ihn so zu verbergen, daß dieser nach seinem eignen Willen zu handeln glaubte, indeß er bloß dem Antrieb des Abbé folgte.

Dieser Bösewicht hatte sich auch durch eine geheuchelte Anhänglichkeit des ganzen Vertrauens seines ältern Bruders, des Marquis, bemächtigt. Es gelang ihm, sich bei dem Marquis in das Ansehen vorzüglicher ökonomischer Einsichten zu sezen, und vermöge der glänzenden Versprechungen, die er seinem Bruder von der Erweiterung seines Vermögens vorzuspiegeln

geln wußte, brachte er es dahin, daß ihm dieser die Verwaltung seiner Güter und die Aufsicht über sein ganzes Hauswesen anvertrauen wollte. — Nachdem der Abbé alles auf diese Art vorbereitet hatte, kam er, in Gesellschaft des Ritters, zu dem Marquis, um künftig bei ihm zu wohnen.

Kaum hatte er die Reize der Marquise in der Nähe gesehen, als er für sie die ersten Eindrücke der Liebe empfand. Nie gewohnt seinen Leidenschaften zu widerstehen, ließ er auch dieser freien Lauf, und schmeichelte sich, das Ansehen, dessen er sich in dem Hause seines Bruders bemächtigt hatte, werde auch bei seiner Schwägerin seine Absichten begünstigen. Seine erste Sorge war, die Marquise sich verbindlich zu machen. Die Gelegenheit dazu bot sich ihm von selbst an. Er übernahm es, den Marquis von der Tugend seiner Gemahlin zu überzeugen, wekte in ihm die vorige Achtung und Zutrauen gegen sie wieder auf, und wurde dadurch der Wiederhersteller ihrer häuslichen Glükseligkeit. — Seinem Plan gemäß mußte die Marquise erfahren, wem sie die Rükkehr der glücklichen Tage, die sie genoß, zu verdanken habe. Er entdekte ihr also, daß dies das Werk seiner Gewalt über ihren

ihren Gemahl sei, dessen Leidenschaften er sogar nach seinem Gutdünken lenken könne.

So vergnügt auch die Marquise war, ihr häusliches Glük wieder hergestellt zu sehen; so unangenehm war es ihr gleichwohl, einen so wesentlichen Dienst einem Manne verdanken zu müssen, gegen den sie von dem ersten Anblick an einen unüberwindlichen Widerwillen fühlte. Ohne seinen Charakter weiter zu kennen, hatte sie ihn errathen. Sie fürchtete mit Grund, er möchte den Dienst, den er ihr so eben erwiesen, misbrauchen, und die Sorgfalt, mit welcher er sie selbst davon unterrichtete, bestärkte ihre Ahndung, denn eine erwiesene Gefälligkeit geltend machen, heißt Dank dafür fordern. Diese Gesinnungen hatten unwillkührlich auf ihren Dank Einfluß, den sie ihm in ganz allgemeinen Komplimenten bezeugte, die mehr Formeln eingeführter Höflichkeit als Ausdruck wahrer Empfindung sind; und selbst diese Phrasen sprach sie so kalt aus, daß er leicht bemerken konnte, Herz und Mund stimmten bei ihr nicht überein.

Es kränkte ihn, daß es ihm nicht gelungen war, der Marquise Erkenntlichkeit einzuflößen, durch welche er in ihrem Herzen Eingang zu finden gehoft hatte. Seine Eitelkeit schmeichelte

chelte ihm aber, dieß werde ihm durch seine eigne Annehmlichkeiten gelingen. Allein vergebens rief er alle Bemühungen der Galanterie und den Reiz, welchen sein Geist in jede Unterhaltung zu legen wußte, zu Hülfe; Gleichgültigkeit, nur mit der äussern Hülle der Höflichkeit bedeckt, war alles, was er gewann. Des ungewissen Strebens müde, entschloß er sich, durch eine deutliche Erklärung sein Schicksal zu entscheiden.

Die Marquise gieng auf einige Tage zu einer ihrer Freundinnen aufs Land. Er folgte ihr. Es war bekannt, daß ihm alle Feinheit des gesellschaftlichen Tons zu Gebot stand, und daß er die Seele der Unterhaltung war; man empfieng ihn also mit Vergnügen, und die Begierde seiner Schwägerin zu gefallen, machte ihn noch angenehmer, als gewöhnlich. Die Damen wollten zu Pferde einer Jagd beiwohnen. Der Abbé bot sich zum Stallmeister der Marquise an, und fand dadurch, was er suchte, Gelegenheit, sie viel und ohne unterbrochen zu werden, zu sprechen. Er ließ den günstigen Zeitpunkt nicht ungenützt, und fieng an, die Heftigkeit seiner Liebe für sie mit allem Feuer der Beredtsamkeit ihr zu schildern. Die Marquise zeigte über sein Geständniß keinen Zorn;

diese

diese Aufwallung würde nur dem Verwegnen Anlaß zur Hoffnung gegeben haben; aber sie antwortete ihm mit dem kalten und trocknen Ton, welcher Verachtung oder wenigstens Gleichgültigkeit anzeigt. „Abbé, sagte sie, Sie wissen, wie eine Frau, wie Sie mich kennen, ein solches Kompliment erwiedern muß, sagen Sie sich das selbst, und ersparen Sie mir die Mühe, es Ihnen zu sagen."

Empfindlich beleidigt, veränderte der Abbé plötzlich den Ton. „Wissen Sie, Madam, sagte er, daß Ihr Glück in meinen Händen ist, und daß, wenn ich es will, Sie die unglücklichste Frau auf der Welt werden können? Das Glück, das Sie jetzt genießen, ist mein Werck, aber ich kann, es zerstören, sobald ich will. Ich fürchte nicht, daß Sie das, was ich Ihnen sage, anwenden können, mir zuvorzukommen, und meinen Plan zu durchkreuzen; ich weiß zu gewiß, daß man Ihnen nicht glauben wird, Sie mögen sagen, was Sie wollen, und Maßregeln ergreifen, welche Sie wollen. Um Ihrer und meiner Ruhe willen, lassen Sie uns gegenseitig nicht entzweien; erwiedern Sie meine Zärtlichkeit, und die lachendste Zukunft wird unsrer warten." — „Wenn Sie je mich lieben lernen konnten, erwiederte sie,

sie, so lernen Sie mich jezt schäzen; nie, ich betheure es Ihnen, wird weder die schönste Aussicht auf die Zukunft, noch die Furcht vor dem unglücklichsten Schicksal, mich bestimmen, meine Pflicht zu verlezen, und etwas auf Kosten meiner Tugend zu thun. Wenn ich übrigens einer Schwachheit fähig wäre, so würden Sie der lezte sein, der mich dazu bewegen könnte."

So demüthigend auch die lezten Worte waren, so konnten sie doch den Verliebten weder von seiner Leidenschaft heilen, noch von seinem Plan abschrecken. Seine Hoffnung war noch nicht niedergeschlagen, er hatte zu viel Selbstvertrauen, um zu glauben, daß die empfindliche Erklärung der Marquise ihren Grund in der Verachtung seiner Person habe; vielmehr glaubte er, daß sie einen ähnlichen Antrag von jedem andern mit eben dem Unwillen würde abgewiesen haben. In diesem Vertrauen also, daß er keine Schwierigkeit als die Tugend der Marquise zu besiegen habe, um seinen Zweck zu erreichen, sezte er mit doppelter Aufmerksamkeit seine Gefälligkeiten gegen sie fort, durch welche er doch endlich ihr Herz zu gewinnen hoffte.

Die Marquise lebte indeß glücklich mit ihrem Gemahl; aber ihre Abneigung gegen den Urheber

ber dieses Glücks wurde durch diesen Genuß seiner Wohlthat nicht gemindert. Sie vermied aufs sorgfältigste mit ihm allein zu sein.

Der Ritter war nicht weniger in seine Schwägerin verliebt als sein Bruder. Aber sein sanfter Charakter machte seinen Umgang der Marquise angenehmer. Sie entdekte ihm sogar Geheimnisse ihres Herzens, nicht als hätte er Eindruck auf sie gemacht, sondern sie verglich den Ritter mit dem Abbé; der erstere gewann und ward günstiger betrachtet. Diese Freundschaftsbezeugungen gaben ihm Hoffnung. Auch der Abbé bemerkte, daß sie seinen Bruder gern um sich sah, indeß sie sorgfältig seine Gegenwart mied; er hielt ihn für begünstigt, er belauerte sie, aber er konnte nichts entdecken, was die Tugend der Marquise verdächtig gemacht hätte. Von dem Ansehen, das er sonst über den Ritter behauptete, erwartete er in Rücksicht auf die Aufschlüsse, die er jetzt suchte, nicht viel; er nahm also seine Zuflucht zur List. „Wir lieben beide unsers Bruders Frau, sagte er ihm eines Tages, wir wollen uns nicht im Wege stehen. Ich bin Herr meiner Leidenschaft und kann sie Dir aufopfern, wenn Dir es aber nicht gelingen sollte, bei ihr Dein Glück zu finden, so ziehe Dich zurück, und ich will es dann für mich versuchen, aber eines Weibes wegen wollen wir uns nicht entzweien." — Beide umarmten sich, und der Vertrag war geschlossen.

Der Abbé hatte bei diesem Vertrag keine andre Absicht, als sich zu überzeugen, ob die Tugend der Marquise allein die Ursache jener Mißhandlung sei, die ihm von ihr widerfahren war, oder ob ein besondrer Widerwille gegen seine Person daran Antheil habe.

Der Ritter, von einem so furchtbaren Nebenbuhler befreit, verdoppelte seine Bemühungen bei der Marquise, welche sie mit Gefälligkeit aufnahm, so lange sie den wahren Grund derselben nicht bemerkte. Kaum hatte sie aber diesen entdeckt, so trat eine so auffallende Kälte an die Stelle der bisherigen Freundlichkeit in ihrem Betragen, daß der Ritter es nie wagte, ihr seine Liebe deutlich zu erklären.

Zulezt sahe er wohl ein, daß seine Schwägerin nie seine Leidenschaft erhören werde; er entschloß sich also, seine Liebe zu unterdrücken, und benachrichtigte den Abbé davon, der ihn in seinem Entschluß bestärkte und ihn so sehr zu erbittern wußte, daß Abneigung in seinem Herzen die Stelle der Liebe einnahm.

Der

Der Abbé hatte indessen seine Hoffnungen nicht ganz aufgegeben; er hatte sich nur dem Scheine nach zurückgezogen, um zu sehen, ob sein Bruder entweder wirklich in einem geheimen Verständniß mit der Marquise stünde, oder ob er überhaupt etwas bei ihr ausrichten werde. Jezt ergriff er seinen Plan wieder. Aber der Weg, den er nun wählte, war sehr von dem verschieden, welchen er zuerst eingeschlagen hatte. Was er weder durch jenen wichtigen Dienst, den er der Marquise geleistet, noch durch seine fortgesezten Gefälligkeiten, hatte erlangen können, das hoffte er zu erreichen, indem er ihr seine Hülfe nothwendig machte; hatte ihn das Glück, das sie ihm allein zu danken hatte, nicht zu seinem Ziel gebracht, so sollte ihn nun die Zerstörung desselben dahin führen.

Seit der Aussöhnung, welche er zwischen der Marquise und ihrem Gemahl gestiftet hatte, war dieser von seiner Eifersucht ganz geheilt, oder es waren wenigstens keine Umstände vorhanden, die seinen Verdacht wieder wecken konnten. Die Absichten des Ritters hatte ihm der Abbé glücklich zu verbergen gewußt, während die Aufmerksamkeit, welche er selbst der Marquise bewies dem leichtgläubigen Ehemann bloße

Sorgfalt schien, die Schritte einer Frau zu beobachten, die, wegen ihrer Schönheit mit Andern umringt, sich doch endlich hätte von einer Schwachheit übereilen lassen können. Das erste, was nun der Abbé begann, war die Zerstörung eben dieser Sicherheit des Marquis, die er, ganz Herr über den Geist seines Bruders, mit eben der Leichtigkeit wieder vernichten konnte, mit der er sie vorher hervorgebracht hatte. In dieser Absicht machte er den Marquis auf die Besuche aufmerksam, welche seine Gemahlin öfters in einem gewissen Hause machte. Sie suchte da die Gesellschaft eines jungen Mannes, dessen Unterhaltung ihr gefiel. Ihrer Unschuld bewußt, erlaubte sie diesem oft, sich neben ihr zu sezen, und spann bisweilen sogar in Gegenwart der übrigen Gesellschaft ein besondres Gespräch mit ihm an. Der Abbé benuzte diese Gelegenheit, seinem Bruder Verdacht über das Betragen seiner Frau einzuflößen. Er wußte dies unschuldige Vergnügen so darzustellen, daß der Marquis, ohne sie anhören zu wollen, sie darüber beleidigte.

Sie sah wohl, woher dieser Streich kam; sie wollte aber ihrem Gemahl die Augen darüber nicht öffnen, weil sie doch kein Gehör bei ihm zu finden hoffen konnte. Um sie über den Urheber ihres Unglücks ja nicht in Ungewißheit zu lassen, erklärte ihr der Abbé eines Tages geradezu: „die Leiden, welche sie erduldete, wären sein Werck, er könne sie, wenn er wolle, in Freude verwandeln, nur von ihm hänge ihr Glück ab, und um dieses wieder herzustellen, verlange er nur etwas mehr Gefälligkeit von ihr." Statt aller Antwort kehrte sie ihm den Rücken. Dieser deutliche Beweis der ausgezeichnetsten Verachtung, erfüllte ihn, dessen Leidenschaften keine Gränzen kannten, mit wüthendem Hasse.

Als sie kurz darauf Gesellschaft bei sich hatte, ließ sie Creme zur Erfrischung auftragen. Es befand sich Arsenik darunter; da er aber nur in geringer Menge eingemischt war, und die Milch, das Gegengift des Arseniks, seine Wirkung hinderte, so ward sie so wie alle übrigen welche mit ihr davon gegessen hatten, nur leicht davon angegriffen.

Diese Begebenheit erregte Anfangs großes Aufsehn zu Avignon. Doch zuletzt hörte man auf davon zu reden, und ein Umstand, welcher dazwischen kam, machte daß die Marquise es selbst vergaß.

Der Herr von Rochéres starb, und hinterließ sie als Erbin seiner großen Güter. Die Habschaften, aus welchen diese Erbschaft bestand, wurden in der Hand der Marquise Paraphernalgüter *), worüber sie nach Gefallen schalten konnte. Dieser Vorfall gab ihr neues Gewicht, und der Abbé selbst stellte dem Marquis vor, er müßte eine Frau schonen, die über so beträchtliche Güter und Renten freie Macht zu schalten habe.

Das Betragen ihrer Verfolger nahm nun auf einmal wieder eine andre Gestalt. Allein sie sah den wahren Beweggrund dieser Veränderung, und wurde dadurch doppelt mißtrauisch gegen die verstellte Freundlichkeit, womit man ihr begegnete, die sie nur dem Erbe zu danken hatte, das die Begierde ihrer feindseligen Verwandten reizte; deswegen betrug sie sich immer zurückhaltend gegen dieselbe.

Man that nicht lange darauf den Vorschlag, den Herbst zu Ganges zuzubringen, einer kleinen Stadt

in

---

*) In denen Ländern, welche nach römischem Recht gerichtet werden, ist das Paraphernalvermögen der Frau, solches Vermögen, welches ihr zugehört, und nicht unter der Aussteuer, welche sie dem Mann zugebracht hat, begriffen ist. Von diesen hat sie freien Gebrauch der Kapitalien und Renten, der Mann selbst kann sie nur als Bevollmächtigter der Frau verwalten.

in Niederlanguedoc, 7 Meilen von Montpellier, und 19 von Avignon, wo der Marquis Gutsherr war, und ein Schloß besaß. Bei diesem Vorschlag bemächtigte sich ein ängstliches Gefühl, des Geists der Marquise. Das Andenken an die vergiftete Milch wachte wieder auf. Sie war überzeugt, daß sie in ihren beiden Schwägern zwei unversöhnliche Feinde hatte, welche desto mehr zu fürchten wären, da sie ihren Gemahl unumschränkt beherrschten. — Sie beschloß, vor ihrer Abreise ihr Testament zu verfertigen. Sie sezte die Frau von Rossan, ihre Mutter, zu ihrer Erbin ein, mit der Bedingung, eines der beiden Kinder der Marquise (sie hatte einen Sohn von sechs und eine Tochter von fünf Jahren) welchem sie den Vorzug gebe, künftig zum Erben dieses Vermögens einzusezen.

Nachdem sie dieses Testament mit aller Vorsicht nach der geseztlichen Form hatte versichern lassen, legte sie vor dem Magistrat von Avignon, und mehreren Personen von Stande, die sie zu dem Ende zusammen berufen hatte, eine rechtskräftige Erklärung nieder, daß, wenn sie auf ihren Sterbefall ein späteres Testament verfertigen sollte, sie förmlich das leztere für ungültig erkläre, und verlange, man solle sich an das erstere halten. Diese Erklärung geschah in den bestimmtesten Ausdrücken, und war mit allen Formeln begleitet, durch welche, man sie vor aller Rechtsschikane sichern zu können glaubte.

Vor ihrer Abreise, theilte sie verschiednen Geistlichen eine Summe Geldes aus, um auf ihren Sterbefall Messen für sie zu lesen, und diese fromme Bitte that sie so dringend, als wäre sie schon dem Tod nahe. Alle diese Anstalten beweisen, daß sie von ihren Tyrannen einen Anschlag auf ihr Leben und auf ihr Vermögen befürchtete, und das leztere wenigstens ihren Händen entziehen wollte, wenn sie auch jenes vor ihren mörderischen Kunstgriffen nicht retten könnte. Sie war bei dem Abschied von allen ihren Bekannten so bewegt und gerührt, daß sie auf ewig von ihnen zu scheiden schien. Jedermann war bei dieser Trennung bewegt und mit traurigen Ahndungen erfüllt. Ihr Gemahl und ihre beiden Schwäger waren nach Ganges voraus gereist und hatten die Frau von Gange, ihre Mutter, eine Frau von vielen Verdiensten, auf ihrem Gut in Montpellier abgeholt, und mit sich dahin gebracht. Alle bestrebten sich wechselsweise, sie angenehm zu empfangen.

Man

Man sparte nichts, um die Erinnerung an den Verdruß auszulöschen, welchen die Marquise hatte erdulden müssen. — Die zärtlichsten Freundschaftsversicherungen, zuvorkommende Gefälligkeit, das einnehmendste Betragen, alles wurde angewendet, um sie völlig sicher zu machen. Der Abbé und der Ritter vermieden aufs sorgfältigste ihre, der Marquise so verhaßte, Rolle der Liebhaber zu spielen, die Stelle leidenschaftlicher Liebe schien ehrfurchtsvolle Freundschaft eingenommen zu haben. Durch ihr offnes, argwohnloses Herz selbst der Verstellung unfähig, fiel die Marquise um so leichter in die Schlinge, welche man ihr legte. Ihre Schwiegermutter kehrte nach einigen Tagen nach Montpellier zurück; den Marquis riefen Geschäfte wieder nach Avignon; sie blieb also mit ihren Schwägern allein. Beide spielten ihre angenommne Rolle so glücklich fort, daß es ihnen endlich gelang, das Zutrauen der Marquise wieder zu erhalten.

Sobald sie sich desselben hinreichend versichert hatten, lenkte der Abbé eines Tages sehr geschickt die Unterredung auf das Testament der Marquise und gab ihr zu verstehen: „so lange dieses Aktenstück bestehe, würde die Einigkeit zwischen ihr und ihrem Gemahl immer wankend sein,

sein, weil er immer Ursache haben würde zu glauben, daß sie wider ihn aufgebracht sei. Ich weis zwar gewiß, sezte der Abbé hinzu, daß dieser zärtliche Gemahl fest entschlossen ist, nie wieder die Eintracht zu stören, in welcher er so glükliche Tage mit Ihnen lebt; aber müssen Sie nicht selbst wünschen, ein Hinderniß aus dem Wege zu räumen, das die Ausführung dieses Entschlusses immer wenigstens erschweren muß? Nur dies kleine Opfer kostet es Sie, die Zufriedenheit, welche jezt ihr ganzes Haus mit Ihnen genießt, unzerstörbar zu machen; wir alle werden mit der Zärtlichkeit unsers Bruders, der nur durch Sie glüklich ist, wetteifern, Ihre Tage froh zu machen; Sie werden unumschränkt über die Herzen Ihrer Verwandten herrschen."

Es gelang dem Ungeheuer, die unglückliche Dame zu überreden. Sanftmuth und Gefälligkeit waren der Grund ihres Charakters; sie machte ein zweites Testament ganz zu Gunsten ihres Gemahls. Von der Erklärung, welche die Marquise vor dem Magistrat niedergelegt hatte, wußte entweder der Abbé nichts oder er glaubte, es sei nicht nöthig, sie zurücknehmen zu lassen, um das zweite Testament, welches er erhal=

erhalten hatte, gültig zu machen; genug, dieser Urkunde wurde nicht gedacht.

Kaum glaubte der Abbé alle Zwecke seiner Verstellung erreicht, so machte er Anstalten, den abscheulichen Plan auszuführen, durch welchen er zugleich die Verachtung seiner Liebe rächen, und seinen Bruder in den Besiz der Reichthümer, die er ihm durch das erhaltene Testament gesichert zu haben glaubte, schnell und sicher sezen wollte — ein Dienst, bei dem sein Eigennuz nicht weniger als seine Rachsucht Befriedigung hoffte.

Den 17 Mai 1667 ließ die Marquise durch den Arzt des Ortes eine Arznei verfertigen, die sie einnehmen wollte. Als man sie aber brachte, schien ihr der Trank so schwarz und dick, daß sie aus Eckel ihn wegsezte, und statt dessen nur die Pillen nahm, welche sie gewöhnlich zur Vorsicht bei sich trug. — Die Folge der Geschichte läßt nur zu deutlich vermuthen, daß der Abbé und der Ritter diese Arznei vergiftet hatten. Vermuthlich hofften sie durch diesen Kunstgriff ihr Verbrechen entweder ganz zu verbergen, oder doch den Verdacht desselben von sich abzuwenden, und auf den unschuldigen Arzt zu bringen, der den Trank bereitet hatte. Unter dem Vorwand

wand der Höflichkeit ließen die beiden Brüder während des Vormittags mehreremale sich nach dem Befinden ihrer Schwägerinn erkundigen. Sie staunten sehr, statt der traurigen Wirkungen, welche sie von dem Tranke erwarteten, zu erfahren, daß er ihr sehr heilsam gewesen sei. Daß die Marquise die Arznei nicht gebraucht hatte, wußten sie nicht.

Sie hatten aber einmal diesen Tag zur Ausführung ihres Plans bestimmt, und beschlossen, um welchen Preis es auch sei, noch heute ihren Zweck zu erreichen.

Die Marquise blieb zu Bette, und ließ einige Damen, welche ihre gewöhnliche Gesellschaft ausmachten, auf den Nachmittag zu sich bitten. Sie war heute ungewöhnlich heiter. Ihre beiden Schwäger hingegen waren so zerstreut, daß man glauben mußte, sie seien mit irgend einem großen Projekt beschäftigt. Die Marquise bemühte sich, durch Scherz über ihr Stillschweigen sie aus ihre Nachdenklichkeit zu ziehen. Es gelang ihr zwar nicht ganz; doch um sich zu verbergen, rafften sie sich zusammen. Der Ritter, der zu ihren Füßen am Bette saß, fieng an, der Marquise kleine Neckereien zu sagen, und der Abbé, durch die Erinnerungen seiner Schwägerinn wie,

der

der zu sich selbst gebracht, war angenehm und unterhaltend. Indeß wurde doch der Zwang, den sie sich anthaten, von der ganzen Gesellschaft bemerkt. Die Marquise bewirthete ihre Gäste mit kalter Küche, von der sie selbst viel aß. Ihre beiden Schwäger aber rührten gar nichts an. Endlich begab sich die Gesellschaft hinweg. Der Abbé begleitete die Damen bis an das Thor; der Ritter blieb allein bei der Marquise, in tiefes Nachdenken versenkt. Sie konnte die Ursache davon nicht errathen, und suchte eben sich darüber zu unterrichten, als die Zurückkunft des Abbé ihr das Räthsel schrecklich enthüllte.

Ein Glas mit einem schwarzen, trüben und dicken Trank in der einen, eine Pistole in der andern Hand, trat der Abbé ins Zimmer. Sein Gesicht war fürchterlich, alle Züge verzerrt, Wuth in seinen Blicken, die Haare emporsträubend, Schaum vor seinem Munde. Er schließt die Thüre hinter sich zu, bleibt einige Schritte von dem Bette stehen und heftet einen starren schrecklichen Blick, aus dem das Feuer seiner ganzen Wuth blitzt, auf das unglückliche Schlachtopfer. Fürchterlicher als die heftigsten Ausbrüche des Zorns, war dieser Anblik, diese Stellung, dieses Schweigen. Plötzlich erwachte der Ritter aus seiner

seiner Erstarrung. Ein nicht minder fürchterlicher Ausdruck der Wuth, als sich an dem Abbé zeigte, verbreitet sich über sein Gesicht. Er springt auf, und zieht den Degen. Anfangs glaubte die Marquise er wolle ihr zu Hülfe kommen; aber mit Schrecken entdekt sie bald in seinen drohenden Blicken ihren Irrthum. Eine neue fürchterlich stumme Szene erfolgt, von allen Quaalen einer schauervollen Ungewißheit begleitet. Endlich nähert sich der Abbé und bricht das Stillschweigen. Mit dumpfem erschütterndem Ton sagt er zur Marquise: „Madame, Sie müssen sterben, wählen Sie unter Schwerdt, Gift, oder Feuer. — „Ha, was that ich, schrie sie, wodurch ich mich des Todes schuldig gemacht, wodurch ich durch Ihre eigne Hand zu sterben verdient hätte. Ich fühle mich gegen Sie keines andern Verbrechens schuldig, als nur dessen, zu sehr auf meine und ihres Bruders Ehre gehalten zu haben."

Sie wendete hierauf ihre schönen Augen auf den Ritter, und erinnerte ihn an die Proben ihrer bisherigen Freundschaft gegen ihn. — Sie hatte sich ihres ersparten Geldes beraubt, um es ihm vorzuschiessen, und erst vor kurzem hatte sie ihm einen Wechsel von 500 Livres zum Geschenke le gegeben. — Statt aller Antwort sagte dieser Unmensch: Genug davon, Madame, wählen Sie jezt, oder wir werden für Sie wählen.

Mit einem Blick voll der tiefsten Verachtung, den sie auf ihre Mörder warf, griff sie nach dem Glase, und trank es aus, indeß der eine ihr die Pistole auf die Brust, und der andere die Degenspize auf den Magen hielt. Einige Tropfen des Tranks, die auf ihren Busen fielen, entzündeten sogleich die Haut; eine Wirkung, die sich auch an ihren Lippen eben so zeigte.

Der Ritter bemerkte, daß sie den dicksten Theil des Tranks welcher aus Arsenik und sublimirtem in Scheidewasser aufgelöstem Merkurius bestand, auf dem Boden des Glases übrig gelassen hatte. Er strich also mit einer silbernen Nadel alles zusammen, was sich an den Seiten des Glases angehängt hatte, rührte es mit dem Bodensatz um, und gab der Marquise das Gefäß noch einmal. „Schnell Madame, sagte er, der Becher muß ausgeleert werden" und begleitete diesen schrecklichen Befehl mit einem Ausdruck, welchen der Wohlstand aus gesitteten Gesellschaften verbannt hat. Sie nahm diesen Rest in den Mund, ohne ihn zu verschlucken, sank auf ihr

Kopf=

Kopfküssen, und indem sie einen Schrei aus-
stieß, als ob sie schon die Annäherung des Todes fühlte, warf sie das, was sie zuletzt einge-
schluckt hatte, zwischen ihr Bettuch aus. "Da
Sie meinen Leib getödtet haben, schrie sie darauf, so retten Sie doch um Gotteswillen meine
Seele, und schicken Sie mir einen Beichtvater."

Sie giengen beide weg, schlossen die Thüre
zu, und riefen den Vikar des Ortes herbei, der
in dem Schlosse wohnte. Dieses Ungeheuer,
welches Perette hieß, war der Lehrmeister
des Marquis gewesen, hatte auch nachher sich
in seinem Hause aufgehalten, und besaß noch immer einen großen Antheil an dem Zutrauen seines ehemaligen Zöglings.

Die Marquise hatte durch den ganzen schrecklichen Auftritt doch die Gegenwart des Geistes
nicht verloren. Kaum sah sie sich allein, so
machte sie Anstalten zum Entfliehen. In der
Eile warf sie nur einen seidnen Ueberrock über,
und wollte durch ein Fenster, das zwei und zwanzig Fuß hoch über der Erde war, in den Schloß-
hof herabspringen.

In dem Augenblick trat auch schon Perette
ins Zimmer. Sie war bereits mit dem Kopf
durchs Fenster und stürzte sich eben hinunter, als

Perett-

Perette dazu kam und sie sogleich beim Rock faßte. Allein das Gewicht ihres Körpers, bei dem Schwung, den sie sich gegeben hatte, zerriß den Rock, ein Theil davon blieb in den Händen des Priesters, und sie fiel hinab. Indeß hatte ihr Perette doch das Leben gerettet. Nach der Richtung, die sie genommen hatte, würde sie ohne seine Dazwischenkunft sich den Kopf zerschmettert haben; durch das Anhalten veränderte sich aber die Neigung ihres Körpers, sie fiel auf die Füße, und nahm weiter keinen Schaden als eine kleine Verletzung ihrer Füße an den unten liegenden Steinen. Da der Elende die unglückliche Marquise nicht hatte zurückhalten können, so warf er einen großen Krug, voll Wasser, welcher im nächsten Fenster stand, und sie gewiß zerschmettert haben würde, wenn er sie getroffen hätte, auf sie hinab. Allein glücklicherweise fiel er neben ihr nieder.

Sobald sie sich auf dem Boden sah, steckte sie das Ende ihres Hinterhaars tief in den Hals, und da sie stark gegessen hatte, ward es ihr leicht, sich zum Erbrechen zu reizen, und da die Speisen das Gift verhindert hatten, den Rand des Magens anzugreifen, so ward sie dadurch etwas erleichtert. Ein Eber verschlang ihren Auswurf, und wurde dadurch auf der Stelle getödtet.

Kaum hatte die Marquise diese erste Sorge für ihre Erhaltung angewendet, so eilte sie, zu entfliehen; aber alle Ausgänge des Hofes waren verschlossen. Sie suchte durch die Ställe zu entkommen, allein diese waren gleichfalls zugeschlossen. Zufälligerweise begegnete ihr ein Stallknecht. „Ich bin verloren, schrie sie, wenn du mir nicht den Stall zum Entfliehen öffnest." Der Zustand, in welchem er seine Gebieterin sah, der Ton, mit welchem sie sprach, liessen ihm nicht Zeit, sich lange zu besinnen. Vom innigsten Mitleiden durchdrungen, ohne weiter nachzudenken, nahm er sie in seine Arme, trug sie aus dem Schlosse, und übergab sie den Händen der ersten Weiber, denen er begegnete.

Indessen eilten die beiden Mörder, durch Perette von der Flucht ihrer Schwägerin benachrichtiget, herbei, liefen der Fliehenden nach, und während diese die Vorübergehenden um einen Zufluchtsort bat, schrien jene ihr nach: sie habe einen Anfall von Mutterbeschwerung, und sei rasend. Wer würde dies nicht geglaubt haben, da die Marquise mit blossen Füßen, im

Hemde, nur mit einem zerrissenen taftnen Rocke bekleidet, in fliegenden Haaren, mit zerstörtem Gesicht, und um Hülfe rufend, durch die Straßen lief?

Schon war der Pöbel im Begriff sie als rasend anzuhalten, als sie der Ritter bei dem Hause des Herrn Des Prats, ungefähr 300 Schritte von dem Schlosse, einholte. Er drängte sie mit Gewalt hinein und schloß die Thüre hinter sich ab. Der Abbé stellte sich auf die Thürschwelle, mit der Pistole in der Hand, und drohte, den ersten, der sich ihm nähern würde, zu erschiessen: denn er wolle nicht, sagte er, daß seine Schwägerin in ihrer Raserei sich jedermann zum Schauspiel darstelle. Seine eigentliche Absicht war aber, wie man leicht einsehen kann, der unglücklichen Dame alle Hülfe abzuschneiden.

Der Herr Des Prats war nicht zu Hause; seine Frau hatte aber verschiedne ihrer Freundinnen zum Besuch bei sich. Die Marquise wiederholte stets, daß sie vergiftet sei. Brunelle, die Frau des protestantischen Predigers im Orte, steckte ihr heimlich eine Büchse mit Theriak zu, wovon sie einige Stücke aß, wenn der Ritter, der, um sie zu bewachen, in dem Zimmer auf= und abgieng, ihr den Rücken drehte. Eine von den Frauen reichte ihr ein Glas Wasser um die Hitze, welche das Gift und der Theriak in ihren Eingeweiden verursachte, zu lindern. Der Ritter ergriff das Glas und zerbrach es unter den Zähnen seiner Schwägerin. Sie würden mir einen großen Gefallen erzeigen, sagte er darauf zu den Frauen, wenn Sie nicht länger Zeugen von der Narrheit meiner Schwägerin sein, und sie in ihren Einbildungen bestärken wollten; ich bin hier um Sorge für sie zu nehmen, und werde sie nicht eher verlassen, bis sie sich in besserem Zustand befindet; Sie können sie also sicher meiner eignen Vorsicht überlassen.

Die Marquise ergriff diese Gelegenheit, so schwach auch immer ihre Hoffnung von diesem Mittel sein mochte, etwas noch zu ihrer Rettung zu versuchen. Sie glaubte noch ihren Henker zum Mitleid bewegen zu können, und bat also die Gesellschaft selbst, sie mit ihm allein zu lassen. Nachdem sie sich entfernt hatten, warf sie sich ihrem Schwager zu Füßen, erinnerte ihn an die Proben der Freundschaft, welche sie ihm erwiesen, versprach ihm, in der Folge seinem Willen blindlings unterworfen zu sein, die erlittne Behandlung zu vergessen, und dem Auftritt, welcher sich so eben zugetragen habe, jede

Aus-

Auslegung zu geben, welche er für gut halten würde.

Statt aller Antwort zieht dieser wüthende Unmensch seinen Degen, und giebt ihr zwei Stiche in die Brust. Sie lauft gegen die Thüre, und ruft um Hülfe, er verfolgt sie, giebt ihr von hinten her noch fünf Stiche mit solcher Wuth, daß der Degen zerbricht und ein langes Stück in ihrer Schulter stecken bleibt. Dann eilt er zu dem Abbé, der noch immer die Thüre bewachte. „Abbé, laß uns fliehen, rief er, die That ist vollendet." — Auf das Schreien der Marquise stürzte die ganze Gesellschaft wieder ins Zimmer und fand sie in ihrem Blute schwimmend. Sie hofften aber doch, daß sie noch gerettet werden könne, und schrieen deswegen aus dem Fenster, man solle einen Wundarzt rufen.

Der Abbé hört noch dieses Schreien, er fürchtet die Marquise könnte sich vielleicht wieder erholen. Sogleich eilt er zurück, dringt durch die Umstehenden, setzt ihr die Pistole auf die Brust, und drückt los. Zum Glück versagte sein Gewehr; doch würde auch der Schuß von Madame Brunelle abgewendet worden sein, die ihm den Arm umdrehte, als er abdrückte. Mit geballter Faust gab er dieser Frau einen heftigen

Schlag

Schlag an den Kopf, drehte darauf seine Pistole um, um damit die Marquise zu erschlagen. Allein die Frauen fielen mit vereinter Macht über ihn her, schlugen ihn, so sehr sie konnten, und brachten ihn so bis an die Hausthüre.

Nun eilten sie der Marquise zu Hülfe, suchten das Blut zu stillen und das abgebrochne Stük des Degens aus der Schulter zu ziehen. Die Spize war aber so tief in den Knochen eingedrungen, daß sie nur mit der äussersten Gewalt herausgezogen werden konnte, während sie, auf das Bitten der Marquise selbst, das Knie gegen ihre Schulter aufstemmten. Indeß war ein Wundarzt gekommen, und legte nun den ersten Verband auf; er fand aber keine von den Wunden tödtlich.

Die Gerichtspersonen von Ganges erschienen mit gewaffneter Hand, und stellten, auf das Bitten der Marquise, Wachen rund um das Haus des Herrn Des Prats. Der Oberrichter Baron von Tressan ließ sogleich den Mördern nachsetzen. Man konnte sie aber nicht erreichen. Es war 9 Uhr Abends, als sie den lezten Versuch auf das Leben der Marquise gewagt hatten; die Finsterniß begünstigte also ihre Flucht.

Sie

Sie nahmen ihren Weg nach einem Landgut des Marquis, das nur eine Meile weit von Ganges entfernt war. Beide machten sich wechselsweise die heftigsten Vorwürfe, ihren Streich verfehlt zu haben. Dies schmerzte sie so sehr, daß sie beinahe Hand an sich selbst gelegt hätten; sie wollten sogar umkehren, um den Mord zu vollenden. Allein, ihrer Wuth unerachtet, begriffen sie doch bald, daß sie, bei dem Auffsehen, welches ihre That erregt hatte, unfehlbar, sobald sie sich wieder zeigten, gefangen genommen werden würden. Sie dachten also darauf, dem Richter zu entgehen und flohen in die Nachbarschaft von Agde. Hier schifften sie sich ein, und man wird in der Folge sehen, was aus ihnen geworden ist.

Die Marquise erhielt allen möglichen Beistand, man ließ eilends Aerzte und Wundärzte aus Montpellier kommen. Der ganze Adel der umliegenden Gegend wetteiferte, ihr seine Theilnahme an ihrem Unglück zu beweisen.

Der Marquis war zu Avignon, als er das Gerücht von dem Morde seiner Gemahlin erfuhr. Wenn er auch mit seinen Brüdern diesen Mord verabredet hatte, so waren ihm doch diese öffentlichen Ausbrüche ihrer Wuth gewiß

eben

eben so unerwartet, als unangenehm, da er vermuthlich bloß an eine heimliche Vergiftung gedacht hatte.

Wie dem auch sei, beim Empfang der Nachricht schien er ganz von dem Entsetzen ergriffen, das diese unmenschliche That bei jedem erregen mußte; er brach in Verwünschungen gegen seine Brüder aus, und schwur mit eigner Hand die schändliche That an ihnen zu rächen, kurz er spielte in Gegenwart des Kuriers die Rolle, welche seiner Lage zukam.

Indessen eilte er nicht sehr seiner Gemahlin zu Hülfe zu kommen. Er schob seine Abreise bis des andern Tages nach Tische auf, und besuchte noch mehrere Personen in der Stadt, mit denen er nichts von dem Unglück seiner Gemahlin sprach. Als er zu Ganges ankam, ließ er sich der Kranken durch einen Geistlichen ankündigen. Er wurde mit allen Zeichen der Zärtlichkeit empfangen, welche nur der beste Ehemann verdienen kann, nur machte ihm seine Gemahlin einige Vorwürfe, daß er sie verlassen zu haben schiene. Doch fürchtete sie nachher ihre Ausdrücke dabei nicht genug gemäßiget zu haben, und bat ihn deswegen um Verzeihung; sie reichte ihm auf die zärtlichste Weise die Hand, gab ihm die wiederderholtesten Versicherungen ihrer ganzen Achtung, und bat ihn, den Vorwurf, welcher ihr so eben entfahren sei, nur ihrem Schmerz, nicht ihren Gesinnungen, zuzuschreiben.

Der Marquis wollte eine so günstige Gelegenheit, seine eigennüzigen Absichten zu erreichen, nicht ungenuzt vorübergehen lassen. Durch die Zärtlichkeit, welche ihm seine Gemahlin bezeugte, ward er kühn genug, sie um die Zurücknahme jener Erklärung zu bitten, mit welcher sie ihr Testament zu Avignon bestätigt hatte. Diese Urkunde hatte nämlich den Vice-Legat bewogen, die Einregistrirung des Testaments, welches zu Ganges errichtet worden war, zu verweigern. Sie antwortete aber standhaft, sie werde ihr Testament zu Avignon unberührt lassen, weil dieses die wahren Gesinnungen enthalte, mit welchen sie sterben wolle. Wahrscheinlich hatte der eigennüzige Antrag der Marquise die Augen über die wahre Denkungsart ihres Gemahls geöffnet. Sie gab sich aber alle Mühe ihren Argwohn zu verbergen; was hatte sie nicht von einem solchen Menschen zu befürchten, wenn er bemerkt hätte, man habe ihn wegen des Einverständnisses mit seinen Brüdern im Verdacht? — Des Testaments

ments wurde nach dieser Unterhaltung nie wieder erwähnt.

. Auch der Marquis bemühte sich, die Empfindungen seiner getäuschten Erwartung zu verberben. Er wendete alle mögliche Sorgfalt für die Pflege seiner Gemahlin an, und blieb beständig um sie, in dem Hause des Herrn Des Prats, aus welchem sie, ihres Gesundheits-Zustandes wegen, nicht gebracht werden konnte. Sie verlangte bringend nach Montpellier gebracht zu werden, wo sie die nöthige Hülfe bei der Hand hatte, und von der Frau von Rossan, ihrer Mutter, welche daselbst wohnte, gewartet werden konnte. Der Arzt erlaubte aber diese Reise nicht, welche das Leben der Marquise in augenscheinliche Gefahr gesezt haben würde. — Die Frau von Rossan begab sich sogleich zu ihrer Tochter; aber die Gegenwart des Marquis war ihr unerträglich. Sie zitterte vor Unwillen, wenn sie ihn sah, und konnte es kaum begreifen, wie ihre Tochter ihn so gelassen um sich dulden konnte. Sie konnte es nicht über sich gewinnen, mit einem Menschen in Einem Hause zu wohnen, den sie als das Oberhaupt der fürchterlichen Verschwörung ansah, welche die wüthenden Mörder ihrer Tochter bewaffnet hatte. Nichts war im Stande

Stande sie länger aufzuhalten; sie reiste am dritten Tage wieder ab.

Die Marquise verlangte die letzten Sakramente. Sie schauderte vor Entsetzen, als sie Perette mit der Hostie sich ihr nähern sah, ihn, der mit ihren Mördern im Einverständniß sie zurückhalten wollte, als sie ihren Händen zu entfliehen suchte, und, um sie zu erschlagen, einen vollen Wasserkrug auf sie herabgeworfen hatte. Sie traute auch jezt dem Bösewicht nicht, und wollte das Abendmahl nicht eher nehmen, bis er selbst vorher einen Theil der Hostie genossen hatte.

Durch die Gründe der Religion beruhigt, und von dem Gefühl des nahen Todes ergriffen, versicherte nun die Marquise feierlich, bei Gott, dem allwissenden Richter, vor dessen Thron sie bald erscheinen würde, daß sie ihren Mördern vollkommen vergeben habe. Sie bat ihre Freunde, die Untersuchung der Justiz gegen dieselben zu unterdrücken, und bemühte sich, selbst ihrem Sohn, den sie immer bei sich auf dem Bette hatte, alle Begierde zur Rache zu benehmen, welche in seinem jungen Herzen sich erhob.

Die Justiz konnte aber nicht in die milden Gesinnungen der Marquise einstimmen. Sobald

dem

dem Parlement zu Toulouse der schrekliche Angriff auf ihr Leben hinterbracht wurde, schikte es sogleich den Rath von Catelan nach Ganges, die Marquise zu vernehmen, und alle Erkundigungen einzuziehen, welche zu Ueberführung der Schuldigen dienen konnten. Gleich nach seiner Ankunft hielt er eine besondere geheime Unterredung mit der Kranken. Er wendete alle Mittel an, welche ihm die Klugheit gab, um sich von dem schreklichen Verbrechen, das die Rache der Gerechtigkeit forderte, genau zu unterrichten. Nachdem sie diesem Kommissär alles erklärt hatte, was die Heiligkeit ihres geleisteten Eidschwurs sie zu sagen nöthigte, bezeugte sie ihm, sie bleibe nur mit vielem Widerwillen zu Gange, verschiedne gegründete Anlässe zur Furcht beunruhigten sie unaufhörlich, und sie wünsche, anders wohin gebracht zu werden. Alle Vorstellungen des Herrn von Catelan konnten sie nicht über ihre Aengstlichkeit beruhigen; nichts konnte ihren Abscheu gegen einen Ort überwinden, der sie unaufhörlich an die schrekliche Grausamkeiten erinnerte, welche sie da erlitten hatte.

Diese Unterredung, welche in ihrer Fantasie alle Schrecken jener fürchterlichen Szene wieder hervorrief, vermehrte ihre Krankheit. Sie
brachte

brachte die Nacht in peinlichen Schmerzen zu, und starb des andern Tages den 7 Junius 1667, gegen 4 Uhr Abends.

Der Herr von Catelan ließ sogleich, kraft des Auftrags, welchen ihm sein Collegium gegeben hatte, den Marquis von Ganges in seinem Schlosse gefangen nehmen. „Ich bin bereit zu gehorchen, sagte der Marquis zu der Wache, die ihn abholen sollte, es ist unnöthig, Gewalt anzuwenden, es ist selbst meine Absicht, die Mörder meiner Frau vor dem Parlement zu verfolgen." Alles wurde nun im Schlosse versiegelt und man brachte ihn in das Gefängniß zu Montpellier, wo er Nachts ankam. Alle Einwohner waren an den Fenstern und um den Marquis vorbeikommen zu sehen, hatte man beinahe die ganze Stadt erleuchtet. Der Pöbel lief ihm durch alle Straßen nach, und verfolgte ihn mit Flüchen und wildem Geschrei. Alle Weiber von Montpellier und Avignon betrachteten das Schicksal der Marquise als ihr eignes, in allen Häusern sprach man davon, ihren Tod zu rächen, eben als wäre das Unglück jeder einzelnen Familie widerfahren.

Man öffnete den Leichnam der Marquise. Keine der empfangnen Wunden schien tödtlich gewe-

gewesen zu sein. Das Gift allein hatte sie getödtet, es hatte ihre Eingeweide verbrannt und selbst das Gehirn geschwärzt. Die Natur, welche an ihr alle Reize der Schönheit verschwendet, hatte alle Theile ihres Körpers in einem schönen Verhältniß gebildet, welche eine regelmäßige, und also starke, Leibesbeschaffenheit bildeten. Das zehrendste Gift bestürmte neunzehn Tage lang ihren gesunden Körper, und die Natur selbst schien ein Werk vertheidigen zu wollen, an dessen Bildung sie mit so vielem Vergnügen verweilt hatte, denn sie verdoppelte die Reize desselben, während des Kampfes mit dem zerstörenden Feinde. Nie war die Marquise schöner, nie ihre Farbe blühender, das Feuer ihrer Augen lebhafter, ihre Stimme fester und sanfter gewesen. —

Die Frau von Rossan, ihre Mutter, nahm nun, als eingesetzte Erbin, das ganze Vermögen ihrer Tochter in Besiz, und stellte wider die Mörder, unter denen sie auch den Marquis mit begriff, eine peinliche Klage an, mit dem festen Entschluß, ihn mit der äussersten Strenge zu verfolgen, bis der Tod der Marquise gerächt wäre. — Der Marquis wurde jezt in die Gefängnisse nach Toulouse abgeführt. Herr von Catelan ließ ihn ver-

verschiedne Verhöre ausstehen, deren eins elf Stunden dauerte.

Die Frau von Rossan ließ ein Memoire bekannt machen, welches die Beweggründe ihrer Anklage gegen ihren Schwiegersohn enthielt.

„Es ist ohne Zweifel sehr schwer, sagte sie darin, das Gericht und das Publikum zu überzeugen, daß ein Mann von Stande, dessen guter Nahme bisher immer unbefleckt gewesen, den Vorsaz gefaßt habe, durch die Hand seiner eignen Brüder, eine Gemahlin ermorden zu lassen, die alle Reize der Schönheit im blühendsten Alter mit einem ganz untadelhaften Betragen vereinigte. Noch weniger wird man begreifen, wie es einer, mit allem Feuer der Leidenschaft beseelten Beredtsamkeit hätte gelingen können, seine beiden Brüder zu gleicher Zeit zu bereden, die Grausamkeit, Schande und Gefahr dieser Handlung zu übernehmen.

Doch das Erstaunen wird noch größer, wenn man hört, daß bloß Eigennuz die Triebfeder dieser Grausamkeit gewesen sein soll. Er besaß von seiner Seite ein ansehnliches Vermögen, er hatte die Mitgabe seiner Frau, und wenn diese ihr Paraphernalvermögen selbst verwaltete, so genoß er doch auch dies in soferne
zu=

zugleich, als er nun keine Ausgaben für sie zu machen hatte, und also die Einkünfte des ganzen zusammengebrachten Vermögens zu seinem Vortheil verwenden konnte.

Eine so vortheilhafte Lage war aber diesem gierigen Menschen nicht hinreichend, er wollte durch den Tod seiner Frau sich ihrer Aussteuer und ihres Paraphernalvermögens ganz bemächtigen. Er erpreßt von ihr das Testament, das zu Ganges gemacht wurde, und um der Erblasserin keine Zeit zu lassen, diese Urkunde zu widerrufen, und um zu gleicher Zeit uneinschränkter Herr des Vermögens zu werden, wovon er erst den Genuß nach ihrem Tode bekommen sollte, entschließt er sich, sie auf der Stelle ermorden zu lassen.

Diese Handlungen sind unglaublich, aber doch darum, leider! nicht minder wahr. Vergebens will sich der Marquis von Gange mit seiner Abwesenheit schützen. Vergebens führt er an, daß man weder einen schriftlichen, noch durch Zeugen bestätigten Beweis gegen ihn vorbringen könne. Vergebens schmeichelt er sich, der Strafe zu entgehen, weil sein, mit seinen Brüdern entworfener Anschlag nicht gerichtlich erwiesen ist, und weil die Flucht dieser beiden Mörder es uns unmöglich gemacht hat, durch Verhör oder Tortur die Wahrheit von ihnen zu erfahren.

Wenn Verbrecher nicht anders als durch mündliche oder schriftliche Beweise überführt werden könnten, wie viele Verbrechen würden dann nicht ungestraft bleiben? wie viele Schuldige würden dann nicht des Vorrechts der Unschuld geniessen, weil sie so vorsichtig waren, alle Zeugen zu entfernen, und nichts, was auf ihr Verbrechen Bezug haben könnte, dem Papier anzuvertrauen? bloß die Unvorsichtigkeit der Verbrecher würde dann der Schutz der menschlichen Gesellschaft sein.

Hier aber ist das Gesetz der Gerechtigkeit zu Hülfe gekommen *); wenn schriftliche und Zeugen-Beweise fehlen, so hat es Muthmaßungen zugelassen. Wenn diese stark genug sind, um zur Gewißheit zu leiten, so sind sie so gut wie Beweise, denn in diesem Fall sind sie selbst Beweise. —

*) Indicia certa, quae Iure non respuuntur, non minorem probationis, quam instrumenta continent fidem. L. 19. C. de rei vindic.
Sciant cuncti accusatores, eam se rem deferre in publicam notionem debere, quae munita sit idoneis testibus, vel instrumenta apertissimis documentis, vel indiciis ad probationem indubitatis et luce clarioribus, expedita. L. ult. Cod. de probat.

1. Man kann gar nicht zweifeln, daß der Abbé und der Ritter bei ihrem Anschlag auf das Leben der Marquise keinen andern Zweck hatten, als den Marquis sogleich in den unumschränkten Besiz ihres Vermögens zu sezen. Daher die ausgezeichnete Gefälligkeit, die scheinbare Anhänglichkeit, die geheuchelte Achtung, welche diese Lasterhaften während des Aufenthalts zu Ganges der Marquise bezeugten. Sie wollten ihr Vertrauen, ihre Zuneigung gewinnen, um sie zu dem Testamente zu bereden, das sie, durch die Schmeicheleien der Betrüger verführt, zum Besten ihres Gemahls wirklich errichten ließ. Kaum hatten sie diese, dem Marquis so wichtige, Urkunde in Händen, als sie, um jede Aenderung derselben auf immer zu hindern, den Mord der Marquise beschlossen und beschleunigten.

Wer sollte denn nun den Nuzen dieses Testaments einärndten? Wer anders als der Marquis? Wessen Interesse war es denn, der Erblasserin das Widerrufen ihres lezten Willens unmöglich zu machen und sich so schnell als möglich in den Besiz ihrer Erbschaft zu sezen? War es nicht das Interesse des Marquis? Und wen kann man denn der Natur der Sache nach als den Urheber eines Verbrechens ansehn, als

nur

nur den, der Nutzen davon zieht? Is fecit scelus, cui prodest.

Von der andern Seite betrachtet, könnten diese beiden Mörder so wenig aus eignem Interesse diese Mordthat begangen haben, daß sie vielmehr augenscheinlich ihren eignen Untergang dabei wagten. Wenn der Marquis sie nicht selbst aufgefordert hätte, würden sie es wohl gewagt haben, seine Gemahlin zu ermorden? würden sie wohl aus freiem Willen sich der Wuth, dem Abscheu und der Rache eines verzweifelten Ehemannes ausgesezt haben? Liefen sie denn nicht Gefahr, Opfer der Gerechtigkeit zu werden, welcher sie, von einem Manne verfolgt, dessen Gefühle, dessen eigne Ehre, ihn zu ihrem unversöhnlichsten Feind machen mußten, nicht leicht entrinnen konnten? Sahen sie denn nicht, daß, wenn auch der Zufall sie der Hand dieses fürchterlichen Rächers und dem Arm der Gerechtigkeit entzog, sie doch ihre Tage in steter Angst, im Elende und allen daraus entspringenden Schrecknissen durchleben mußten?

Solche fürchterliche Verbrechen können nur durch die Gewalt der heftigsten Leidenschaften erzeugt werden. Die einzigen Leidenschaften, welche hier beide Brüder anspornen konnten,

waren Rache oder Eigennuz. Wodurch hatte
denn aber diese Unglückliche ihre Rachsucht gereizt? Welches Unrecht hatte sie ihnen erwiesen?
Hätte sie nicht vielmehr beide, so sehr sie konnte,
sich verbindlich gemacht? Hatte sie nicht dem
Ritter verschiedne wesentliche Dienste geleistet?
Ueber welche Beleidigung von ihr konnten sie sich
beklagen? Sie hatte ihre Liebe nicht erwiedert.
Mußte ihnen nicht dieser Widerstand sogar Hoch-
achtung gegen sie einflößen? Ueberdies hatte sie
ja, auf ihr Verlangen, ganz so wie sie es wünsch-
ten, ein Testament ausgestellt. Rache konnte
also nicht der Beweggrund ihrer Handlung seyn.
Wie konnte sie aber Eigennuz zu dieser Unthat
bewegen? Das Testament schaffte ihnen ja keinen Nuzen. Wollten sie etwa nach verübtem
Morde ihre Baarschaft stehlen? Wie unbeträcht-
lich war diese, mit dem Opfer verglichen, das
sie dagegen hätten bringen müssen, den Rest
ihres Lebens, in fortwährender Furcht, stets
verborgen, mit einem Wort, in dem Zustand
derjenigen Leute zu durchleben, welche gewiß
sind, überall, wo man sie kennt, als Feinde des
menschlichen Geschlechts betrachtet zu werden?
Ueberdies war dieser Raub nicht ergiebig genug,
ihnen, wo es auch sei, die Ruhe und Annehm-
lichkeit

lichkeit zu verschaffen, welche sie in dem Hause ihres Bruders genossen. Unmöglich also kann man muthmaßen, daß der Reiz eines Diebstahls, der ihnen keinen andern Vortheil, als nur die Schande, ihn begangen zu haben, gewähren konnte, sie zu einem Mord verleitet habe, der mit Verleugnung aller menschlichen Gefühle vollzogen wurde. Wenn man also annehmen wollte, die unmenschliche That sei ohne Veranlassung des Marquis von ihnen ausgeführt worden, so würde dieser fürchterliche Ausbruch von Grausamkeit nicht nur ohne Ursache begangen worden sein, sondern die Mörder hätten sich auch vorsezlich in einen Abgrund von Unglück gestürzt, da hingegen, wenn man annimmt, daß sie auf Antrieb des Marquis gehandelt haben, alles als sehr möglich sich darstellt.

Man kann in der That nicht glauben, daß die Grausamkeiten, welche die Ausführung dieser Unthat begleiteten, mit in dem Anfangs entworfnen Plan gewesen seien. In ihrer Handlung selbst zeigt sich ihr ganzer Plan. Indem sie ihrem Schlachtopfer die Wahl unter drei Todesarten liessen, erwarteten sie wohl, sie werde das Gift wählen. Die Pistole, gespannt ihren Kopf zu zerschmettern, der Degen, gezukt ihre Brust zu durchbohren, wurden ihr nur vorgehalten, um ihr zu zeigen, daß ihr Tod fest beschlossen sei. Der Tod durch Feuergewehr oder durch ein Schwerd ist fürchterlich, weil er plötzlich ist; das Gift hingegen läßt noch einigen Schein der Hoffnung übrig. Die Leibesbeschaffenheit ist vielleicht stark genug, ihm zu widerstehen; die Dosis ist vielleicht nicht hinreichend; unvorhergesehne Umstände können vielleicht unerwartete Hülfe verschaffen, ehe noch das Gift seine verwüstende Wirkung äussern konnte. Auch wußte die Marquise aus Erfahrung, daß Nachstellungen durch Gift nicht immer unfehlbar tödtlich sind; sie war schon einmal solchen Versuchen auf ihr Leben entgangen. Daß sie alle diese Ueberlegungen anstellen konnte, kann man nicht leugnen; ihr Betragen, die drei oder vier Stunden über, so lange sie in den Händen ihrer Mörder war, beweist, daß die nahe Gefahr ihr die Gegenwart des Geistes nicht geraubt hatte. Sie kannten überdies die Frömmigkeit der Marquise, und erwarteten daher, sie werde die Todesart wählen, welche ihr Zeit liesse, für das Wohl ihrer Seele zu sorgen. In dieser Rücksicht hatten sie auch Perette mit in die Verschwörung gezogen, und ihm den Auftrag ertheilt

ertheilt, sich zu dem lezten geistlichen Beistand
bereit zu halten.

Was aber die Vermuthung, daß sie eigentlich durch Gift ihre That hatten ausüben wollen,
noch mehr bestätigt, ist die dunkle Farbe und
das trübe Ansehn der Arznei, welches die Marquise bewog, sie nicht zu gebrauchen; und die
Unruhe, mit welcher die beiden Schwäger, den
ganzen Morgen durch, jeden Augenblick sich
nach ihrem Befinden erkundigten. Entsprang
diese Unruhe etwa aus dem Interesse zu einer
Person, deren Tod sie beschlossen hatten? Ist
es nicht im Gegentheil augenscheinlich, daß sie
nur aus der Furcht, ihren Anschlag verfehlt zu
haben, entstand?

Gift war also das Mittel, welches sie erwählt
hatten, eine Erbschaft zu eröffnen, welche der
Gegenstand aller ihrer Wünsche war. Ihre
Maßregeln waren sehr gut genommen. Hätte
die Marquise, durch ihre Drohungen geschreckt,
den Giftbecher ruhig ausgeleert, ihr Verbrechen
wäre das undurchbringlichste Geheimniß geblieben. Die vorhergegangne Unpäßlichkeit der
Marquise, die widrige Wirkung der Arznei, die
Unvorsichtigkeit, ihren von der Arznei noch an-
gegriffnen Magen mit vielem Essen zu überla-
den,

den, wären Gründe genug, denen man ihren plötzlichen Tod zuschreiben konnte, und mit Hülfe des Vikars konnte der Leichnam ohne weitere Untersuchung und Formalitäten beerdigt werden.

So war der Plan gemacht. Aber die Klugheit der beiden Mörder artete in blinde Wuth aus, als sie die Sache eine so unerwartete Wendung nehmen sahen. Diese Veränderung in ihrem Herzen scheint ganz natürlich zu sein, und zeigt immer deutlicher die Mitschuld des Marquis. Konnte die Marquise einen Zufluchtsort erreichen, so war ihre That entdekt, das Gelingen ihrer Flucht am hellen Tage beinahe unmöglich. Der Zufall kam ihnen zwar zu Hülfe, indem sie Zeit genug hatten, die Marquise, ehe sie sich in ein Haus einschliessen und ihre Lage zu erkennen geben konnte, einzuholen. Allein ihr Streich war doch verfehlt, die Umstände machten ihre Absicht öffentlich bekannt. Da sie nun keine andre Rettung, als Flucht vor sich sahen, so wollten sie wenigstens vorher sich der versprochnen Belohnung gewiß machen, indem sie den, ihnen von ihrem Bruder aufgetragnen, Mord vollendeten.

2. Ehe noch die Marquise das Testament errichtet hatte, in welchem sie ihre Mutter

ter zur Erbin einsetzt, hatte man versucht, sie mit Arsenik, der unter eine Creme gemischt war, zu vergiften. Schon dieses ersten Anschlags auf das Leben der Marquise hat sich ihr Gemahl verdächtig gemacht, dessen Interesse es war, dem Testament zuvorzukommen. Alle, die mit ihr von der Creme aßen, wurden krank; die Sache erregte allgemeines Aufsehn. Gleichwol wurde keine Untersuchung angestellt; man überließ es der Zeit, den Vorfall in Vergessenheit zu bringen. Wenn der Marquis nicht schuldig gewesen wäre, würde er nicht die Urheber dieses Verbrechens aufgesucht haben, um sie bestrafen zu lassen? Seine Kälte, seine Unempfindlichkeit und Sicherheit über einen Zufall, dessen Opfer er ja selbst werden konnte, machen diese nicht einen unverwerflichen Beweis seiner Schuld aus? — Hat er das erste Verbrechen begangen, so ist er auch des zweiten schuldig.

3. Der Eigennuz, der ihm dieses Verbrechen einflößte, fand kein Hinderniß in seinem Herzen. Er liebte seine Gemahlin nicht, er hegte den schwärzesten Haß gegen sie. Als sie ihm einst, bloß im Scherz, einige Vorwürfe machte, schlug er sie mit seinem Degengehänge, und schloß sie mehrere Tage in einen Thurm ein, wo ihr der

Verdruß eine Art von Schlagfluß zuzog. Durch diese Grausamkeiten bereitete er sich zu dem blutigen Ausgang vor, den er durch seine Brüder ausführen lassen wollte.

4. Die vertraute Freundschaft selbst, in welcher die Mörder mit ihrem Bruder standen, hätte ihnen einen solchen Anschlag auf seine Gemahlin nicht erlaubt. Wie eng diese Freundschaft war, läßt sich schon daraus erkennen, daß beide sich nicht entschliessen konnten, ihm die Ausführung eines solchen Verbrechens abzuschlagen; daß selbst der Abbé, der doch das Herz des Marquis so ganz in seiner Gewalt hatte, es nicht wagte, ihm zu widerrathen. Wie hätte, bei einem so hohen Grad von Freundschaft, irgend eine Leidenschaft sie zu der schaudervollen Ermordung der Gattin ihres zärtlich geliebten Bruders hinreissen können, wenn er nicht selbst mit ihnen darüber einverstanden gewesen wäre?

5. Aus welcher andern Ursache wurde Ganges zum Schauplaz dieses Mordes ausersehen, als weil hier der Marquis als Oberherr unumschränkte Macht hatte, und also seinen Anschlag, entweder selbst oder durch seine Abgeordnete, ungehindert ausführen konnte?

6. Mehr

6. Mehr als bloße Vermuthung, einen wirklichen Beweis giebt folgender Umstand. Die That geschah den 17 Mai 1667 Abends; und des andern Morgens traf der Bediente des Abbé von Gange schon zu Avignon bei dem Marquis ein, so daß er in der Nacht 19 Meilen geritten war. Durch diesen Kurier erhielt der Marquis die Nachricht von dem Zustand seiner Gemahlin, durch ihn verbreitete sich diese Neuigkeit in Avignon. Schickt wohl ein Mörder selbst Kuriere, um diejenigen von seiner Mordthat zu benachrichtigen, deren Interesse es ist, sie zu rächen? Wird er wohl selbst seine Verfolger durch Eilbothen in den Stand setzen, seine Flucht zu verhindern?

7. Hat der Marquis auch nur einen Schritt bei der Polizei gethan, um die Mörder verfolgen zu lassen? Beweist seine Unthätigkeit nicht, daß er dadurch gegen sich selbst zu handeln fürchtete? Aber sein Betragen überhaupt kann uns schon den vollständigsten Beweis seines Verbrechens geben.

Ob er gleich schon des andern Morgens das seiner Gemahlin widerfahrne Unglük erfuhr, so reiste er dennoch erst am folgenden Tage ab, und brachte drei Tage auf einer Reise zu, welche der

der Abgeschickte der Mörder in einer Nacht gemacht hatte. Dieses Betragen beweist seine Gleichgültigkeit gegen seine Frau, und zu gleicher Zeit die Absicht, den Mördern Zeit zum Entfliehen zu lassen. Welcher Ehemann, der für seine Frau auch nur das geringste menschliche Gefühl hegte, würde nicht zu ihrer Hülfe herbeigeeilt sein, wenn er nicht der Urheber oder wenigstens der Mitwisser der auf ihre Person gewagten Anfälle gewesen wäre? Ist es nicht unleugbar, daß er durch diesen Zeitgewinn den Mördern Gelegenheit gab, zu entfliehen, und einen sichern Zufluchtsort zu erreichen? Alles zeigt an, daß dieser Gedanke ihn allein beschäftigte, und es war wirklich sein größtes Interesse, wenn sie glücklich entflohen. Hätte die Polizei sie eingeholt, so würde man ihnen das Geständniß der Mitschuld ihres Bruders entrissen haben.

Er brachte den ganzen Tag in Avignon zu und machte, wie gewöhnlich, Besuche daselbst. Sein Ansehen und sein Betragen zeugte von keinem Schrecken, er sprach mit niemand von dem Unglück, welches seiner Gemahlin begegnet war; und schien so ruhig, als hätte er die angenehmsten Nachrichten von ihrem Wohlsein erhalten. — Dieses Schweigen war eine wesentliche Vorsicht, um um den Mördern Zeit zum Entweichen zu lassen. Er glaubte, das Gerücht dieses Verbrechens sei nur zu seinen Ohren gekommen, er könne sich folglich stellen, als wisse er es nicht, denn wenn er so unvorsichtig gewesen wäre, zu erkennen zu geben, er sei davon benachrichtiget, so hätte er unmöglich zu Avignon bleiben können, ohne nicht wenigstens zum Schein Anstalten zu treffen, dem Entfliehen der Mörder zuvorzukommen, und seine Unthätigkeit selbst würde alsdenn hinlänglicher Vorwand für die Obrigkeit gewesen sein, ihn, als der Mitschuld verdächtig, gefangen zu nehmen. — Aber er soll auch nicht diese Absicht gehabt haben: muß man nicht wenigstens zugestehen, daß diese unnatürliche Gleichgültigkeit einen sehr rohen Charakter, und einen tiefen Haß gegen seine Gemahlin beweise?

Endlich reiste er ab, und bringt so viele Zeit auf der Reise zu, als er nöthig glaubte, um die Mörder in Sicherheit zu wissen. Er kömmt an. Er hatte Zeit genug gehabt, sich auf die Rolle vorzubereiten, die er jezt spielen mußte. Ein doppeltes Interesse war es, worauf er Rücksicht zu nehmen hatte: einmal, allen Verdacht seiner Gemahlin sowohl als des ganzen Publikums, von sich abzuwälzen; und dann seine Gemahlin

zu

zu der Zurücknahme ihrer in Avignon niedergelegten Erklärung zu bewegen, um ihr erstes Testament zu zernichten, und das, welches die Mörder von ihr erpreßt hatten, zu sichern. Um in beiden Projekten seine Absicht zu erreichen, erscheint er vor seiner Gemahlin, und denen, die sie umgaben, mit den Zeichen des lebhaftesten Schmerzens, wünscht nichts sehnlicher, als die Erholung seiner geliebten Gattinn, athmet nichts als Rache gegen ihre Mörder, und will keine Mühe scheuen, diese in ihrem äussersten Umfang auszuüben. — Dieses unglückliche Weib, welche nicht glauben konnte, daß Verstellung so natürlich die Rolle der Wahrheit spielen könne, welche so viele Verdorbenheit in einem Herzen, das sie einst im Besitz hatte, nicht vermuthen konnte, welche mit einem Wort, ein argloses unschuldiges Herz besaß, erwies einem Gemahl, den sie zu ihrer Hülfe herbei geeilt glaubte, alles, was aufrichtige Zärtlichkeit zu erweisen vermag. Aber nun verläßt den Grausamen seine bisherige Klugheit; der Eigennutz verblendet ihn. Er benutzt den Augenblick, wo diese Unglückliche sich den Gesinnungen, von welchen sie gegen ihn durchdrungen war, überläßt, und verlangt von ihr den Widerruf der Erklärung, welche sie zu

Bestä-

Bestätigung ihres ersten Testaments vor dem Magistrat zu Yvignon abgelegt hatte. Der Elende! Er fürchtet nicht, durch diesen Vorschlag alle ihre Wunden aufzureissen, er scheut sich nicht, seinen Antheil an dem Verbrechen zu offenbaren, indem er selbst den Beweggrund desselben gesteht, einen Grund, worüber die Wahl der Mörder keinen Zweifel ließ!

Dieser einzige Vorschlag öffnete der Marquise die Augen, und zeigte ihr den Urheber aller ihrer Leiden. Sie sah mit Recht diese Bitte als eine versteckte Billigung dessen an, was der Abbé und der Ritter gegen sie unternommen hatten; daher die Entschlossenheit, mit der sie die niederträchtige Forderung standhaft zurük wies!.

Dies ist aber nicht der einzige Umstand, wo die Klugheit den Marquis verließ. Er speißte vier Tage lang mit Perette zusammen, er schloß sich allein mit ihm in dem Schloß zu Ganges ein, er brachte die Abende, von seiner Ankunft an, bis zu dem Tode seiner Gemahlin, mit ihm zu, und doch gestand er in dem Verhör, dieser nähmliche Perette hätte allen Anzeigen nach Antheil an der Verschwörung gehabt. — Man braucht weiter gar nicht über ein solches Betragen nachzudenken; es trägt das unverkennbarste Gepräge der Schuld.

Könnte man wohl irgend einen Beweis durch Urkunden und Zeugen aufstellen, der stärker wäre, als derjenige, der sich aus diesen überzeugenden Vermuthungen ergiebt? Ueberdies ist hier ein Corpus Delikti, und in diesem Fall ist es Grundsaz, daß der Angeklagte, gegen den sich mehrere Vermuthungen erheben, für schuldig erkannt wird, so lange er nicht durch klare Beweise sich rechtfertigt. Welche Beweise kann aber wohl der Angeklagte denen Gründen entgegensezen, welche hiermit dem Gerichte vorgelegt werden? —"

Dies waren die Gründe, mit welchen die Frau von Rossan ihre Anklage gegen den Marquis unterstüzte. — Der Abbé und der Ritter von Gange waren beide überführt noch ehe sie angeklagt wurden. Die Stimme des Publikums hatte, indem sie beide den Gerichten angab, schon die Beweise ihrer Grausamkeit entwickelt.

Die Vertheidigung des Marquis von Gange war sehr kurz. „Ich habe das Unglück, sagte er, zwei lasterhafte Brüder zu haben, welchem einer Gattin, einer Frau, die ich zärtlich liebte, nach

dem

dem Leben stellten. Die Bösewichter haben sie grausam ermordet, und zum Uebermaaß des Unglücks, werde ich selbst als Urheber dieses Verbrechens angeklagt, welches die Natur schaudern macht. Niedergebeugt durch das ganze Gewicht einer so schrecklichen Anklage, tief verwundet durch dies ungerechte Mißtrauen gegen meine Unschuld, habe ich kaum die Kraft, etwas zu meiner Vertheidigung vorzubringen. Alles was ich thun kann, ist zu sagen, daß es eines Theils nur Vermuthungen, andern Theils bloße Verleumdungen sind, die man gegen mich aufgestellt hat. Dies sind die Waffen, deren man sich gegen mich bedient.

Auf bloße Verleumdungen zu antworten, hieße in der That seine Unschuld selbst verdächtig machen. Was soll man aber gegen Vermuthungen sagen? Vermuthungen sind nichts anders als Zeichen, welche die Möglichkeit möglicher Handlungen anzeigen, die aber eben sowohl auch nicht möglich sein können. Wie kann man nun einen Angeklagten über Möglichkeiten verdammen? Muß man nicht, wenn von beiden Seiten Möglichkeiten vorhanden sind, und man eben sowohl für die Unschuld, als für das Verbrechen muthmaßen kann, muß man sich denn nicht

nicht für die Unschuld erklären? Diese Regel hat Menschlichkeit und Billigkeit in unsre Herzen geschrieben; denn sonst ist kein Unschuldiger vor der Strafe sicher. Ein Verbrechen ward begangen; der Zufall ließ verschiedne Umstände zusammentreffen, aus welchen erhellet, daß ein solcher Mensch vielleicht der Schuldige sein könne: wird man ihn wegen dieses bloßen Anscheins verdammen? Wenn dies die Regel wird, nach welcher die Gerichte urtheilen, so wird täglich der Schuldige mit dem Unschuldigen leiden.

So groß auch die Zahl dieser Vermuthungen sein mag, so leihen diese einander selbst kein größeres Gewicht. Sie verbreiten wechselseitig kein Licht übereinander, besonders wenn sie von verschiednen Thatsachen hergeleitet werden, deren jederman in gleichem Maaße strafbare oder unschuldige Beweggründe zuschreiben kann. Ist aber dies nicht wirklich bei allen den Thatsachen der Fall, aus denen man die Muthmaßungen herleitet, welche mich zu dem Blutgerüste führen sollen?

Wie viel weniger können aber solche Vermuthungen, welche man nur durch äußerste Anstrengung der Einbildungskraft zusammengeschmiedet hat

hat, dann gelten, wenn die Thatsachen, die Ihnen zu Grundstüzen dienen, falsch und verleumderisch sind? Wenn man von solchen Beschuldigungen, wie zum Beispiel die von dem vorgeblich unter Creme gemischten Arsenik, oder von der üblen Behandlung der Marquise, welche man in der Anklage vorgebracht hat, einen Beweis weder beibringt noch beibringen kann?"

Auf diese wenigen Bemerkungen schränkte der Marquis seine ganze Vertheidigung ein. Das Publikum hielt ihn für schuldig, und forderte Rache — mit lauter Stimme Rache. Die Richter waren wohl als Menschen von der Schuld des Marquis überzeugt, sie glaubten aber nicht, daß Vermuthungen allein, so überzeugend sie auch wären, ein Todesurtheil begründen könnten.

Folgendes Urtheil ward den 21 August 1667 kund gemacht. „Der Abbé und der Ritter von „Gange sind verdammt, lebendig gerädert zu „werden, der Marquis, ihr Bruder, ist auf ewig „des Landes verwiesen, seines Adels entsezt, und „seine Güter sind zum Nuzen des Königs einge„zogen. Der Priester Perette soll durch die geist„liche Macht seines Ordens entsezt und le-

„benslänglich auf die Galeeren geschmiedet „werden."

Man war unzufrieden mit diesem Urtheil, welches entweder zu hart, oder zu gelinde war. War der Marquis schuldig, so verdiente er den Tod, war er unschuldig, so mußte man ihn freisprechen. Wenn Vermuthungen zu einem Todesurtheil nicht hinreichten, so hätte man weitläuftigere Untersuchungen anstellen, und unter diesem Vorwand einen Mann, der wegen eines so schrecklichen Verbrechens verdächtig war, im Gefängnisse behalten sollen.

Selbst der König war mißvergnügt über dieses Urtheil, und äusserte es sehr deutlich bei folgender Gelegenheit. Der Marquis von Douze ward einige Zeit nachher auch wegen Vergiftung seiner Frau eingezogen, und hatte starke Vermuthungen gegen sich. Als man den König um Gnade für ihn bat, erwiederte er: „er hat keine Gnade nöthig, weil er unter dem Parlement von Toulouse steht, bei welchem der Marquis von Gange so gut durchgekommen ist." Vermuthlich war diese Aeusserung schuld, daß der Marquis von Douze zum Tode verurtheilt wurde.

Perette ward in Ketten geschmiedet und starb auf dem Wege zu den Galeeren.

Der

Der König schenkte dem Grafen v. Gange die eingezogenen Güter seines Bruders; dieser gab sie aber nachher dem Sohn des Marquis, nachdem er mündig war, wieder zurük.

Der Marquis lebte nach seiner Verurtheilung eine Zeitlang verborgen. Nachher fand er aber Gelegenheit, bei dem Herrn von Baville, Intendanten von Languedok, sich in Gunst zu sezen, indem er die Reformirten unter dessen Vasallen zum Hören der Messe anhielt, und diejenigen anzeigte, welche es nicht thaten. Unter dem Schuz dieses Intendanten hatte er zulezt nicht mehr nöthig, sich verborgen zu halten, sondern lebte ganz öffentlich auf dem Schlosse zu Ganges, bei seinem Sohne, dem der Graf indeß schon den Besiz seiner Güter wieder gegeben hatte. Endlich mußte er aber doch Frankreich noch verlassen; sein Sohn selbst sah sich gezwungen, auf die Vollziehung des wider ihn gesprochnen Urtheils zu bringen.

Wir müssen hier unsre Leser mit diesem Sohn selbst bekannt machen. Er war Hauptmann eines Dragoner-Regiments. Sein liebenswürdiger Charakter und sein gefälliges Betragen ließen vergessen, daß er der Sohn des Marquis sei, und man erinnerte sich dieses Umstandes nur,

um

um seine guten Eigenschaften um so mehr zu bewundern.

Als er einst zu Metz in Besazung lag, verliebte er sich in die Frau eines Goldschmidts, konnte sie aber, aller Zärtlichkeit ungeachtet, nicht zu Erwiederung seiner Liebe bewegen. So standen die Sachen als sein Regiment Befehl erhielt, die Hugenotten in Metz zu Aenderung ihrer Religion zu zwingen. Die Geliebte des jungen Marquis, welche von dieser Religion war, bekam Einquartirung in ihr Haus und sollte gezwungen werden, die Messe zu hören. Sie ertrug einige Tage die Verfolgung ihrer Bekehrer; da sie es aber nicht länger aushalten konnte, und gleichwohl entschlossen war, alles ihrer Religion aufzuopfern, ließ sie den Hauptmann von Gange zu sich rufen. „Marquis, sagte sie zu ihm, Sie versicherten mich oft ihrer Liebe, wollen sie mir dies jetzt beweisen? Lassen sie mich von hier entfliehen, verschaffen Sie mir Gelegenheit das Königreich zu verlassen, zur Belohnung verspreche ich Jhnen die Erfüllung ihrer Wünsche. Der Himmel wird mir eine Sünde verzeihen, welche mich des Lasters, als Heuchlerinn zu leben, überhebt." Nein Madame, sagte der Marquis, ich werde ihre Lage nicht benu-
zen.

zen. Meine Wünsche wären erfüllt, wenn ich Ihrer Zärtlichkeit das zuschreiben könnte, was ich jezt nur Ihrer Unruhe zurechnen kann. Ich möchte alles Ihrem Herzen verdanken können, aber schändlich wäre es, Ihre jezige Lage so zunuzen. Ich will Sie daraus befreien, und statt aller Belohnung bitte; ich Sie bloß um die Gefälligkeit, zuweilen an mich zu denken. — Er hielt Wort und brachte sie sicher aus der Stadt bis über die Gränzen, obgleich ein Dienst dieser Art mit großer Gefahr für ihn selbst verbunden war.

Einige Zeit nachher heirathete er die reiche und liebenswürdige Tochter des Baron von Moissak. Er brachte seine junge Gemahlinn nach Gange, wo er sie, während er zu seinem Regiment zurükkehren mußte, in den Händen seines Vater zurük ließ. Da die Geschichte dieses Mannes ziemlich vergessen war, und niemand Interesse daran hatte, auf die Erfüllung seiner Landesverweisung zu dringen, so konnte er jezt ganz ruhig bei seinem Sohn sich aufhalten. Bei seiner Abreise empfahl der junge Marquis seinem Vater die liebenswürdige Marquise aufs dringendste. Aber dieser alte Bösewicht mißbrauchte bald seinen Auftrag. Um sich durch seinen Bekehrungseifer bei dem Intendanten immer mehr einzuschmeicheln, nahm er ihr ein Kammermädchen weg, das sie sehr liebte, unter dem Vorwand, daß sie als eine Neubekehrte keine Protestantin in ihrem Dienst haben dürfte. Die junge Marquise verbarg ihren Verdruß darüber. Sie war allein mit ihrem Schwiegervater, der hier über alles zu befehlen hatte, in dem Schlosse. Sie zitterte täglich mit ihm allein in dem Zimmer, wo ihre Schwiegermutter ihr Leben geendigt hatte, speisen zu müssen. Aber ihr Schrecken stieg aufs äusserste, da sie an ihm einen feurigen Liebhaber entdeckte. Wie gefährlich war es nicht, einen Mann, dessen Leidenschaften so heftig wütheten, durch eine verdiente Zurechtweisung zu beleidigen? Sie konnte sich niemand anvertrauen, alles war ihr in dem Schlosse verdächtig. Ihr Vater war selbst erst vor kurzer Zeit zu der katholischen Religion übergetreten, an ihn konnte sie also nicht schreiben, weil dies ihrem Schwiegervater selbst Veranlassung geben konnte, die Briefe zu erbrechen. Es blieb ihr nur das einige Mitel, an ihren Gemahl zu schreiben, weil ihre Briefe an diesen, welcher ein alter Katholik war, dem Inquisitor nicht verdächtig sein konnten.

Sobald

Sobald der junge Marquis von dem schändlichen Unternehmen seines Vaters, und der unglüklichen Lage seiner Gemahlin benachrichtigt ward, eilte er in größter Geschwindigkeit an den Hof, warf sich dem König zu Füßen, bat ihn, die Landesverweisung gegen seinen Vater ausüben zu lassen, und versprach, diesem, wo er sich auch aufhalten werde, reichlichen Lebensunterhalt zu geben.

Der König schien erstaunt, daß der Marquis von Gange seine Landesverweisung nicht befolgt hatte, und befahl den Prozeß gegen ihn zu erneuern. Zum Glück für den Marquis war eben der Graf von Gange am Hofe, als dies beschlossen wurde. Sobald er es erfuhr, reiste er eilends ab, und brachte seinen Bruder nach Avignon, welcher sich von da nach Lille begab, einer kleinen Stadt in der Grafschaft Venaissin ohnweit der berühmten Quelle Vaukluse. Seit der Zeit hat man nichts weiter von ihm gehört.

Der Ritter von Ganges begab sich nach Venedig, und trat in Dienste dieser Republik, wel-

welche damals mit den Türken Krieg führte. Er ward nach Candia abgeschikt, welches die Muselmänner schon zwei und zwanzig Jahre lang belagerten. Hier soll er durch eine Bombe getödtet worden sein. Wenigstens verschwand er seitdem, und niemand wußte zu sagen, wo er hingekommen sei.

Der Abbé von Gange flüchtete sich nach Vianen in Holland, welches damals dem Grafen von der Lippe gehörte. Hier lernte er einen Edelmann kennen, der ihn dem Grafen als einen geflüchteten Franzosen von Talenten vorstellte. Er hatte den Namen la Martelliere angenommen.

Der Graf, welcher an diesem Fremden einen Mann von Geist und Geschmack fand, der sich durch vorzügliche Kenntnisse besonders in den schönen Wissenschaften auszeichnete, vertraute ihm die Erziehung seines neunjährigen Sohnes. Die glücklichen Fortschritte des jungen Grafen, und die übrigen ausgezeichneten Talente des ver-

meinf

meinten la Martelliere, gewannen ihm so sehr die Achtung des Grafen und der Gräfin, daß bald, ohne ihn vorher um Rath zu fragen, nichts geschah, und er gleichsam diesen kleinen Staat regierte. Einst wollten sich französische Flüchtlinge in Bianen niederlassen, und sich anbauen. Aus Furcht von ihnen entdeckt zu werden, überredete er den Grafen, die Bitte abzuschlagen.

Endlich wagte er es um die Hand einer jungen Dame anzuhalten, deren Neigung er hatte zu erschleichen gewußt, und die eine Verwandte der Gräfin war. Die Gräfin, welche dem Hofmeister ihres Sohnes gewogen war, wollte ihm zwar auf sein übriges Leben eine anständige Versorgung verschaffen; doch glaubte sie, sein Stand berechtige ihn nicht zu einer solchen Verbindung. Sie erklärte also der jungen Dame geradezu: „Man werde ihr eine solche Misheirath nie erlauben; zwar sei la Martelliere ein ehrlicher Mann, mit dem man zufrieden sein könne. Aber er sei fremd und habe stets seine wahre re Herkunft die ihm vermuthlich nicht viel Ehre mache, verborgen; man könne ihn also wohl für seine Diensten belohnen, doch müsse man ihm die Ehre des Hauses nicht aufopfern."

Weil seine Geburt das einzige Hinderniß zu sein schien, so wagte es der Abbé der Gräfin seinen wahren Namen zu entdecken. "Wie, schrie die Gräfin, als sie dies hörte, Sie sind der abscheuliche Abbé von Gange, dessen Name schon zittern macht? Himmel, wie konnte ich einem solchen Ungeheuer die Erziehung meines Sohnes anvertrauen!" Er erhielt sogleich Befehl, schnell das Gebiet von Vianen zu verlassen, und sich nie wieder vor dem Grafen oder der Gräfin sehen zu lassen.

Er begab sich nach Amsterdam, wo er Sprachmeister ward. Seine Geliebte suchte ihn daselbst auf, und heirathete ihn. Der junge Graf, sein Zögling, unterstüzte ihn heimlich, und in der Folge bekam er den Nießbrauch der Güter seiner Gemahlin. Seine Kenntnisse verschafften ihm
eine

eine Stelle in dem Protestantischen Konsistorium und er starb hier mit dem Namen eines ehrlichen Mannes.

Die Tochter der Marquise von Gange vermählte sich mit dem Marquis von Perraud, einem siebenzig jährigen Greis, der sich nur aus Haß gegen seine Verwandten verheirathete, um ihnen durch eigne Nachkommenschaft seine Erbschaft zu entziehen. Diesen Zweck zu erreichen, verfolgte er selbst seine Gemahlin mit verschiednen Angriffen auf ihre Tugend, welche der Frau von Noyer Gelegenheit gegeben haben, in einer ihrer Schriften eine Ehestandsgeschichte dieser Frau zu schreiben. Der Tod befreite sie endlich von diesem Feinde ihrer Tugend. Sie vermählte sich zum zweitenmal mit einem Mann von vorzüglichen Eigenschaften, dem Marquis Durban. Doch ward, (wenn man der Frau von Noyer glauben darf?) diese Dame, welche, in ihrer Ehe mit einem Greis, ein Muster der Tugend gewe-

gewesen war, als sie einen jungen liebenswürdigen Mann geheirathet hatte, die Schande ihres Geschlechts.

Ende des ersten Theils.